国家自然科学基金“独立审计质量的经济周期效应研究：理论和实证”（批准号：71402070）
江苏高校哲学社会科学研究项目“国企管理层激励分化、工具偏好与多元激励组合”（批准号:2017SJB0106）
南京林业大学高层次（高学历）人才科研启动基金资助项目“供给侧改革下国企管理层的激励机制重构及优化”（批准号:GXL2017010）

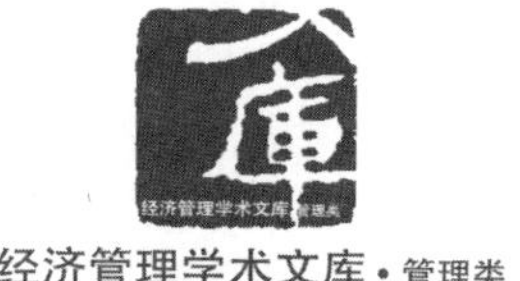

经济管理学术文库·管理类

我国国有企业改革中的管理层激励研究

Research on Management Incentive in the Reform of SOEs in China

梅 洁　李忠海／著

图书在版编目（CIP）数据

我国国有企业改革中的管理层激励研究/梅洁，李忠海著．—北京：经济管理出版社，2019.12

ISBN 978－7－5096－5276－3

Ⅰ．①我…　Ⅱ．①梅…　②李…　Ⅲ．①国有企业—管理人员—工资管理—研究—中国　Ⅳ．①F279.241

中国版本图书馆CIP数据核字(2019)第250577号

组稿编辑：曹　靖
责任编辑：杨国强　张瑞军
责任印制：黄章平
责任校对：张晓燕

出版发行：经济管理出版社
（北京市海淀区北蜂窝8号中雅大厦A座11层　100038）
网　　址：www.E－mp.com.cn
电　　话：（010）51915602
印　　刷：北京晨旭印刷厂
经　　销：新华书店
开　　本：720mm×1000mm/16
印　　张：17.75
字　　数：310千字
版　　次：2019年12月第1版　　2019年12月第1次印刷
书　　号：ISBN 978－7－5096－5276－3
定　　价：98.00元

自 序

受惠于有限责任和法人独立的制度优势，有限责任公司逐渐成为现代商业社会分布最广、影响最大、渗透最深的组织形式。但这种组织形式并非完美，正如亚当·斯密在《国富论》中所提到的："股份公司董事管理的是他人的钱，而不是自己的钱。因此，我们不能期望他们像私人合伙企业中的合作人那样尽心尽力。" 20 世纪初，越来越多的大型公司出现，其管理层拥有更多信息优势和决策权力，甚至成为侵蚀股东利益的主要来源（伯利、米恩斯，1932）。作为现代实证公司金融领域的开创性文献，Jensen 和 Meckling（1976）基于所有权和经营权分离的典型事实，建立了分析股东和管理层之间的代理理论框架。随着 LLSV（1998，2000，2002）等研究的相继推出，公司内部所存在的代理问题得到更加深入的分析和更为清晰的界定，形成所谓三类代理问题。即：第一类代理问题，主要由股东和管理层的利益分歧所致的代理冲突，且主要存在于英美等证券市场相对成熟的国家或地区，如《国富论》以及伯利和米恩斯（1932）所关注的更多是此类问题。第二类代理问题，主要来源于大股东和中小股东的利益诉求不同所带来的代理冲突，更多存在于中国、中国香港、泰国等新兴转轨证券市场。第三类代理问题，作为独立法人的公司与其利益相关者的利益分歧所引发的代理冲突，这种代理冲突涉及的利益主体在一定程度上已经超脱于公司自身，逐渐引起学术界和实务界的广泛关注。

作为我国学术界和实务界关注的重要难题，国有企业改革至今尚未形成逻辑自洽的理论支撑。其根本原因在于，既有文献对国有企业角色定位的认识难以突破。一方面，张维迎（1995）、林毅夫等（1997）将国有企业定位为普通民事主体，集中围绕如何提升国有企业效率进行研究，由于这些文献忽视国有企业的"特殊性"，且过于强调经济效益指标，使其难以解释新中国成立初期国有企业的长期存在；另一方面，金碚（2010）指出，国有企业兼具普通民事主体和国家赋予特殊功能定位的"双重属性"，且必须接受双重绩效评价，即经营效率评价与所有者利益（国家和人民意志）评价。由于国有企业特殊功能定位的动态性，该文难以给出不同双重绩效标准的权重和指标，使得“双重绩效评价”缺乏灵活性和操作性，难以解释1978年以来的国有企业改革。

有鉴于此，本书基于比较经济制度视角，深入剖析国有企业组织特征和角色定位动态性。按照斯科特和戴维斯（2011）的定义，“组织是意图需求具体目标并且结构形式化程度较高的社会结构集合体”，国有企业是出于国家发展目标或利益诉求建立、参与市场交易的经济组织。随着国家发展目标或利益诉求的改变，国有企业角色定位及组织形式相应进行调整。作为特殊的企业组织形式，国有企业同样难以“免俗”，亟待通过多种途径缓解代理问题，其中“内部人控制”现象尤为明显和突出（马连福等，2012）。不同于普通民事主体身份的私营企业，国有企业及其诞生有着独特、复杂、多元的背景和基础。新中国成立初期的生存压力，促使党中央和政府决策层决定以快速发展重工业和军事工业、实现富国强兵为主要目标，从而快速地实现了从落后的农业国向工业体系尤其是重工业体系相对完备的工业国转变，形成宏观上扭曲的价格信号、行政上计划配置资源、微观上剥夺企业自主权的“三位一体”。即：国有企业的生产自主权和经营自主权及剩余支配权直接被剥夺，使其仅作为按计划指令运作的生产车间或加工厂。

依托这些“生产车间”及其管理体制，我国仅用不到20年的时间，在一个经济十分落后的国家建成门类比较齐全的工业体系，推动整体经济结构发生根本性改变。统计显示，1952～1978年，我国工业占国民收入的份额由19.5%上升到49.4%，且重工业产值占工业产值的比重由35.6%上升到57.3%。与此同时，囿于企业内部的激励机制不足和外部的市场经济发育程度不高，这种传统体制不可避免地造成全要素生产率较低、物质投入利用率低下，且越来越难以持续发展。在此背景下，针对激励不足和生产效率低下的国有企业改革随着改革开放进程的开启而启动。

自1978年改革开放以来，国有企业以提高经营效率、改善经济效益为主旨，先后经历“放权让利”“两权分离”和“建立现代企业制度”三大改革阶段。回顾改革开放以来的历次国有企业改革，不少学者就国有企业改革的理论层面进行了深入研究和探讨。尽管以张维迎（1995）和林毅夫等（1997）为代表的文献研究为理解国有企业提供了较为自洽的理论逻辑，但这些文献忽视国有企业的“特殊性”，且将国有企业作为普通民事主体的视角难免落入“刻舟求剑”的窠臼。不同于具有普通民事主体身份的私营企业，国有企业是国家出资设立，其兼具普通民事主体属性和国家赋予的特殊功能定位属性（金碚，2010）。这种特殊定位使得国有企业既要重视经营效率和经济效益等一般性的企业目标，又不能忽略其所承担的特定职能执行情况这一特殊目标。随着市场环境变化、业务多元发展、深化改革推进等，国有企业组建之初的“双重定位”处于动态变化中，其相应的管理层激励也应根据实际情况进行调整。按“实行与社会主义市场经济相适应的企业薪酬分配制度”要求，国有企业有必要抓住新一轮国企改革的历史时机，理解国企定位和党管干部的特殊性与激励工具的一般性，推动我国国企管理层激励机制优化和完善的改革实践。

2015 年 8 月，中共中央和国务院发布《关于深化国有企业改革的指导意见》，明确提出“分类推进国有企业改革”及商业类国有企业和公益类国有企业的改革方向。这表明，直接采用普通企业标准来衡量和评价国有企业改革可能并不合适，亟须将国有企业置于更加广阔的维度进行考察、构建与其“双重属性”相适应的自洽性逻辑。有鉴于此，本书基于委托代理理论的分析框架，立足于国有企业的功能定位演进和双重属性定位，以减少政府直接干预、缓解代理冲突、改善公司绩效为目标，侧重围绕三方面的内容进行研究和展开。其一，如何立足于经济发展的新旧动能转换，构建国有企业分类改革的自洽性理论逻辑。其二，如何从比较经济制度视角出发，揭示“双重博弈”框架下管理层激励分化的微观机制，实证检验薪酬、股权、晋升等激励的效果差异。其三，如何围绕国有企业角色定位及组织形式的差异，构建与管理层个体所在行业、序列和区域及身份特征等相匹配的工具组合及激励机制，完善新旧动能转换下国有企业目标导向的管理层激励体系。

值得庆幸的是，本书基于既有研究文献成果，立足新中国成立 70 周年、改革开放 40 年来的背景，侧重围绕以上挑战或研究视角，进行了较为有意义的探索及尝试，遂将主要内容或代表性观点进行简要阐述，以与同行进行交流和分享。

第一，在“国有企业深化改革的理论演进、经验借鉴与行动路径”一章中，本书通过比较分析张维迎（1995）提出的产权改革和林毅夫等（1997）提出的剥离政策性负担，对国有企业功能定位及其研究进行研究，并对来自新加坡的淡马锡模式进行剖析。本书利用委托代理理论的分析视角，重新反思淡马锡模式的治理机制和内在逻辑，揭示其缓解或消除代理冲突和创造竞争环境的成功经验，并围绕优化政府多重目标、推进全国统一市场建立，以及完善公司治理机制、缓解代理冲突等，提出进一步推进我国国有企业改革的制度保障和关键路径。

第二，在“国有企业混合所有制改革的理论逻辑和路径选择”一章中，本书以下放或扩大管理自主权、财务自主权为主线，论述我国政府对国有企业的管理模式实现了从“管工厂”到“管企业”、从“管企业”到“管资产”、从“管资产”到“管资本”的三次转型或跨越，如今形成产权关系基本明晰、政企关系相对简单、管理框架基本符合现代企业制度规范的国资管理格局。但由于长期以来的“一股独大”和外部监督乏力，国有企业仍存在因治理结构和机制不完善所带来的诸多问题，突出表现在内部人控制、预算软约束和激励约束机制等方面。在此基础上，本书提出以混合所有制改革为契机，有步骤地建立国有股权流动机制、引进具有大宗股份的积极股东，打造集权分权适度、决策程序独立、监督机制有效、激励模式健全的公司治理体系。

第三，在“国有企业管理层激励的理论逻辑与现实路径”一章中，本书基于“实行与社会主义市场经济相适应的企业薪酬分配制度”，借鉴管理能力复杂性和人力资本特征及 Jensen 和 Meckling（1976）所开拓的代理理论，梳理了管理层激励的理论逻辑及主要实证研究，对我国国企管理层激励机制的相关研究进行简要评述。以此为基础，本书结合国有企业的特殊性、发展阶段、所处行业及我国证券市场发展等实际情况，侧重围绕国有企业的分类管理、管理层激励的“双轨制”设计、在职消费的监督和股权及股权激励等诸多方面，提出新一轮国企改革中的管理层激励改进的若干方向。

第四，在“国有企业在职消费、管理层防御与公司负债”一章中，本书基于国有控股公司管理层的自我防御视角，探讨了国有控股公司管理层在职消费对其债务融资行为的影响。研究发现，我国国有控股公司管理层在职消费对其债务融资具有显著的抑制作用，主要表现为两个方面：一方面，公司管理层在职消费越高，其负债比率越低；另一方面，对于同样幅度的在职消费水平提升，中西部地区的公司管理层较东部地区选择更低的负债比率。这为解释我国上市公司偏好股权融资提供了新的视角，对我国新一轮的国企改革具有一定的政策含义。

第五，在“国有企业管理层报酬的政策干预效果评估”一章中，本书基于2009 年“限薪令”和 2012 年“八项规定”政策干预的拟自然实验，借助跨期平衡面板数据政策干预效果的评估方法，建立政策干预发生前后的一阶差分模型。以此为基础，本书利用沪深 A 股主板市场的平衡面板数据对“限薪令”和“八项规定”的干预效果进行实证检验。结果表明，在遏制管理层货币薪酬和在职消费增加方面，“八项规定”的政策干预具有积极的治理作用，而“限薪令”却没有类似的治理作用。在促使管理层货币薪酬和在职消费降低方面，“八项规定”和“限薪令”均未能发挥有效的治理作用。

第六，在“国有企业管理层在职消费的政策干预效果研究”一章中，本书利用双重差分模型，实证检验了“八项规定”对国有控股上市公司管理层在职消费的干预效果。结果表明，该政策尽管未能显著降低国企管理层在职消费的绝对量和对主营业务收入的侵占，但却有效遏制了这两项指标的进一步增长。结果还表明，对于在职消费不同的分位数水平，该政策的遏制作用存在显著差异。即对于在职消费绝对量增长越快的样本，该政策发挥的遏制效果越突出。这提示我们，对政策效果的评价不能仅因国企管理层在职消费绝对量下降与否一概而论，还应考虑政策出台前后在职消费增长率的变化。此外，考虑到在职消费的双重属性，我们在后续的政策干预中应继续警惕管理层在职消费对公司主营业务收入的侵占。

第七，在“产品市场竞争、公司治理与高管绩效薪酬敏感度”一章中，本书从产品市场竞争和公司治理两种视角，探讨了我国上市公司高管绩效薪酬敏感度的影响因素。研究发现，随着第一大股东持股比例增加及独立董事和监事会的人数增加，其高管绩效薪酬敏感度随之提高，从而证实了较高的公司治理水平有助于提升高管薪酬敏感度。研究还发现，处于产品市场竞争强度较高的公司，其高管绩效薪酬敏感度更高，且国有上市公司高管受到产品市场竞争强度的影响更大，由此支持了产品市场竞争有助于提高高管绩效薪酬敏感度、强化薪酬激励机制。

第八，在“证券投资基金是否关注公司高管的企业家精神”一章中，本书从企业家及企业家精神的复杂性、创新性和不可直接获得性出发，探讨了专业的投资者是否给予具备企业家精神的管理层以更高的薪酬，并以证券投资基金为例进行实证研究。研究表明：与基金未持股的公司相比，基金持股的公司高管薪酬水平较高；基金持股比例越高，高管薪酬水平越高。此外，本书对基金持股集中度进行了研究，并且证明了同一公司持股基金之间具有天然的联盟关系，即高管薪酬水平与基金持股比例存在正相关关系，而与基金持股集中度没有显著的正相关关系。

第九，在“基金持股是否对高管薪酬激励有优化作用”一章中，本书进一步研究了证券投资基金对其持股公司管理层薪酬激励机制的优化作用。结果表明，该优化作用主要体现在两方面：一方面，基金持股有助于提升管理层薪酬，证实了基金持股对管理层薪酬的间接激励作用，这表明持股基金对公司管理层薪酬激励的支持，也是对管理层复杂性和创新性劳动的肯定；另一方面，基金持股抑制了公司绩效对管理层薪酬的过度激励，并解释了管理层薪酬与公司绩效之间倒“U”型关系的生成机制，这反映出持股基金对公司管理层过度关注短期绩效的校正。

“金无足赤”。尽管该书所涉及内容大多已公开发表且经过汇编成册的多次完善，但囿于笔者学识尚浅、获取信息受限，仍然在研究视角选择、深度挖掘和计量模型构建等方面需要进行不断的改进和完善，但这并不影响该书研究成果的理论价值和现实意义，更不影响该书对我国国有企业改革及管理激励方面所进行理论探讨和实证研究的积极作用。

是为序！

前 言

作为国民经济发展的中坚力量，国有企业既要主动承接传统产业的增长动能转型、展现市场经济层面的普通民事主体属性，又要全面肩负经济发展新动能的培育壮大、体现国家层面功能定位的特殊属性。出于目标达成的经济组织效率视角，（组织内部）专业分工或定位分类有助于优化激励效果、提升组织效率（李小宁，2005）。《关于深化国有企业改革的指导意见》提出，“建立国有企业领导人员分类分层管理制度”和“实行与社会主义市场经济相适应的企业薪酬分配制度”，从而管理层激励优化提供不可或缺的政策保障。但鉴于长期以来的预算软约束、内部人控制、内部劳动力市场“二元”特征，以及组织部门、管理层与特定企业之间的“双重博弈”等（张军，1994；陆铭、陈钊，1998；王珺，2001），当前国有企业管理层激励至少面临三个方面的挑战。其一，如何立足于经济发展的新旧动能转换，构建国有企业分类改革的自洽性理论逻辑。其二，如何基于国有企业分类改革的自洽性逻辑，揭示“双重博弈”框架下管理层激励分化的微观机制，实证检验薪酬、股权、晋升等激励的效果差异。其三，如何在微观机制揭示和激励工具效果实证检验的基础上，构建与管理层个体所在行业、序列和区域及身份特征等相匹配的工具组合、实现选任人员和职业经理的激励机制优化。值得庆幸的是，本书基于既有研究文献成果和委托代理理论的分析框架，侧重围绕以上挑战或研究进行了较为有意义的探索和研究。

在上篇，围绕国有企业改革层面，本书在梳理既有研究成果的基础上，重点立足于代理理论、组织理论和人力资本复杂性等方面，对国有企业演进及改革历程等进行比较宽领域的研究，主要体现在以下三章内容。即：第四章“国有企业改革的理论演进、经验借鉴与行动路径”。该章利用委托代理理论的分析视角，揭示淡马锡模式缓解或消除代理冲突和创造竞争环境的成功经验，提出推进我国国有企业改革的制度保障和关键路径。第五章“国有企业混合所有制改革的理论逻辑和路径选择”。该章通过对国有企业管理模式演进的分析，提出以混合所有制改革为契机，有步骤地建立国有股权流动机制，引进具有大宗股份的积极股东，打造集权分权适度、决策程序独立、监督机制有效、激励模式健全的公司治理体系。第六章“国有企业管理层激励的理论逻辑与现实路径”。该章立足管理能力复杂性和人力资本特征及Jensen和Meckling（1976）所开拓的代理理论，比较全面地梳理了管理层激励的理论逻辑及主要实证研究，并侧重围绕国有企业的分类管理、管理层激励的“双轨制”设计、在职消费的监督和股权及股权激励等诸多方面，提出新一轮国企改革中的管理层激励改进的若干方向。

在下篇，本书以沪深A股市场上市公司为观测样本，对国有企业管理层激励效果、影响因素及政策干预和基金持股等治理作用进行实证检验，具体内容如下：第七章“国有企业在职消费、管理层防御与公司负债”。该章基于国有控股公司管理层的自我防御视角，探讨国有控股公司管理层在职消费对其债务融资行为的影响。研究发现，我国国有控股公司管理层在职消费对其债务融资具有显著的抑制作用，为解释我国上市公司偏好股权融资提供了新的视角。第八章“国有企业管理层报酬的政策干预效果评估”。该章利用2009年“限薪令”和2012年“八项规定”政策干预事件，构建政策干预发生前后的一阶差分模型，比较客观地检验了政策干预对管理层激励的治理效果。其中，在遏制管理层货币薪酬和在职消费增加方面，“八项规定”的政策干预具有积极的治理作用，而“限薪令”却没有类似的治理作用。第九章“国有企业管理层在职消费的政策干预效果研究”。该章利用双重差分模型实证检验“八项规定”对管理层在职消费的干预效果，证实“八项规定”有效遏制了在职消费的进一步增长，且对于在职消费绝对量增长越快的样本，该政策发挥的遏制效果越突出。第十章“产品市场竞争、公司治理与高管绩效薪酬敏感度”。该章从产品市场竞争和公司治理两种视角，检验了国有控股上市公司管理层绩效薪酬敏感度的影响因素，证实第一大股东持股比例增加及独立董事和监事会的人数增加有助于提升管理层绩效薪酬敏感度，而且对于产品市场竞争强度较高的公司，其管理层绩效薪酬敏感度更高。第十一章“证券投资基金是否关注公司高管的企业家精神”。该章从企业家及企业家精神的复杂性、创新性和不可直接获得性出发，探讨了专业的投资者是否给予具备企业家精神的管理层以更高的薪酬，证实了基金持股对管理层薪酬水平的影响。第十二章“基金持股是否对高管薪酬激励有优化作用”。该章进一步研究了证券投资基金对其持股公司管理层薪酬激励机制的优化作用，发现基金持股不但有助于提升管理层薪酬的间接激励作用，还能对管理层薪酬的过度激励具有优化作用。

在理论分析中，本书始终坚持经济学和管理学的基本逻辑，确保逻辑分析的一致性、严谨性和自洽性，进而构建理解国有企业改革和管理层激励的理论基础。在实证检验中，本书侧重于利用微观计量的分析方法，利用沪深A股市场上市公司数据进行回归估计和稳健性分析，借此确保实证分析的数据可靠性、回归结果的有效性及研究结论的稳健性。总而言之，通过以上全景式的、系统性的、理论与实证相结合的研究，本书为理解和认识我国国有企业及其改革，以及管理层激励机制等提供了较为夯实的理论基础和经验证据，也在不同层面上丰富和发展了我国既有研究文献和理论成果，为下一步深入研究提供了具有一定参考价值的方向、方法、选题等启示。

目 录

上篇 国有企业改革及管理层激励的理论分析

下篇 我国上市公司管理层激励的实证研究

上　篇

国有企业改革及管理层激励的理论分析

第一章　导论

第一节　研究背景与选题意义

一、研究背景

（一）国有资产规模庞大

2018 年 10 月 24 日上午，正在北京召开的十三届全国人大常委会第六次会议审议了《国务院关于 2017 年度国有资产管理情况的综合报告》（以下简称《综合报告》）和《国务院关于 2017 年度金融企业国有资产的专项报告》（以下简称《专项报告》）两份报告。数据显示，2017 年，中央国有企业资产总额 76.2 万亿元，负债总额 51.9 万亿元，国有资本及权益总额 16.2 万亿元，资产负债率 68.1%；2017 年，地方国有企业资产总额 107.3 万亿元，负债总额 66.6 万亿元，国有资本及权益总额 34.1 万亿元，资产负债率 62%。汇总中央和地方情况，2017 年，全国国有企业资产总额 183.5 万亿元，负债总额 118.5 万亿元，国有资本及权益总额 50.3 万亿元。需要指出的是，这里的“企业”均不含金融企业。

2017 年，国有金融企业资产总额 241.0 万亿元，负债总额 217.3 万亿元，形成国有资产 16.2 万亿元。全国金融企业所投境外机构资产规模 18.1 万亿元。从金融企业国有资产的行业结构看，专项报告指出，银行业金融机构占比最大。截至 2017 年末，中央层面，银行业金融机构资产总额、国有资产分别占 84.8%、65.3%；证券业分别占 0.6%、1.8%；保险业分别占 3.7%、3.2%。地方层面，银行业金融机构资产总额、国有资产分别占 89.1%、54.2%；证券业分别占 4.4%、12.6%；保险业分别占 2.8%、3.1%。

（二）新一轮国有企业改革持续进行

党的十八大以来，随着各类政策文件和指导意见陆续出台，国有企业改革逐渐加速。2012 年 10 月 24 日，《国务院关于国有企业改革与发展工作情况的报告》分析了国有企业改革发展情况和国有企业改革发展存在的问题，并提出进一步推进国有企业改革发展的工作思路与措施。2015 年 8 月 24 日，中共中央、国务院印发了《关于深化国有企业改革的指导意见》。此后，陆续出台有关加强国有企业党的建设、国有企业分类改革、发展混合所有制经济、完善国有资产监管体制、防止国有资产流失、完善法人治理结构等多个配套文件。2015 年 12 月 29 日，国务院国资委、财政部、国家发展改革委联合发布《关于国有企业功能界定与分类的指导意见》，明确将国有企业界定为商业类和公益类，提出分类推进改革、分类促进发展、分类实施监管和分类定责考核。

以 2015 年两份文件为标志，新一轮国有企业改革逐渐步入“深入区”，不少政策和改革举措先后落地。2019 年更是对管理层薪酬、激励和绩效考核等做了较为详细的规定。3 月 1 日，国资委发布《中央企业负责人经营业绩考核办法》，旨在切实履行企业国有资产出资人职责，建立健全有效的激励约束机制，引导中央企业实现高质量发展。4 月 19 日，为贯彻落实党的十九大精神，加快推进国有资本授权经营体制改革，进一步完善国有资产管理体制，推动国有经济布局结构调整，打造充满生机活力的现代国有企业，国务院印发《改革国有资本授权经营体制方案》。6 月 3 日，国资委印发《国务院国资委授权放权清单（2019 年版）》，旨在加快实现从“管企业”向“管资本”转变，进一步加大授权放权力度，切实增强微观主体活力。在重点选取的五大类、35 项授权放权事项列入《清单》中，涉及选人用人的有 2 项，涉及企业负责人薪酬管理、工资总额管理与中长期激励有 10 项。

二、选题意义

随着分类改革和混合所有制改革相配套的政策措施不断落地，新一轮国企改革路径和方向越来越明确。党的十九大报告中指出，“推动国有资本做强做优做大，有效防止国有资产流失”。这表明，与过去集中强调国有企业的“一般企业”属性相比，我国决策层如今更加重视国有企业“特殊性”，明确不同类别的国有资产其管理体制应有所不同。故而，对于长期以来“建立现代企业制度”的传统改革模式而言，分类推进国有企业改革不但是理论层面的重要拓展，也是改革实践的重要突破。在分类改革及混合所有制改革加速推进的背景下，国有企业管理层“以货币薪酬为主、其他激励工具辅助”的传统激励体系，不可避免地面临着巨大的挑战。首先，如何围绕国有企业自身定位的“特殊性”，将其社会效益和经济效益的双重绩效指标授予管理层承担。其次，如何“把加强党的领导和完善公司治理统一起来，充分发挥国有企业党组织政治核心作用”，实现推动国有资本做强做优做大与防止国有资产流失有机融合。最后，如何锚定国有企业定位转型，建立与其承载功能及所处环境相匹配的动态激励机制。

在理论价值方面，本书基于借助人力资本投资的专用性和多任务激励的分工机制，探讨国有企业如何兼顾“社会效益和经济效益”的两重绩效目标，并围绕委派人员和职业经理的不同目标诉求及货币薪酬、在职消费及持股、证券投资基金等治理作用进行讨论。在此基础上，本书实证检验管理层激励效果及其影响因素，特别是通过构造“拟自然试验”的场景及引入倾向值得分匹配、两重差分和断点回归等方法，构建、刻画国有企业两重绩效与不同激励工具之间相互作用关系的微观计量模型。

在实际应用价值方面，本书从国有企业两重绩效目标的特殊性出发，基于国有企业“分类”管理的指导原则，重点围绕国有股东委派人员和市场聘请职业经理等管理层，编撰涵盖激励（报酬）结构、激励机制及激励工具组合等内容的国有企业管理层激励体系解决方案。该方案不但为国企管理层整体的激励体系构建提供理论依据和决策参考，也为不同身份的或不同类型的国有企业管理层激励结构和工具组合设计提供参考。

第二节 研究思路、结构安排与研究方法

一、研究思路与结构安排

在国内既有研究的基础上，本书围绕国有企业及其改革和管理层激励这一主题，主要从以下几方面问题递进地展开研究。

在上篇，围绕国有企业改革层面，本书在梳理既有研究成果的基础上，重点立足于代理理论、组织理论和人力资本复杂性等方面，对国有企业演进及改革历程等进行比较宽领域的研究，提出推进我国国有企业改革的制度保障和关键路径，要以混合所有制改革为契机，有步骤地建立国有股权流动机制、引进具有大宗股份的积极股东，打造集权分权适度、决策程序独立、监督机制有效、激励模式健全的公司治理体系，以及围绕国有企业的分类管理、管理层激励的“双轨制”设计、在职消费的监督和股权及股权激励等诸多方面，提出新一轮国企改革中的管理层激励改进的若干方向。

在下篇，本书以沪深 A 股市场上市公司为观测样本，对国有企业管理层激励效果、影响因素及政策干预和基金持股等治理作用进行实证检验，重点研究国有控股公司管理层在职消费对其债务融资行为的影响、“限薪令”和“八项规定”对管理层激励的政策干预效果评估，以及“八项规定”对管理层在职消费的干预效果、国有控股上市公司管理层绩效薪酬敏感度的影响因素及其激励机制优化等。

除导论外，全书共十二章，其研究框架如图 1－1 所示。

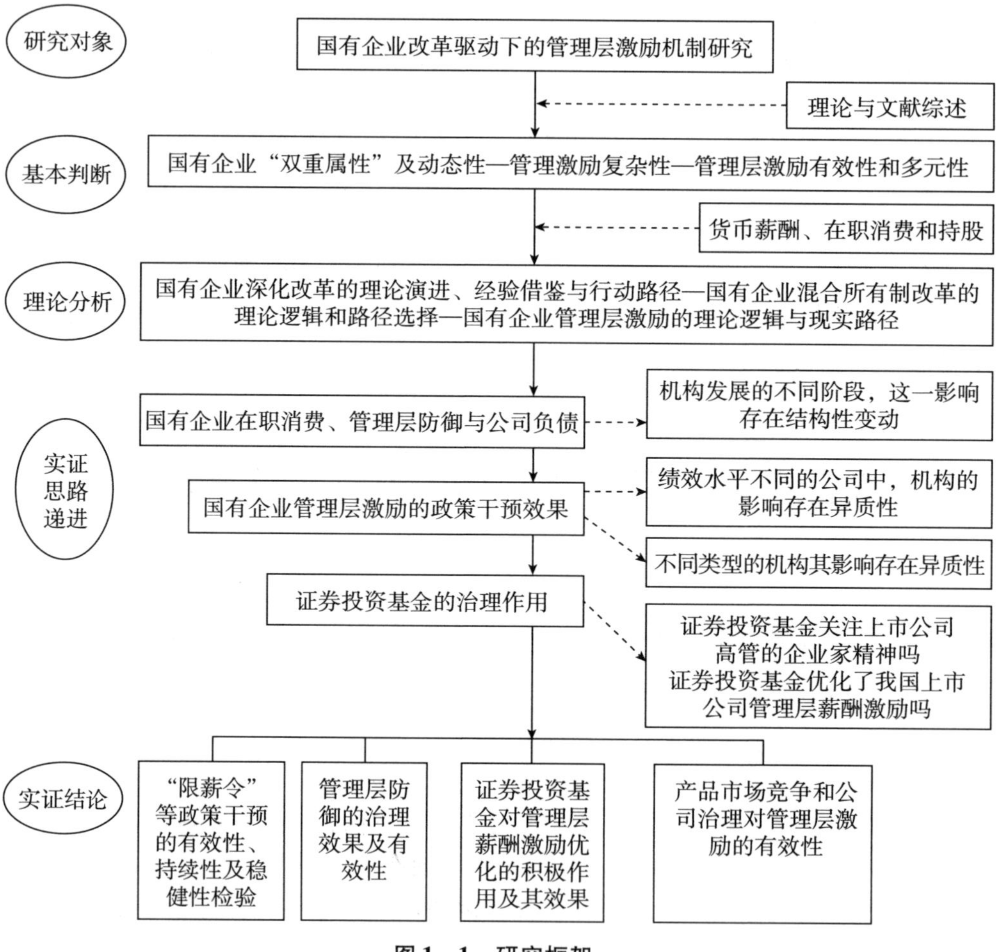

研究对象
国有企业改革驱动下的管理层激励机制研究
理论与文献综述
基本判断
国有企业“双重属性”及动态性—管理激励复杂性—管理层激励有效性和多元性
货币薪酬、在职消费和持股
理论分析
国有企业深化改革的理论演进、经验借鉴与行动路径—国有企业混合所有制改革的理论逻辑和路径选择—国有企业管理层激励的理论逻辑与现实路径
实证思路递进
国有企业在职消费、管理层防御与公司负债
机构发展的不同阶段，这一影响存在结构性变动
国有企业管理层激励的政策干预效果
绩效水平不同的公司中，机构的影响存在异质性
不同类型的机构其影响存在异质性
证券投资基金的治理作用
证券投资基金关注上市公司高管的企业家精神吗
证券投资基金优化了我国上市公司管理层薪酬激励吗
实证结论
“限薪令”等政策干预的有效性、持续性及稳健性检验
管理层防御的治理效果及有效性
证券投资基金对管理层薪酬激励优化的积极作用及其效果
产品市场竞争和公司治理对管理层激励的有效性

图 1－1　研究框架

第一章，导论。本章概述国有企业及其管理层激励的基本，阐明国有企业改革背景下优化管理层激励机制的重要意义，介绍本书的研究思路与方法、明确主

要内容与结构，指出可能的创新与不足，为读者快速了解本书提供概览式介绍。

第二章，我国国有企业管理层激励研究现状。本章概述企业理论发展历程，提出契约理论视角下的现代公司金融理论。在此基础上，梳理信息不对称理论和委托代理理论，提出我国上市公司代理冲突的侧重点应主要放在对第二类代理问题的研究，即更多关注管理层对公司及股东利益的侵占上。按照这一理论视角，我们对管理层激励机制及其相应的多种激励工具进行实证研究。其中，包括使机构投资者发挥其监督优势，对影响公司绩效的相关文献进行总结和评述。

第三章，我国国有企业发展及其管理层激励现状。为深入了解国有企业的起源、形成及发展现状，本章比较了国有企业（国有控股上市公司）股权结构及管理层货币薪酬、在职消费和持股等激励工具。依据 Wind 金融资讯数据库，描述了我国国有控股上市公司的持股规模、在职消费、持股市值和货币薪酬等现状，为后续分析奠定了数据基础。

第四章，国有企业改革的理论演进、经验借鉴与行动路径。本章通过比较分析张维迎（1995）提出的产权改革和林毅夫等（1997）提出的剥离政策性负担，对国有企业功能定位及其研究进行论述，并对来自新加坡的淡马锡模式进行剖析。本书利用委托代理理论的分析视角，重新反思淡马锡模式的治理机制和内在逻辑，揭示其缓解或消除代理冲突和创造竞争环境的成功经验，并围绕优化政府多重目标、推进全国统一市场建立，以及完善公司治理机制、缓解代理冲突等，提出进一步推进我国国有企业改革的制度保障和关键路径。

第五章，国有企业混合所有制改革的理论逻辑和路径选择。本章以下放或扩大管理自主权、财务自主权为主线，论述我国政府对国有企业的管理模式实现了从“管工厂”到“管企业”、从“管企业”到“管资产”、从“管资产”到“管资本”的三次转型或跨越，如今形成产权关系基本明晰、政企关系相对简单、管理框架基本符合现代企业制度规范的国有资产管理格局。但由于长期以来的“一股独大”和外部监督乏力，国有企业仍存在因治理结构和机制不完善所带来的诸多问题，突出表现在内部人控制、预算软约束和激励约束机制等方面。在此基础上，本书提出以混合所有制改革为契机，有步骤地建立国有股权流动机制、引进具有大宗股份的积极股东，打造集权分权适度、决策程序独立、监督机制有效、激励模式健全的公司治理体系。

第六章，国有企业管理层激励的理论逻辑与现实路径。本章基于“实行与社会主义市场经济相适应的企业薪酬分配制度”，借鉴管理能力复杂性和人力资本特征及 Jensen 和 Meckling（1976）所开拓的代理理论，梳理了管理层激励的理论逻辑及主要实证研究，对我国国有企业管理层激励机制的相关研究进行了简要评述。以此为基础，本书结合国有企业的特殊性、发展阶段、所处行业及我国证券市场发展等实际情况，侧重围绕国有企业的分类管理、管理层激励的“双轨制”设计、在职消费的监督和股权及股权激励等诸多方面，提出新一轮国企改革中管理层激励改进的若干方向。

第七章，国有企业在职消费、管理层防御与公司负债。本章基于国有控股公司管理层的自我防御视角，探讨了国有控股公司管理层在职消费对其债务融资行为的影响。研究发现，我国国有控股公司管理层在职消费对其债务融资具有显著的抑制作用，主要表现在两个方面：一方面，公司管理层在职消费越高，其负债比率越低；另一方面，对于同样幅度的在职消费水平提升，中西部地区的公司管理层较东部地区选择更低的负债比率。这为解释我国上市公司偏好股权融资提供了新的视角，对我国新一轮的国企改革具有一定政策含义。

第八章，国有企业管理层报酬的政策干预效果评估。本章基于 2009 年“限薪令”和 2012 年“八项规定”政策干预的拟自然实验，借助跨期平衡面板数据政策干预效果的评估方法，建立政策干预发生前后的一阶差分模型。以此为基础，本书利用沪深 A 股主板市场的平衡面板数据对“限薪令”和“八项规定”的干预效果进行实证检验。结果表明，在遏制管理层货币薪酬和在职消费增加方面，“八项规定”的政策干预具有积极的治理作用，而“限薪令”却没有类似的治理作用。而在促使管理层货币薪酬和在职消费降低方面，“八项规定”和“限薪令”均未能发挥有效的治理作用。

第九章，国有企业管理层在职消费的政策干预效果研究。本章利用双重差分模型，实证检验了“八项规定”对国有控股上市公司管理层在职消费的干预效果。结果表明，该政策尽管未能显著降低国企管理层在职消费的绝对量和对主营业务收入的侵占，但却有效遏制了这两项指标进一步增长。结果还表明，对于在职消费不同的分位数水平，该政策的遏制作用存在显著差异。即对于在职消费绝对量增长越快的样本，该政策发挥的遏制效果越突出。这提示我们，对政策效果的评价不能仅由国企管理层在职消费绝对量下降与否一概而论，还应考虑政策出台前后在职消费增长率的变化。

第十章，产品市场竞争、公司治理与高管绩效薪酬敏感度。从产品市场竞争和公司治理两种视角，探讨了我国上市公司高管绩效薪酬敏感度的影响因素。研究发现，随着第一大股东持股比例增加及独立董事和监事会的人数增加，其高管绩效薪酬敏感度随之提高，从而证实了较高的公司治理水平有助于提升高管薪酬敏感度。研究还发现，处于产品市场竞争强度较高的公司，其高管绩效薪酬敏感度更高，而且国有上市公司高管受到产品市场竞争强度的影响更大，由此支持了产品市场竞争有助于提高高管绩效薪酬敏感度、强化薪酬激励机制。

第十一章，证券投资基金是否关注公司高管的企业家精神。本章从企业家及企业家精神的复杂性、创新性和不可直接获得性出发，探讨了专业的投资者是否给予具备企业家精神的管理层以更高的薪酬，并以证券投资基金为例进行实证研究。研究表明：与基金未持股的公司相比，基金持股的公司高管薪酬水平较高；基金持股比例越高，高管薪酬水平越高。此外，本书对基金持股集中度进行了研究，并且证明了同一公司持股基金之间具有天然的联盟关系，即高管薪酬水平与基金持股比例存在正相关关系，而与基金持股集中度没有显著的正相关关系。

第十二章，基金持股是否对高管薪酬激励有优化作用。本章进一步研究了证券投资基金对其持股公司管理层薪酬激励机制的优化作用。结果表明，该优化作用主要体现在两个方面：一方面，基金持股有助于提升管理层薪酬，证实了基金持股对管理层薪酬的间接激励作用，这表明持股基金对公司管理层薪酬激励的支持，也是对管理层复杂性和创新性劳动的肯定；另一方面，基金持股抑制了公司绩效对管理层薪酬的过度激励，并解释了管理层薪酬与公司绩效之间倒“U”型关系的生成机制，这反映出持股基金对公司管理层过度关注短期绩效的校正。

第十三章，研究结论与政策建议。在以上研究及相关实证结论基础上，本章结合我国国有企业管理激励的实际情况及法律制度基础，提出完善国有企业管理层激励机制的相关政策建议。

二、主要研究方法

（一）统计检验

为了保证计量结果的可靠性，必须分析样本选择的代表性、广泛性，以及解释变量之间的线性相关性。因此，作为实证检验的起点，有必要用统计检验分析样本选择的合理性、科学性和可靠性，用到的研究方法包括统计描述、相关性分析和方差分析等。

（二）多元线性回归模型

多元回归分析是分析横截面数据最重要、最基本的研究方法，通常作为选择其他研究方法的起点。然而，由于多元回归对变量的分布、同方差、独立性、非共线性等要求较为严格，难免存在样本选择偏差和估计误差，从而影响实证结论的稳健性。因而，本书将多元回归作为计量检验的起点，根据实证结果的可靠性和稳健性，决定是否选择更适合样本的计量模型。

（1）不同样本系数比较模型。借助邹检验及其延伸的虚拟变量比较法，用于比较同一回归模型在不同样本之间的系数变化，以便检验回归模型是否发生结构性变化，并得到相应的回归估计结果及其统计量。我们借助邹检验及其变形的虚拟变量法，探索在机构投资者发展的不同阶段，其对持股公司的影响是否存在结构性变动。以结构性变动时间节点为依据，我们分别检验了机构投资者影响其持股公司绩效的不同作用。

(2) 同样本系数比较模型。通过回归模型解释变量的简单变换，构造新的变量及其估计参数，以便比较不同解释变量之间的系数大小，并得到相应的统计检验结果。通过构建同样本不同变量线性方程模型，我们检验了一般法人和证券投资基金对于其持股公司绩效的影响差异。

（三）面板数据模型

面板数据回归分析是近年来在公司金融领域应用越来越多的计量方法。与截面数据相比，面板数据能够挖掘出更多潜在信息、观察更多样本差异、推断更多不可观测信息，从而获得更为准确、稳健和丰富的实证结果。本书根据样本选择设计，控制样本公司若干年份的变化因素，分析影响被解释变量的可观测因素和不可观测因素，包括个体差异和时间差异。

（四）分位数回归模型

经典多元回归分析通常基于均值点，拟合样本数据和估计统计量，其前提要求是样本的解释变量不存在（或影响不大）样本异质性。比如，公司绩效处于较低水平的样本，其持股的机构投资者每增加1%，很可能与“公司绩效处于较高水平的样本，其持股比例增加1%”所带来的边际效应不同，从而带来样本方差的异质性问题。故而，为了克服不同分位数水平上样本方差异质性，我们在考察中运用分位数回归分析，检验了绩效处于不同分位数水平上的公司所受到的管理层货币薪酬激励的影响差异，以期得到更为稳健、可靠和丰富的研究结论。

（五）联立方程

由于公司绩效和管理层货币薪酬或在职消费同时可观测得到，我们很难判断公司绩效改进的真正原因。即：公司绩效的改善是来自管理层激励机制优化增加，抑或是管理层激励机制较好的公司本身就是公司绩效较好的上市公司。如果不能排除后一种情况，任何实证结果都很难支持管理层激励机制的有效性。故而，需要建立联立方程，用以克服管理层激励机制与公司绩效之间的潜在内生性。

（六）双重差分模型

利用双重差分模型（Difference in Difference model）构造“拟自然实验”，对比政策发生前后处理组和对照组之间的变动，以检验政策干预效果。借助该方法评价“八项规定”对国有企业管理层在职消费的干预效果。鉴于“八项规定”主要针对国有企业，本书选择了国有控股上市公司作为处理组。与之相对应，民营上市公司较少直接受到该政策干预的影响，故将其作为对照组。考虑到“八项规定”于2012年12月4日正式出台，本书主要选择2012年和2013年两年的观测样本进行实证研究。

（七）一阶差分法构建政策评估模型

在综合比较这些方法适用条件的基础上，我们利用观测样本的平衡面板数据优势，选择一阶差分法来构建政策评估模型①。借助该模型，我们允许个体异质性特征存在，包括不随时间改变的不可观测因素。在回归估计中，我们先进行差分以剔除个体异质性因素，再辅以同方差条件的满足或异方差的修正，便可得到该模型的无偏估计及其统计推断，从而增强本章实证结果的稳健性和可靠性。

第三节　研究的创新与不足

一、本书的创新之处

（1）在理论价值方面，本书基于借助人力资本投资的专用性和多任务激励的分工机制，探讨国有企业如何兼顾“社会效益和经济效益”的两重绩效目标，并围绕委派人员和职业经理的不同目标诉求及货币薪酬、在职消费及持股、证券投资基金等治理作用进行讨论。在此基础上，本书实证检验管理层激励效果及其影响因素，特别是通过构造“拟自然试验”的场景及引入倾向值得分匹配、两重差分和断点回归等方法，构建、刻画国有企业两重绩效与不同激励工具之间相互作用关系的微观计量模型。

（2）在实际应用价值方面，本书从国有企业两重绩效目标的特殊性出发，基于国有企业“分类”管理的指导原则，重点围绕国有股东委派人员和市场聘请职业经理等管理层，编撰涵盖激励（报酬）结构、激励机制及激励工具组合等内容的国有企业管理层激励体系解决方案。该方案不但为国有企业管理层整体的激励体系构建提供理论依据和决策参考，也为不同身份的或不同类型的国有企业管理层激励结构和工具组合设计提供参考。

（3）改进证券投资基金持股比例度量，更为客观地度量基金持股行为。为了研究基金持股与管理层激励之间的关系，对基金持股比例的度量显得尤为重要。本书以全年四个季度基金平均持股比例衡量基金年度持股状态，对应的计算公式为 $1/4\sum$（第 i 季度基金持股数/公司第 i 季度流通股 A 股数，其中 i＝1，2，3，4），借此平衡因基金持股时间长短不一带来的问题。该指标数值越大，则基

① 具体过程及方法可以参见伍德里奇（2007）第 444～458 页的相关内容。

金在该年度平均持有该公司股份的比例越高。

二、本书的不足之处

（1）在研究方法方面，本书仅关注了证券投资基金对其持股管理层激励的影响，未能有效捕捉到机构持有期的长短，特别是持股比例较高的基金持股行为变化对其持股管理层激励的影响。

（2）在研究深度方面，对于基金持股如何影响管理层激励的传导机制和渠道尚不够深入。比如，机构是通过“用手投票”，还是通过“用脚投票”，而参与其持股公司治理行为。尽管本书通过构建理论模型试图揭示基金影响其持股公司绩效的微观机制，但受数据的可获得性和可复制性的限制，这几种可能的传导渠道的实证检验尚不够深入。这是下一步研究的方向。

第二章　我国国有企业管理层激励研究现状

导读：在全球化经济背景下，富可敌国的跨国企业成为主导世界经济走向和社会发展的重要力量。自20世纪70年代以来，在科斯（1937）及其追随者相关企业理论储备的基础上，新的研究方法和范式逐步确立，并在现代经济学领域占据重要位置，成为一门跨学科、跨专业的研究领域。在国内大多数商学院或经济管理学院，经济系、产业经济系及国际贸易系从企业理论、产业组织理论和跨国贸易等视角研究企业及其行为，工商管理系和人力资源系也从组织理论、人力资本视角探索企业行为及组织规范，金融系、会计系和工商管理系侧重以上市公司为研究对象，利用上市公司的样本数据，进行公司治理、公司金融及实证会计的相关研究。总而言之，企业理论是一个逐步发展、不断完善的新兴理论，其每次理论上变革都会为理解和认识企业打开新的视角。

第一节　企业理论发展概述[①]

一、早期企业理论

（一）亚当·斯密企业理论

在《国民财富性质和原因研究》中，亚当·斯密将劳动分工、专业化和劳动生产力三者联系起来，为研究企业提供了新的视角。斯密提出了“市场范围限制劳动分工”定理，由此奠定了市场及企业存在的理论基础。他认为，劳动分工主要带来三个优势：①增加工人个体的熟练程度和工作技能；②节省工作（工作

① 本节部分综述性内容转引自《企业理论：现代观点》（第一章第3～16页）。

环节）转换的时间；③发明简化和节省劳动的时间。因而，斯密定理说明了这样一种状况：市场范围的扩大，将会导致劳动分工的扩张；而劳动分工的扩张将会带来劳动生产力的增加。按照斯密定理的循环往复，最终可能在所有行业导致市场垄断。但大多数观察到的市场结构并非垄断，而是具有一定程度的竞争性，这与斯密定理的推断产生了矛盾，简称为“斯密定理的两难冲突”。对此，斯蒂格勒提出产业生命周期理论，解答了斯密定理的两难困境问题，并指出“两难冲突”佐证了以劳动分工为基础的斯密定理。

尽管斯密通过劳动分工理论打开了观察市场和企业的一扇“窗户”，但并未建立起一套比较完整的企业理论体系。在斯密生活的时代，工业生产还不发达，企业组织尚处于萌芽阶段。在这个阶段，斯密观察到的是以内部分工为基础的工厂手工业，他是劳动分工、专业化和协作的产物。随着市场范围的扩大，这种劳动分工的程度随之加深。因而，斯密所研究的更多算是企业的“初级”或“原始”状态，远非现代意义上的公司。

（二）马克思企业理论

与斯密研究工场手工业的分工不同，马克思从协作入手分析工场手工业，直接把握住了总体劳动和个体劳动的区别。马克思还进一步指出了资本与劳动的分工，提出了接近现代企业理论的监督、权威和治理等话题。在此基础上，马克思还对所有制及所有权职能等问题进行了深入研究，开辟了研究企业的资本视角。

在洞察早期自由市场的资本主义社会生产固有矛盾之后，马克思借助企业资本视角的所有制和所有权理论，论证了股份公司产生的必然性。他认为，随着企业规模扩大和资本有机构成提高，单个资本难以突破进入壁垒，也难以承担潜在的市场风险、经营风险和财务风险等。股份公司既能分散出资本风险，又能快速集结资本，迅速满足大规模生产扩张的实际需要，故而成为资本主义企业的主要形式。不谋而合的是，阿尔钦、德姆塞次（1972）（《生产、信息费用和经济组织》）从团队生产中的度量问题，引入了团队生产研究的必要性及视角。他们认为，在生产过程中的协作环节，由于难以准确度量每个劳动者的贡献，故而对生产就需要监督。为了使监督者获得有效的激励，就需要赋予其一定的“剩余索取权”，从而解释了企业存在的难题。

（三）马歇尔企业理论

在已有研究的基础上，马歇尔通过大量深入、细致的观察进一步探讨了企业及其理论，并建立了其相对独特的分析视角。马歇尔试图解释劳动分工应该达到什么程度、哪些组织形式更适合从所处环境中得到好处，以及规模报酬递增和递减的关系等。更进一步，马歇尔将组织作为企业理论的研究工具，提出了内部经济与外部经济的概念，并对组织特征、绩效及组织演进等进行了卓有成效的探

索，开辟了接近现代企业理论的新篇章。

马歇尔从企业组织的视角出发，探讨了组织演变及组织特征和绩效之间的内在联系。在这一过程中，马歇尔提出了效率标准、规模报酬、组织多元化和人力资本等重要问题，并为后来学者所追随。尤其是他所提出的外部经济、内部经济及组织分工在被新古典理论忽略之后，又为现代企业理论的研究者们所关注和推崇，成为现代企业理论的重要理论源泉。

与上述理论研究不同，伯利和米恩斯（1932）利用美国上市公司的样本数据，提出了所谓经典的“股权高度分散”，试图佐证资本市场的“所有权和经营权分离”观点。该观点延续了马歇尔早期的论断，强化了经理人员的人力资本重要性，由此突出了股东和经理之间的矛盾。

二、新古典企业理论

在舍弃与不确定性、认知能力及内部摩擦等有关因素后，以萨缪尔森为代表的新古典经济学派借助微积分加以表达及论证，开创及建立了所谓的新古典企业理论。依照该理论表述，经济体系就是一个由参数和变量构成的联合方程组表示的均衡体系。其中，参数代表经济环境，外生于理论模型方程；变量是由体系本身决定，需要通过求解得到均衡结果；方程代表均衡条件。在这种视角下，企业就成了将若干要素投入转化为产出的产品生产单位，其关系可用生产函数表示出来，即：$y=f(x_1, x_2, \cdots, x_i, \cdots, x_n)$，其中 $i=1, 2, \cdots, n$。

按照上述理解，企业主要由投入和产出两个环节构成，其生产过程却完全不需要理解，由此形成了所谓的“黑匣子”生产。尽管该理论非常简洁、优美，但却难以回避诸多无法解释的难题，忽略了经济学作为社会科学的本质特征，导致对于社会科学的抽象过于“物理化”。按照该理论，我们很难理解为什么要对公司高管进行激励、为什么资本结构会不断调整、为什么同一国家或地区的资本结构存在差异、为什么不发达国家或地区的大股东强调公司控制权等经济现象。

三、以科斯定理为基础的现代企业理论

在科斯定理（1937）发表之后，制度经济学逐渐成为理解现代社会经济的重要基础理论，由此也展开了对企业理论的延展与突破。按照制度经济学派的基本观点，企业是契约关系的联结点（Nexus of Contacts），展现了一系列成文与不成文的合同汇集。在此基础上，制度经济学派从不同视角不断丰富着现代企业理论。阿尔钦和德姆塞茨（1972）提出企业团队生产理论，并认为企业不是雇主与雇员的长期合约，在所有的投入合约中，处于集权位置的团体充当代理人，统一使用所有投入，这种团队生产由于利用了专业化分工的优势和规模经济等因素而

具有高效率。威廉姆森（1980）提出纵向一体化的企业理论，并通过引入资产专用性、有限理性及事前交易费用和事后交易费用等视角，解释了企业纵向一体化的合理性和必要性。Grossman 和 Hart（1986）及 Hart 和 More（1990）以契约不完全为出发点，提出了分析产权配置问题新框架。由此构成了不完全契约理论的核心，并进一步促进了制度经济学派企业理论的发展。他们认为，在事前对未来所做的预期仅仅是基于双方的主观评估，未来所面临的不确定性在本质上是不可预期的。所以真实世界里的契约绝大部分都是不完全契约。

建立在交易成本基础上的现代企业理论，使得我们能够打开新古典学派的“黑匣子”企业理论，从而深入到企业各个生产要素及其之间相互作用关系，探讨各生产要素及其提供者之间的度量、测算及其回报等基本问题，从而更好地理解企业与市场之间关系及其配置资源的异同，理解企业生成、演进原因以及企业边界等，引导我们关注企业组织内部的权力配置、治理结构、委托代理及团队激励等现实问题。

第二节　信息不对称、代理理论与公司治理

一、信息不对称与委托代理理论

亚当·斯密早在《国富论》中就提到，“股份公司董事管理的是他人的钱，而不是自己的钱。因此，我们不能期望他们像私人合伙企业中的合作人那样尽心尽力”。伯利和米恩斯（1932）发现，公司所有者兼具经营者的做法存在着极大的弊端，由此提出委托代理理论。在伯利和米恩斯的框架下，在保留剩余索取权的前提下，公司所有者通过选拔最优秀的经理经营公司，以便不断提升公司价值。但因股东和经理的利益并不能时刻保持一致，且两者之间所拥有的信息不对称，便产生了代理冲突。正如 Akerlof（1970）、Spence（1971）及 Stiglitz（1973）等的文献所述，拥有信息优势的市场主体通过隐藏自身信息，通过逆向选择或道德风险，选择有利于其自身利益最大化的行为，由此带来额外的市场交易成本，甚至导致该市场萎缩，从而为市场干预提供政策依据。

在既有文献研究的基础上，以 Jensen 和 Meckling（1976）为代表现代公司金融的经典文献进行开创性研究，主要从股权融资的代理成本和债券融资的代理成本两种视角探讨了公司内部的代理问题。Jensen（1986）提出，使用负债有助于约束公司经理对自由现金流的过度使用。Stulz（1990）发现，同时引入或现金流

股权融资代理成本和债权融资的破产成本，有助于在两者之间取得平衡。Myers（1982）证实，由于现有资产和成长机会的差异，公司可能出现用负债代替股权投资风险更高的项目，由此带来债务“悬置”问题。与 Jensen 和 Meckling（1976）等有所不同，Myers 和 Majluf（1984）与 Ross（1977）分别撇开代理理论框架，以信息不对称为基础，讨论资本结构选择问题。其中，前者利用现有资产和成长机会的项目风险差异，讨论了资本结构选择中的最优比例问题；后者主要从信号传递角度，将负债作为经理对外部投资者的可置信承诺，解释资本结构选择的债务融资现象。在资本结构选择过程中，经理利用信息优势选择有利于其自身利益资本结构的现象也得到研究。Novaes 和 Zingales（1995）发现，股东将负债作为提高经营效率的工具，并不同于经理人将负债当作防御策略。Friend 和 Lang（1988）证实，公司债务比例与经理持股比例负相关，证实持有公司较多股份的经理比外部投资者承担了更多不可分散风险的压力，以至于更愿意保持较低的负债水平。更进一步，Berger 等（1997）利用更大范围的经验证据进行实证。他们发现，随着经理面临薪酬激励或动态监督的弱化，公司更可能选择较低的负债水平，以便降低破产风险、维护其自身利益。

二、代理冲突与股权结构

（一）第一类代理问题与第二类代理问题

在一定法律制度框架下，拥有公司所有权的股东，将公司经营权授予高级管理人员（以下简称经理层），形成所有者和管理者之间的委托代理关系。由于股东和经理层的利益分歧，经理层并不能保证“像所有者一样去尽心尽力地经营公司”，而是存在某种程度的利益冲突，比如：经理层选择在职奢侈消费、自由现金流过度保留和新业务投资不足等，最大化经理层自身利益，由此产生代理问题（Jensen and Meckling，1976）。这种存在于股东和经理层之间的代理问题，称为第一种类型的代理问题，以下简称第一类代理问题。

由于协调成本、专业知识和持股目标等不同，所有股东不可能同时参与公司事务。由此，股东选择董事会代表股东大会，在不违反相关法律的前提下，依据公司章程，行使重大决策权。在实践中，由于董事更多是由大股东推荐、提名或者决定[①]，更多反映大股东的利益诉求，并不能真正代表所有股东利益。经理层由董事会选举和任命，更多受制于大股东控制，为大股东谋取利益。由此，大股东和经理层一起，构成了所谓的内部人；由于缺乏反映自身利益的董事，中小股

① 由于法律制度不同，各国董事会组建程序、构成和运作有所差别，比如，德国、日本就与美国、英国不同。具体到中国，更接近美国、英国一些。

东和债权人被称作外部投资者。这种由于缺乏相应利益代言人，而在股东之间产生的代理问题，称为第二种类型的代理问题，以下简称第二类代理问题。

（二）缓解两类代理程度的可能途径

从代理问题带来的后果看，第一类代理问题主要反映经理层对所有股东利益的侵蚀，第二类代理问题则反映内部人对外部人利益的侵占。当然，现实中两者并非截然分开。就具体国家和地区而言，不同的政治环境、司法体系和法律基础，有着不同的表现和侧重。LLSV（1998，2000）认为，在投资者保护相对落后、股权集中度较高的国家和地区，以大股东侵占小股东利益为标志的第二类代理问题更可能发生，表现更为突出，比如，在投资者保护程度较高、股权相对分散的国家和地区，经理层表现出更大的自主决策权，第一类代理问题较为普遍，Berle 和 Means（1932）与 Roe（1991）都关注到“强管理者，弱所有者”的现象。

从产生的原因来看，两类代理问题之间又存在较大的不同，从而导致解决问题的方式各不相同。就第一类代理问题而言，当预期到经理层的不当行为时，作为委托人的股东有必要对经理层进行监督，以制止和约束经理层侵害公司利益。然而，所有者的监督行为通常难以奏效，主要缘于两个原因：第一，信息高度不对称，监督成本过高。与经理层相比，随着现代公司规模发展和公司业务多元化、复杂化，所有者所能掌握的信息量越来越少，把握信息之间内在联系的能力越来越弱，正确判断信息有效性的能力也随之降低。相比而言，经理层却掌握越来越多的私有信息，牢固处于信息优势，脱离于所有者监督之外。因而，处于信息劣势的股东除了享有选择经理层的权力优势之外，很难通过外部监督杜绝经理层的不当行为，处于双方博弈中的谈判和行动劣势。第二，股权分散带来“搭便车”行为，催生集体行动的“不作为”。在股权分散的前提下，任何单个股东的监督行动具有正向外部性，导致监督收益的溢出。这种溢出效应降低单个股东实施监督行为的积极性，造成所有股东都“静观其变”，导致无人监督经理层的局面，这就是所谓的“强管理者，弱所有者”（Roe，1991）。

所以，解决第一类代理问题可由两个方面入手：第一，聘请专业机构，提高监督能力。通过聘请独立专业机构，监督、稽查经理层谋取私利的行为，增加经理层选择不当行为的成本。第二，集中分散股东力量，提高股权集中度。股权集中度提高，有利于削弱股东“搭便车”的动机，激励股东监督经理层行为。就第二类代理问题而言，内部人对外部人利益侵占和掠夺，除了投资者保护的制度环境之外，更多是由于控股股东缺乏制衡，难以遏制其谋取私利的行为。所以，解决第一类代理问题除了宏观上完善保护投资者立法、建立良好的制度基础之外，还要降低股权集中度，缩小大股东之间的持股差距，利用大股东之间的相互制衡，削弱大股东谋取私利行为的能力。

三、法制环境、股权结构与公司治理

在突破伯利和米恩斯（1932）所提出的股权高度分散研究框架之后，LLSV（1998）从中小投资者保护视角提出了高度集中的股权结构。他们证实，金融市场发展与法律和监管基础设施之间存在很强的相关性；提出要发展外部融资，中小投资者需要得到法律和监管的保护。他们指出，以英国为代表的普通法系对投资者具有最强的保护，法国法系国家通常最弱，德国法系国家和斯堪的纳维亚法系国家通常居中。他们还指出，不同国家的法律实施质量也有所不同。其中，德国法系和斯堪的纳维亚法系国家有最好的法律实施质量。

LLSV（2000）认为，与区分银行主导型和市场主导型金融体系相比，法律视角所展开的研究是理解公司治理和其改革更加有效的途径，从而为理解不同国家地区证券市场发展差异提供了新的视角。LLSV（2002）以 TobinQ 值度量公司市场价值，用上市公司所处国家或地区的法律起源及其特定法规指数综合测度中小投资者保护指数，以此探讨中小投资者保护、大股东所有权与公司市场价值之间的关系。他们发现，除了在中小投资者保护较好、证券市场较为发达的国家或地区，几乎所有上市公司多为家族和国家所有。他们认为，约束控股股东对中小投资者及公司利益的攫取，比对约束经理滥用自由现金流等侵害公司利益更加重要，借此提出公司治理核心在于保护中小投资者。在此基础上，LLSV（2002）研究表明，在考虑到信息披露、举证责任配置等影响因素之外，来自外部监管的行政执法有助于促进证券市场健康发展。施赖弗（2006）更进一步证实，在缺乏证券市场法律制度情形下，单纯依靠市场力量不能促进证券市场的繁荣。

第三节　管理层激励相关研究文献

现代公司治理理论提出，管理层目标是使企业价值最大化，即在保障股东利益的前提下经营企业、追求股东价值最大化。与此同时，管理层也是自利个体，他们不仅能对公司实施有效控制，同时也可以基于自身利益进行决策并采取行动；在追求公司价值最大化的过程中，攫取个人私利、实现个体利益最大化。因此，如何将公司中长期发展目标与管理层自我利益统筹起来，最大限度地实现个体利益与公司利益相一致，减少管理层与公司（股东）之间的代理冲突，是公司治理亟待解决及长期面临的重要难题。因此，管理层激励长期以来都是公司治

理领域研究的重点。在这方面，Jensen 和 Murphy（1990）可谓是开创性的文献，为学术界运用实证方法研究管理层薪酬激励拉开了序幕。当然中国也不例外，不少学者就中国上市公司及国有企业的管理激励进行了大量研究，得出不少颇有意义的研究成果。

一、货币薪酬、薪酬差距与管理层激励

（一）货币薪酬、管理层激励与公司绩效

甄朝党等（2005）研究表明，薪酬激励是组织中最常用的激励手段之一，薪酬合约的激励效果直接影响组织效率。魏刚（2000）以我国沪深 A 股上市公司为样本，实证检验公司经营绩效与管理层激励之间的关系。结果表明，公司绩效与管理层货币薪酬激励之间不存在显著的正相关关系。客观来看，由于货币薪酬激励仅仅是管理层诸多激励的维度之一，该结论并不能直接推导出管理层激励对公司绩效改善缺乏作用。更何况仅从货币薪酬角度而言，我国上市公司管理层年度货币收入偏低且报酬结构不尽合理，加上信息披露存在的诸多不足，使得货币薪酬激励研究亟须深入。

随后，不少文献在关注货币薪酬的同时，逐渐将管理层激励的维度扩展到经济福利、在职消费、终身雇用及社会地位等多个方面。陈学彬（2005）发现，一方面，银行管理层薪酬水平与银行规模业绩联系较紧密，而与资产效率业绩的联系相对较弱，但经济福利仍然是商业银行吸引和留住人才的主要经济手段；另一方面，我国商业银行薪酬形式单一，长期激励机制缺乏。陈冬华等（2005）证实，我国上市公司在职消费主要受企业租金、绝对薪酬和企业规模等因素的影响，但由于薪酬管制的存在，在职消费成为国有企业管理人员的替代性选择。这表明，在职消费内生于国有企业面临的薪酬管制约束，而且国有企业中更容易受到管制的外生薪酬安排缺乏应有的激励效率。傅颀、汪祥耀（2013）研究发现，伴随薪酬契约的市场化改革，国有企业相对于民营企业而言更倾向于采用货币薪酬替代在职消费，其间中央国有企业的薪酬契约替代意愿更为强烈，显性薪酬在当前确实是一种较为有效的激励形式。

随着激励机制的改进，公司绩效部分维度的代理变量越来越容易受到管理层货币薪酬影响。吴育辉、吴世农（2010）证实，管理层货币管薪酬仅与 ROA 显著正相关，但与资产获现率（经营净现金/总资产）及股票收益率没有显著的正相关关系。该文还证实，管理层薪酬水平随着其控制权的增加而显著提高，且非国有公司的高管更容易利用其控制权来提高自身的薪酬水平。这表明，我国上市公司管理层在其薪酬制定中存在明显的自利行为，且这种自利行为降低或者消除了薪酬的激励作用。与之不同的是，吴联生等（2010）发现，正向额外薪酬与非

国有企业业绩显著正相关，但未发现其与国有企业业绩存在相关性。与之类似的是，杨青等（2010）证实，我国上市公司CEO薪酬激励与公司业绩显著正相关。更进一步，杨青、薛宇宁（2011）还就管理激励作用的强化进行深入研究，发现董事会的监控作用表现为以薪酬激励监督CEO为间接手段来改善公司业绩，这种研究视角在同类研究中并不多见。

随着研究的逐步深入，不少学者还就国有股权或国有资本的背景对管理层激励效果的影响进行深入研究，得到一些颇有价值的研究结论。张敏等（2013）发现，政府干预所导致的冗员负担，在比较高的显著性水平上弱化了管理层薪酬与企业业绩之间的关联性，即直接影响管理层激励作用的发挥。张瑞军等（2013）研究表明，货币薪酬激励的增加有助于提升管理层承担风险的水平，但却受到最终控制人性质和公司成长性的影响。例如，在国有企业以及公司成长性较低的公司，货币薪酬激励与风险承担之间的正相关关系较弱。

管理层货币薪酬激励的效果除了外部因素干扰外，还直接受到管理层自身拥有的权力的影响。朱焱等（2014）发现，管理层货币薪酬与企业绩效显著正相关；与国有企业相比，非国有企业的相关性更明显；管理层权力削弱了货币薪酬对企业绩效的激励作用。徐经长等（2019）发现，与非国有企业相比，“限薪令”后国有企业高管的相对货币薪酬降低，“限薪令”发挥了预期的作用。黄志忠等（2015）研究结果表明，高管的现金薪酬越高，企业的未来创值水平越高；安排现金激励的公司未来创值水平比未安排激励的公司高；安排权益激励的公司未来创值水平比安排现金激励和未安排激励的公司都高，这在国有上市公司中尤其显著。

（二）薪酬差距、业绩敏感度与管理层激励

随着管理层薪酬激励研究的不断深入，我国实证研究逐渐突破抽象的“管理层”薪酬激励研究，深入到管理层内部的不同管理层之间薪酬差距以及薪酬对应绩效的敏感度等进行研究，为探究管理层薪酬激励的作用机制及实际效果提供具有启发意义的研究视角。

黎文靖、胡玉明（2012）发现，国有企业内部薪酬差距与企业业绩正相关，并且与企业的日常经营业绩正相关；国企内部薪酬差距较小时更多地激励了职工，薪酬差距较大时对职工无正向激励效应。覃予等（2013）发现，尽管管理层薪酬激励有助于促进公司业绩提升，但企业薪酬差距过大（产生正向不公平）会阻滞企业业绩提升，进而降低高管薪酬激励效率。相比之下，薪酬差距过小（产生负向不公平）则有助于提升企业业绩，而且不受宏观经济波动和企业公平偏好强度的影响。缪毅、胡奕明（2014）研究表明，适当拉开薪酬差距的确对员工产生了激励作用，但过大的薪酬差距会产生不可忽视的负面影响；薪酬差距的激励作用受到晋升可能性的影响，也受到产权性质的影响，这种激励效果在民营企业、政府间接控制的企业、政府直接控制的企业依次减弱。黎文婧（2014）认为，非国有企业的高管外部薪酬差距与企业业绩正相关，但国有企业的高管外部薪酬差距与企业业绩并不存在显著相关关系；外部薪酬差距对非国有企业高管的正向激励效应仅存在于高管薪酬高于行业平均薪酬的样本中。潘敏、刘希曦（2016）发现，国有控股企业的内部薪酬差距与绩效之间存在倒“U”型关系。当薪酬差距较小时，适当扩大薪酬差距可激励管理层和员工的努力水平从而提升企业绩效，但这种激励效果会随薪酬差距的扩大而减小。该文还发现，“限薪令”的实施没有对内部薪酬差距的激励效果产生影响。

张必武、石金涛（2005）发现，独立董事制度建设与董事长总经理二职兼任均显著提高了薪绩敏感性，薪酬委员会的设置对薪绩敏感性也有一定的影响。姜付秀等（2014）研究表明，国有企业 CEO 的薪酬与会计绩效、解职与会计绩效的敏感性均高于非国有企业，表明国有企业的经理激励契约更具有绩效导向作用。朱焱等（2014）证实，管理层团队内部薪酬差距与企业绩效显著正相关，且非国有企业比国有企业的相关性更明显；管理层权力削弱了高管团队内部薪酬差距对企业绩效的激励作用。李四海（2015）研究表明，高管年龄降低了薪酬业绩的敏感性，尤其是业绩下降时的薪酬业绩敏感性，反映高管的年龄降低了薪酬契约的有效性。陈文哲等（2014）基于国内 65 家商业银行高管薪酬数据的实证发现，境外战略投资者不仅提高了银行高管层的薪酬绩效敏感度，而且有效抑制了银行高管过度支付的现象。陈家田（2014）发现，家族企业高管薪酬水平与薪酬业绩敏感性显著低于非家族企业，金字塔结构对家族企业薪酬存在影响效应，但对不同类型家族企业的显著性不同。徐光伟、刘星（2014）基于内生视角检验了高管薪酬激励机制与公司投资行为之间的交互关系，研究发现，高管薪酬业绩敏感性并没有对公司投资产生显著影响，说明目前我国上市公司高管薪酬激励机制并没有对公司投资行为产生治理效应。

除了以上研究外，还有文献分别从继任者来源及社会责任等方面探讨了管理层薪酬激励问题。王新等（2015）认为，社会责任可能成为国有企业经理人薪酬激励的新型代理因素和相机卸责的借口，特别是在国有企业面临业绩下滑、社会责任环境压力较大、股权分散的情况时，这种现象更为明显，而在民营企业中，并不存在这种现象。岑永嗣、黎文靖（2014）发现，在国有企业中，总经理的继任来源不会影响高管薪酬差距的激励作用。在非国有企业中，当总经理从内部继任时，高管薪酬差距会产生更好的激励作用；当总经理从外部继任时，增加的薪酬差距无法有效激励高管。

二、代理冲突、管理层持股与股权激励

出于缓解管理层与股东之间代理冲突的需要，公司除了给予管理层货币薪酬激励外，还引入股权激励，即通过授予（多种形式）管理层一定的股权，引导管理层以公司或股东利益最大化为目标、减少攫取个体私利的“败德行为”。

在早期研究中，Morck 等（1988）检验了公司绩效与管理层持股比例（分段）之间的实证关系。该文将股权激励定义为管理层持有的股票，当管理层所持股权占公司股本的 0～5% 时，企业业绩会随之提高。当该比例上升至 5%～25% 时，企业业绩呈下降趋势。当股权超过 25% 时，企业绩效大幅度上升。黄群慧（2001）认为，公司将部分国有股权减持后给最能直接决定企业生存和发展的经营管理者，既能通过发挥部分国有产权的激励约束功能而提高整体国有产权的效能，也能通过将部分国有资产与直接的资产经营者利益相结合而提高整体国有资产的运营质量。李红斐、杨忠直（2002）认为，股权激励作为企业经理人薪酬激励的一种形式，逐渐受到国内企业的重视并付诸实践。

由于股权激励的标的是公司股票（股权）价值，使得股权激励的重要前提是股票（权）价值与公司经营保持高度正相关。但在资本市场的实践中，股票价格除了受到自身经营状况影响外，还难免受到来自国内外宏观经济及外部重大事件的综合影响，使得股票价格短期波动较为剧烈、中长期不确定性趋势越发明显。故而，股权激励效果及其适用性在学术界和实务界并未达成高度一致。周建波、孙菊生（2003）研究表明，成长性较高的公司，公司经营业绩的提高与经营者因股权激励增加的持股数显著正相关；强制经营者持股、用年薪购买流通股以及混合模式的激励效果较好。陈勇等（2005）证实，实施股权激励后，上市公司的业绩总体上略有提升，但并不显著；我国股权激励的实施形式中，期股激励的比例最大，其激励效应大于期权激励，但也不显著。出现这种现象的可能性原因之一是由于股权结构高度集中、董事会机制不完善，导致国有上市公司管理者股权激励机制可能并没有发挥设想的激励效应（俞鸿琳，2006）。冯根福、赵珏航（2012）认为，管理者持股比例和在职消费之间存在替代关系，管理者持股比例的增加能够抑制在职消费、提高公司绩效。

尽管如此，股权激励仍然能够在一部分行业或企业之中发挥正向的治理作用。黄之骏、王华（2006）证实，对高科技企业来说，经营者股权激励水平与企业价值之间存在倒“U”型关系。这表明，大力加强经营者股权激励的程度，将有助于高科技企业价值的提升。顾斌、周立烨（2007）通过对剔除行业影响后的上市公司高管人员股权激励效应进行实证研究，发现我国上市公司高管人员股权激励的长期效应不明显；但不同行业之间的激励效果差异显著，其中交通运输行

业的上市公司股权激励效果最好。为进一步研究管理层持股的激励作用，黄桂田、张悦（2008）在检验管理层持股内生性的基础上，证实了管理层持股对公司绩效的影响表现为倒“U”型。程仲鸣、夏银桂（2008）以2001~2006年宣告实施股权激励国有上市公司为样本，实证检验了股权激励对公司价值的改善作用。研究发现，对国有企业的经理人实行股权激励能提高公司价值，受地方政府控制的公司股权激励更能明显增加公司价值；随着股权分置改革的全面实施，这种管理层股权激励的效果得到进一步改进。

在不少研究证实股权激励的实际效果后，部分学者开始探讨如何改进股权激励的积极作用，得到颇有意义的实证检验效果。吕长江等（2009）研究表明，我国上市公司设计的股权激励方案既存在激励效应又存在福利效应；但在实践操作中，公司可以通过激励条件和激励有效期的改善，来增加股权激励方案的激励效果。周仁俊、高开娟（2012）证实，大股东控制对管理层的作用显著影响股权激励效果。其一，国有控股上市公司大股东对管理层的监督作用明显，随着第一大股东持股比例的增大，管理层股权激励效果增强。其二，民营控股上市公司大股东控制权与管理层股权激励之间存在冲突，第一大股东持股比例越高，股权激励效果越差。其三，高新技术企业大股东控制权与管理层股权激励之间存在冲突，但非高新技术企业中第一大股东与管理层之间存在不明显的监督作用。

吕长江等（2011）得出，中国上市公司选择股权激励方案有其特有的制度背景和公司动机；这些动机之间彼此具有相互作用，且公司治理的影响更为重要；对人力资本的需求是上市公司选择股权激励的动机；不完善的治理结构、严重的代理问题也会使公司有动机选择股权激励，但是，部分上市公司选择股权激励的动机是出于福利的目的，股权激励没有作为代理成本的替代却成为代理成本的结果；同时，处于市场化程度越高的地区公司越有动机选择股权激励。

由于我国处于新兴转轨的发展阶段，证券市场同样处于不断变化的发展态势，使得管理层持股的股权激励效果存在多样性、复杂性和动态性也在所难免，甚至不少研究得出“相左”的研究结论。夏纪军、张晏（2008）发现，我国上市公司大股东控制权与管理层股权激励之间存在显著的冲突，且与股权性质、公司成长速度相关。其中，民营控股公司中的冲突程度显著弱于其他类型公司，国资委控股公司中的冲突显著强于其他类型公司；公司成长速度越快，大股东控制权与管理层激励之间的冲突越强。苏冬蔚、林大庞（2010）认为，正式的股权激励具有负面的公司治理效应，只有继续深化国有企业改革并加快现代公司制度建设，才能强化CEO与股东之间有效的制衡和监督机制，切实改善公司治理。辛宇、吕长江（2012）证实，在固有企业管理层薪酬管制的背景下，泸州老窖股权激励兼具激励、福利和奖励三种性质，而这种性质的混杂性最终会导致国有企业

的股权激励陷入定位困境，无法发挥其应有的激励效果。

肖星、陈婵（2013）研究表明，国有企业的股权激励计划符合“管理层权力论”，是管理层利用自身权利寻租的表现，而民营企业的股权激励计划则符合“最优契约论”，是对管理层的有效激励。李小荣、张瑞君（2014）研究表明，在控制经营业绩等因素的情况下，实施股权激励的确减少了公司高管更换的概率；股权激励与风险承担呈倒“U”型关系，这种倒“U”型关系只存在于产品市场竞争高组；用管理费用率和总资产周转率作为代理成本的替代变量后，发现代理成本越高，风险承担水平越低，验证了代理成本假设。盛明泉等（2016）利用2003～2013年我国A股上市公司的动态面板数据，研究管理层股权激励对资本结构动态调整的影响。研究表明，管理层股权激励强度与资本结构调整速度显著正相关；且当资本结构向下调整时，股权激励对资本结构动态调整速度的促进作用会更大。

三、薪酬管制、在职消费与隐性激励

在职消费是伴随管理层履行职务范围内的相关职能或职责时所产生的费用，与公司整体生产经营活动相生相伴、难以分离。例如，公司为管理层履行管理职责而配备办公室、商务专车和办公电脑等。在我国，国有企业管理层在职消费作为隐性薪酬的重要组成部分，被学术界广泛关注、深入研究。

陈冬华等（2005）利用上市公司财务报表附注中披露的“八项费用”数据展开研究，发现公司在职消费主要受企业租金、绝对薪酬和企业规模等因素的影响。与此同时，由于国有企业管理层薪酬管制的存在，在职消费成为国有企业管理人员的替代性选择，说明在职消费内生于国有企业面临的薪酬管制约束。当然受限于数据可得性，该文研究覆盖的上市公司样本仅为30%左右；加上不同公司“八项费用”披露规则和使用财务政策存在较大差异，使得样本观测值可靠性难以得到有效保障，从而限制了主要研究结论的适用性、稳健性。罗进辉、万迪昉（2009）发现，管理者的在职消费水平与企业经营业绩负相关，而且大股东持股比例与管理者的在职消费水平呈一种非线性的“U”型关系。这表明，大股东对管理者在职消费行为的监督作用同时存在激励效应和防御效应；与大股东不处于控股地位的上市公司相比，大股东处于控股地位的上市公司的管理者在职消费水平比较低。对此，陈冬华等（2010）也得到类似的研究结论，提出，对高级管理人员在职消费的抑制作用越为明显；上市公司股权越为制衡，高级管理人员的在职消费越高，且股权制衡度高的上市公司、其在职消费的激励效率较低。张敏等（2013）研究发现，政府干预所导致的冗员负担允许高管进行较多的在职消费，用以弥补高管在现金薪酬方面的损失。这在一定程度上可以为国有企业高管

激励效果不佳、在职消费等隐性激励方式广泛存在的现象提供较合理的解释。孙世敏等（2016）认为，公司治理是在职消费经济效应的重要影响因素，且公司治理越严格、在职消费的"效率观"现象表现越明显。

四、"双重"身份、晋升激励与公司绩效

与货币薪酬、股权激励和在职消费等相比，国有企业管理层的"晋升"激励属于独有现象。尽管这种职务或职级上的晋升仍以货币薪酬和职务消费等形式体现，但其中所带来的管理层激励导向是其他激励工具所难以替代的。随着信息披露水平的提升，国内不少学者逐渐开始这方面的研究并得出颇有意义的研究成果。

廖理等（2009）以2004~2006年的沪深A股上市公司为样本，实证检验经营风险是否以及如何影响公司高管晋升的激励效应。研究表明，就整体情况看，管理层晋升激励效应随经营风险提高而增强，但国有公司经营风险对其管理层晋升激励效应偏小；与政府间接控制的国有公司相比，政府直接控制的国有公司的经营风险对其高管晋升激励效应的影响更小。张兆国等（2013）发现，晋升对过度投资有一定抑制作用。一方面，随着年龄的增长，管理层对晋升的敏感性以及晋升对过度投资的作用均呈倒"U"型关系；另一方面，学历越高、任期越长的管理层对晋升的敏感性越大，致使晋升对过度投资的作用越有效。

随着交叉研究视角的不断丰富，不少学者已经不再仅仅局限于晋升激励，而是将视角扩充至晋升与在职消费、货币薪酬、管理层持股等之间的相互作用，并得到一些颇具有启发价值的研究成果。王曾等（2014）发现，"政治晋升"与"在职消费"两种激励之间存在着非对称的替代效应。即：政治晋升可能性越高的CEO，其在职消费行为存在收敛趋势越明显。郝项超（2015）证实，不管（一般）管理层，还是董事长或行长，薪酬增加都会激励其更好地管理银行，降低银行破产风险，但政治晋升激励对银行风险的负面影响仅对董事长成立。与此同时，薪酬激励与政治晋升激励之间存在替代关系，而且当前银行高管薪酬的平均水平非常接近实证分析得到的门槛值。张霖琳等（2016）研究表明，央企高管晋升依赖业绩表现及个人能力，监管独立性会影响晋升机制的执行效果；相较于市场化水平较低的中西部地区，东部地区的国企高管晋升机制相对有效执行。周铭山、张倩倩（2016）证实，政治晋升激励使得国有企业CEO更加专注有效的研发投入，在降低研发投入量的基础上，提高了企业创新产出；相对于低薪酬激励，高薪酬激励时，国有企业CEO创新的政治晋升激励有效性更高；相对于高在职消费，低在职消费时，国有企业CEO创新的政治晋升激励有效性更高。与之不同，李莉等（2018）发现，政治晋升对创新投资有抑制作用，并且管理者权

力越大时，这种抑制作用越明显。徐业坤（2019）认为，政治晋升形成的隐性激励对于国有企业高管治理具有重要意义。

随着外部政策环境的变化，晋升激励的效果随之进行调整，呈现出与此前不尽相同的激励效果或作用机制。卢馨等（2019）研究发现，政治晋升成为促进国有企业创新投入的一种有效激励方式，且这种激励效应在中共十八大之后得到强化；同时，在职消费水平显著削弱了政治晋升激励对创新投入的促进作用，但这种削弱效应在中共十八大之后表现得更加明显；进一步研究发现，在职消费对政治晋升激励的替代效应在总经理层面显著强于董事长层面。张小连（2019）发现，晋升激励对成熟期企业冗余与业绩之间的调节作用比较明显，而对成长期和衰退期企业业绩没有显著影响。这表明，晋升激励政策并非适用于任何企业，国有企业应该按照自己的实际情况采取适当的激励政策。

参考文献

［1］魏刚．高级管理层激励与上市公司经营绩效［J］．经济研究，2000（3）：32－39＋64－80.

［2］张必武，石金涛．董事会特征、高管薪酬与薪绩敏感性——中国上市公司的经验分析［J］．管理科学，2005（4）：32－39.

［3］甄朝党，张肖虎，杨桂红．薪酬合约的激励有效性研究：一个理论综述［J］．中国工业经济，2005（10）：66－72.

［4］陈学彬．中国商业银行薪酬激励机制分析［J］．金融研究，2005（7）：76－94.

［5］潘飞，石美娟，童卫华．高级管理人员激励契约研究［J］．中国工业经济，2006（3）：68－74.

［6］李延喜，包世泽，高锐，孔宪京．薪酬激励、董事会监管与上市公司盈余管理［J］．南开管理评论，2007（6）：55－61.

［7］姚凯．基于企业家工作性质的延期支付式年薪制研究［J］．管理世界，2008（11）：178－179.

［8］赵息，杜玉鹏．公司治理对高管薪酬激励敏感度的影响［J］．软科学，2009（11）：92－95＋113.

［9］杨青，高铭，Besim Burcin Yurtoglu. 董事薪酬、CEO薪酬与公司业绩——合谋还是共同激励［J］．金融研究，2009（6）：111－127.

［10］陈冬华，梁上坤，蒋德权．不同市场化进程下高管激励契约的成本与选择——货币薪酬与在职消费［J］．会计研究，2010（11）：56－64＋97.

［11］吴育辉，吴世农．高管薪酬、激励还是自利？——来自中国上市公司

的证据［J］．会计研究，2010（11）：40－48＋96－97.

［12］杨青，黄彤，Steven TOMS Besim Burcin YURTOGLU. 中国上市公司CEO 薪酬存在激励后效吗［J］．金融研究，2010（1）：166－185.

［13］吴联生，林景艺，王亚平．薪酬外部公平性、股权性质与公司业绩［J］．管理世界，2010（3）：117－126＋188.

［14］杨青，薛宇宁．我国董事会职能探寻：战略咨询还是薪酬监控？［J］．金融研究，2011（3）：165－183.

［15］冯根福，赵珏航．管理者薪酬、在职消费与公司绩效——基于合作博弈的分析视角［J］．中国工业经济，2012（6）：147－158.

［16］黎文靖，胡玉明．国企内部薪酬差距激励了谁［J］．经济研究，2012（12）：125－136.

［17］李超，蔡庆丰，陈娇．机构投资者能改进上市公司高管的薪酬激励吗［J］．证券市场导报，2012（1）：31－36＋68.

［18］洪正，郭培俊．努力不足、过度冒险与金融高管薪酬激励［J］．经济学（季刊），2012（3）：1427－1454.

［19］辛宇，吕长江．激励、福利还是奖励：薪酬管制背景下国有企业股权激励的定位困境——基于泸州老窖的案例［J］．会计研究，2012（6）：67－75＋93.

［20］张敏，王成方，刘慧龙．冗员负担与国有企业的高管激励［J］．金融研究，2013（5）：140－151.

［21］张瑞君，李小荣，许年行．货币薪酬能激励高管承担风险吗［J］．经济理论与经济管理，2013（8）：84－100.

［22］覃予，傅元略，杨隽萍．高管薪酬激励是否应兼顾分配公平［J］．财经研究，2013（8）：110－121.

［23］缪毅，胡奕明．产权性质、薪酬差距与晋升激励［J］．南开管理评论，2014（4）：4－12.

［24］黎文靖，岑永嗣，胡玉明．外部薪酬差距激励了高管吗——基于中国上市公司经理人市场与产权性质的经验研究［J］．南开管理评论，2014（4）：24－35.

［25］汪平，邹颖，黄丽凤．高管薪酬激励的核心重构：资本成本约束观［J］．中国工业经济，2014（5）：109－121.

［26］陈文哲，郝项超，石宁．境外战略投资者对银行高管薪酬激励有效性的影响——基于我国商业银行数据的分析［J］．金融研究，2014（12）：117－132.

[27] 潘红波，余明桂．集团内关联交易、高管薪酬激励与资本配置效率[J]．会计研究，2014（10）：20－27＋96.

[28] 陈家田．上市家族企业 CEO 薪酬激励实证研究——基于双重委托代理视角[J]．管理评论，2014（11）：159－168.

[29] 戴治勇．法治、信任与企业激励薪酬设计[J]．管理世界，2014（2）：102－110.

[30] 洪正，申宇，吴玮．高管薪酬激励会导致银行过度冒险吗？——来自中国房地产信贷市场的证据[J]．经济学（季刊），2014（3）：1585－1614.

[31] 祁怀锦，邹燕．高管薪酬外部公平性对代理人行为激励效应的实证研究[J]．会计研究，2014（3）：26－32＋95.

[32] 李敏娜，王铁男．董事网络、高管薪酬激励与公司成长性[J]．中国软科学，2014（4）：138－148.

[33] 徐光伟，刘星．基于内生视角的高管薪酬激励与公司资本投资研究[J]．上海经济研究，2014（5）：56－65＋128.

[34] 晏艳阳，金鹏．公平偏好下的多任务目标与国企高管薪酬激励[J]．中国管理科学，2014（7）：82－93.

[35] 姜付秀，朱冰，王运通．国有企业的经理激励契约更不看重绩效吗？[J]．管理世界，2014（9）：143－159.

[36] 李四海，江新峰，宋献中．高管年龄与薪酬激励、理论路径与经验证据[J]．中国工业经济，2015（5）：122－134.

[37] 方芳，李实．中国企业高管薪酬差距研究[J]．中国社会科学，2015（8）：47－67＋205.

[38] 晏艳阳，乔嗣佳，苑莹．高管薪酬激励效果——基于投资—现金流敏感度的分析[J]．中国工业经济，2015（6）：122－134.

[39] 王新，李彦霖，李方舒．企业社会责任与经理人薪酬激励有效性研究——战略性动机还是卸责借口？[J]．会计研究，2015（10）：51－58＋97.

[40] 刘颖，张正堂，段光．团队薪酬激励效应的影响因素、作用机制与研究框架[J]．管理评论，2015（12）：151－163.

[41] 刘月，胡蓓．委托代理困境下的中国企业高管薪酬激励[J]．统计与决策，2015（22）：183－185.

[42] 黄志忠，朱琳，张文甲．高管薪酬激励对企业价值创造的影响研究[J]．证券市场导报，2015（2）：32－37.

[43] 王生年，尤明渊．管理层薪酬激励能提高信息披露质量吗？[J]．审计与经济研究，2015（4）：22－29.

［44］郝项超．高管薪酬、政治晋升激励与银行风险［J］．财经研究，2015（6）：94－106.

［45］黄贤环．高管薪酬激励、内部控制有效性与公司业绩——来自沪深A股上市公司的经验证据［J］．南京审计大学学报，2016（3）：44－55.

［46］孙维章，王灿，干胜道．高管薪酬激励与费用粘性克服——基于“薪酬差距”和“薪酬溢价”视角的实证检验［J］．经济经纬，2016（3）：96－101.

［47］黄继承，阚铄，朱冰，郑志刚．经理薪酬激励与资本结构动态调整［J］．管理世界，2016（11）：156－171.

［48］余明桂，钟慧洁，范蕊．业绩考核制度可以促进央企创新吗？［J］．经济研究，2016（12）：104－117.

［49］潘敏，刘希曦．限薪令对企业内部薪酬差距激励效果的影响研究［J］．武汉大学学报：哲学社会科学版，2016（3）：65－72.

［50］蔡贵龙，柳建华，马新啸．非国有股东治理与国企高管薪酬激励［J］．管理世界，2018（5）：137－149.

［51］马永强，张泽南．限薪令效应、国企高管薪酬与真实活动盈余管理［J］．中国会计学会会议论文集，2018：188－202.

［52］黄群慧．论国有股减持与经营者股权激励机制建立的协同推进［J］．中国工业经济，2001（11）：55－62.

［53］李红斐，杨忠直．我国国有上市公司股权激励方案的设计研究［J］．南开管理评论，2002（2）：41－44.

［54］周建波，孙菊生．经营者股权激励的治理效应研究——来自中国上市公司的经验证据［J］．经济研究，2003（5）：74－82＋93.

［55］应展宇．股权分裂激励问题与股利政策——中国股利之谜及其成因分析［J］．管理世界，2004（7）：108－119＋126－156.

［56］郑志刚．股权激励能否构成股东价值最大化原则的挑战［J］．经济学，2005（2）：359－368.

［57］陈勇，廖冠民，王霆．我国上市公司股权激励效应的实证分析［J］．管理世界，2005（2）：158－159.

［58］俞鸿琳．国有上市公司管理者股权激励效应的实证检验［J］．经济科学，2006（1）：108－116.

［59］黄之骏，王华．经营者股权激励与企业价值——基于内生性视角的理论分析与经验证据［J］．中国会计评论，2006（1）：29－58.

［60］王华，黄之骏．经营者股权激励、董事会组成与企业价值——基于内

生性视角的经验分析［J］．管理世界，2006（9）：101－116＋172.

［61］顾斌，周立烨．我国上市公司股权激励实施效果的研究［J］．会计研究，2007（2）：7－8.

［62］黄桂田，张悦．企业改革30年：管理层激励效应——基于上市公司的样本分析［J］．金融研究，2008（12）：101－112.

［63］夏纪军，张晏．控制权与激励的冲突——兼对股权激励有效性的实证分析［J］．经济研究，2008（3）：87－98.

［64］程仲鸣，夏银桂．制度变迁、国家控股与股权激励［J］．南开管理评论，2008（4）：89－96.

［65］罗富碧，冉茂盛，杜家廷．高管人员股权激励与投资决策关系的实证研究［J］．会计研究，2008（8）：69－76＋95.

［66］肖淑芳，张晨宇，张超，轩然．股权激励计划公告前的盈余管理——来自中国上市公司的经验证据［J］．南开管理评论，2009（4）：113－119＋127.

［67］吕长江，郑慧莲，严明珠，许静静．上市公司股权激励制度设计——是激励还是福利？［J］．管理世界，2009（9）：133－147＋188.

［68］向显湖，钟文．试论企业经营者股权激励与人力资本产权收益［J］．会计研究，2010（10）：67－75＋96.

［69］苏冬蔚，林大庞．盈余管理方法总结——股权激励、盈余管理与公司治理［J］．经济研究，2010（11）：4－5.

［70］吴联生，林景艺，王亚平．薪酬外部公平性、股权性质与公司业绩［J］．管理世界，2010（3）：117－126＋188.

［71］吕长江，严明珠，郑慧莲，许静静．为什么上市公司选择股权激励计划？［J］．会计研究，2011（1）：68－75＋96.

［72］周仁俊，高开娟．大股东控制权对股权激励效果的影响［J］．会计研究，2012（5）：50－58＋94.

［73］毛雅娟，李善民．高管股权激励真的具有治理效应吗——争议及新进展［J］．学术研究，2012（6）：67－73＋160.

［74］辛宇，吕长江．激励、福利还是奖励：薪酬管制背景下国有企业股权激励的定位困境——基于泸州老窖的案例［J］．会计研究，2012（6）：67－75＋93.

［75］肖星，陈婵．持股、激励水平、约束机制与上市公司股权激励计划［J］．南开管理评论，2013（1）：24－32.

［76］宗文龙，王玉涛，魏紫．股权激励能留住高管吗？——基于中国证券

市场的经验证据［J］. 会计研究，2013（9）：58－63＋97.

［77］李小荣，张瑞君. 股权激励影响风险承担：代理成本还是风险规避？［J］. 会计研究，2014（1）：57－63＋95.

［78］侯晓红，姜蕴芝. 不同公司治理强度下的股权激励与真实盈余管理——兼论市场化进程的保护作用［J］. 经济与管理，2015（1）：66－73.

［79］余明桂，钟慧洁，范蕊. 业绩考核制度可以促进央企创新吗？［J］. 经济研究，2016（12）：104－117.

［80］盛明泉，张春强，王烨. 高管股权激励与资本结构动态调整［J］. 会计研究，2016（2）：44－50＋95.

［81］高浩然. 股权激励、盈余管理与公司治理［J］. 财经界（学术版），2019（1）：46.

［82］陈冬华，陈信元，万华林. 国有企业中的薪酬管制与在职消费［J］. 经济研究，2005（2）：92－101.

［83］罗进辉，万迪昉. 大股东持股对管理者过度在职消费行为的治理研究［J］. 证券市场导报，2009（6）：64－70.

［84］陈冬华，梁上坤，蒋德权. 不同市场化进程下高管激励契约的成本与选择：货币薪酬与在职消费［J］. 会计研究，2010（11）：56－64＋97.

［85］陈冬华，梁上坤. 在职消费、股权制衡及其经济后果——来自中国上市公司的经验证据［J］. 上海立信会计学院学报，2010（1）：19－27＋97.

［86］冯根福，赵珏航. 管理者薪酬、在职消费与公司绩效——基于合作博弈的分析视角［J］. 中国工业经济，2012（6）：147－158.

［87］李艳丽，孙剑非，伊志宏. 公司异质性、在职消费与机构投资者治理［J］. 财经研究，2012（6）：27－37.

［88］傅颀，汪祥耀. 所有权性质、高管货币薪酬与在职消费——基于管理层权力的视角［J］. 中国工业经济，2013（12）：104－116.

［89］王曾，符国群，黄丹阳，汪剑锋. 国有企业 CEO“政治晋升”与“在职消费”关系研究［J］. 管理世界，2014（5）：157－171.

［90］孙世敏，柳绿，陈怡秀. 在职消费经济效应形成机理及公司治理对其影响［J］. 中国工业经济，2016（1）：37－51.

［91］廖理，廖冠民，沈红波. 经营风险、晋升激励与公司绩效［J］. 中国工业经济，2009（8）：119－130.

［92］张兆国，刘亚伟，亓小林. 管理者背景特征、晋升激励与过度投资研究［J］. 南开管理评论，2013（4）：32－42.

［93］缪毅，胡奕明. 产权性质、薪酬差距与晋升激励［J］. 南开管理评

论，2014（4）：4－12.

［94］纪志宏，周黎安，王鹏，赵鹰妍．地方官员晋升激励与银行信贷——来自中国城市商业银行的经验证据［J］．金融研究，2014（1）：1－15.

［95］王曾，符国群，黄丹阳，汪剑锋．国有企业CEO“政治晋升”与“在职消费”关系研究［J］．管理世界，2014（5）：157－171.

［96］张霖琳，刘峰，蔡贵龙．监管独立性、市场化进程与国企高管晋升机制的执行效果——基于2003～2012年国企高管职位变更的数据［J］．管理世界，2015（10）：117－131＋187－188.

［97］郝项超．高管薪酬、政治晋升激励与银行风险［J］．财经研究，2015（6）：94－106.

［98］周铭山，张倩倩．“面子工程”还是“真才实干”？——基于政治晋升激励下的国有企业创新研究［J］．管理世界，2016（12）：116－132＋187－188..

［99］张红，周黎安，梁建章．公司内部晋升机制及其作用——来自公司人事数据的实证证据［J］．管理世界，2016（4）：127－137＋188.

［100］贾俊雪，张晓颖，宁静．多维晋升激励对地方政府举债行为的影响［J］．中国工业经济，2017（7）：5－23.

［101］步丹璐，张晨宇，林腾．晋升预期降低了国有企业薪酬差距吗？［J］．会计研究，2017（1）：82－88＋96.

［102］张宏亮，王靖宇，王法锦．限薪背景下晋升激励与国企高管在职消费的实证研究［J］．经济与管理，2018（1）：80－86.

［103］邹俊，张芳．沉淀成本对国有企业治理结构路径依赖的影响及其市场化超越［J］．现代经济探讨，2017（5）：11－15.

［104］张炳雷，秦海林．发达国家国有企业经营者选拔机制及启示［J］．财经问题研究，2016（12）：120－125.

［105］李晏仙．改革企业家的产生机制努力提高国有企业效率［J］．市场论坛，2005（11）：90－91.

［106］卢馨，李瑞红，方睿孜．高管晋升激励与国有企业创新投入的关系研究［J］．经济与管理，2019（3）：86－92.

［107］史金艳，郭思岑，张启望，陈婷婷．高管薪酬、强制性变更与公司绩效［J］．华东经济管理，2019（2）：54－62.

［108］朱焱，翟会静．管理层权力、高管人力资本激励与企业绩效［J］．财经理论与实践，2014（6）：96－102.

［109］黄少安，滕越洋，李冠青．规模导向、国企举债与高管晋升机制——

基于2009~2017年地方国有上市企业数据验证［J］．江汉论坛，2019（6）：5-15.

［110］中国工商银行党委组织部课题组，顾斌，苗帅．国有金融企业领导人员能上能下机制研究［J］．杭州金融研修学院学报，2018（6）：35-38.

［111］周评，刘震伟．国有企业董事会选聘经理人制度研究——基于上海国有企业高管人事制度改革的试点［J］．江淮论坛，2013（5）：49-54.

［112］李烨．国有企业负责人最优选聘机制研究［J］．宁夏社会科学，2017（5）：82-88.

［113］徐业坤．国有企业高管政治晋升研究进展［J］．中南财经政法大学学报，2019（4）：36-45.

［114］王新安，朱琤琤．国有企业管理层选拔现状及出路——一个文献综述［J］．现代商业，2014（15）：165-167.

［115］田小平，张国旺．国有企业家选择机制研究［J］．农场经济管理，2006（2）：18-20.

［116］赵鸣虹．国有企业经营管理人才选拔和培养机制研究——以宁波为例［J］．经济师，2016（6）：247-248.

［117］刘冰．国有企业领导人选择的理论逻辑与改进对策［J］．工业技术经济，2007（11）：21-22+28.

［118］陈翔．国有企业治理中的委托代理问题［J］．理论视野，2017（5）：52-55.

［119］麻珂．国有企业组织内部的激励结构：理论分析和政策含义［J］．四川行政学院学报，2015（1）：82-86.

［120］耿中元，朱植散．货币政策、企业家信心与上市公司投资效率［J］．经济理论与经济管理，2018（12）：33-46.

［121］杨昌辉，梁昌勇．基于改进多属性群决策的国有企业经营者选择研究［J］．财贸研究，2010（5）：120-125.

［122］魏峰，荣兆梓．基于效率视角研究国有企业利润来源——来自15个工业细分行业的证据［J］．产业经济研究，2012（1）：9-16.

［123］张小连．晋升激励、未吸收冗余与国有企业业绩——基于A股上市公司的经验数据［J］．财务与金融，2019（3）：90-95.

［124］岑永嗣，黎文靖．经理人市场、高管薪酬差距与激励效应［J］．会计与经济研究，2014（3）：37-51.

［125］万燕鸣，张英杰，李卓．企业家、企业绩效与国有企业改革［J］．云南社会科学，2011（4）：98-102.

［126］李婧．企业家团队所有权与企业创新绩效——国有企业与民营企业的比较研究［J］．云南社会科学，2014（3）：80－83.

［127］陈慧，殷波，郑欣瑜．社会主义国有企业家能力素质与成长周期的匹配关系研究［J］．北京邮电大学学报（社会科学版），2016（2）：51－59.

［128］金雪军，郑丽婷．谁能成为明星 CEO——管理者声誉的来源及影响［J］．经济理论与经济管理，2015（9）：86－100.

［129］赵胜男．我国国有性质企业企业家状况的调查研究［J］．中国市场，2012（18）：28－30.

［130］徐经长，乔菲，张东旭．限薪令与企业创新——一项准自然实验［J］．管理科学，2019（2）：120－134.

［131］刘明忠．央企集团高管市场化改革试点探索［J］．现代国企研究，2016（11）：32－37.

［132］李莉，于嘉懿，顾春霞．政治晋升、管理者权力与国有企业创新投资［J］．研究与发展管理，2018（4）：65－73.

［133］周丽霞，罗明．中国国有企业经营者选拔机制研究［J］．江西社会科学，2005（12）：93－96.

第三章　我国国有企业发展及其管理层激励现状

第一节　我国国有企业起源与发展历程

一、经济重建、市场失灵与国有企业

（一）经济重建、赶超战略与国有企业

自古以来，国家对经济的直接干预就已经存在。以中国为例，早在先秦时代，诸侯国就通过对盐、生铁、铜的冶炼及矿山开仓等重要物品或物质的控制，形成所谓的"官营"体系，这在两汉以后更加明显。20 世纪以来，在欧美等原发性的资本主义经济体中①，国家对经济的直接干预更多源于外部重大环境的改变，以至于原有的经济增长不可持续，甚至引起政府当局统治的稳定性降低。如经济大萧条、财政危机、第二次世界大战及其对产业和基础设施的摧毁等。在此背景下，经济重建使许多国家的政府扮演了较为直接的角色，使得国有化或者能源、交通、银行等"战略性"领域引入国有资本。

在韩国、土耳其、墨西哥、新加坡、中国台湾等新兴国家或地区，直接的国家干预是实现经济赶超战略的直接体现。在这些国家或地区，国家试图以国有企业为平台，彰显和实现国家对经济发展的意志和导向，主要体现为以下三个方面：一是维持经济上具有特殊利益的部门或机构，在某种程度上实现特殊就业的保护或某些行业的可持续发展。如国家成立收储机构调解农业产品丰收或歉收年成所带来的价格波动，以保证从事农业生产和服务的相关群体就业稳定；国家组

---

① 界定原发性资本主义国家。

建基础工业初级产品的统购统销机构，以减少这些产品国际价格变动对国内经济的冲击。二是对部分投资周期较长、投资额巨大的产业进行扶持和保护，如造船业、钢铁业和煤炭开采业等。对于这些行业，国家既难以直接予以补贴，也很难确定民营企业是否能有足够的能力和实力应对经济周期对这些行业的影响。在此情况下，这类行业难以避免国有资本的介入。三是对基于研究引导和支持，包括成立种子公司或引导基金，参与新产品、新技术研发，支持中小企业创新。这种现象在美国尤为明显。美国政府对基础研究的支持居于世界领先地位，其重点支持的领域包括航天、信息、生化、纳米、医药等各种新技术、新产品。以世界知名的苹果公司为例，其 1976 年推出的苹果 I 型计算机是以美国政府公共资金于 20 世纪 60 年代、70 年代所支持的计算技术研发成果为基础，其 2001 年推出的 iPod 及后来的 iPhone 同样离不开政府资金所支持的卫星定位、声控和大规模存储等新兴技术①。

（二）市场失灵、外部性与国有企业

由于交易成本的客观存在，部分市场行为难以将所有相关成本予以内生化，使得某些市场主体的行为直接影响他人的福祉，但却没有承担相应的成本或获得回报，从而使得市场机制作用表现出失灵的特征，如环境污染、公地悲剧。这种表现被称为市场失灵，其直接原因是外部性，内在机制是因为部分交易成本难以内生化。在此背景下，国家作为终极救济手段，便以国有企业或国有资本为载体，对这些市场失灵所导致的问题予以缓解或克服。

在现实环境中，国家干预主要体现在自然垄断、公共物品、医疗卫生等领域。一是某些行业对规模经济的要求很高，在产品或服务的某些环节或节点仅允许独家垄断的生产商提供产品或服务，才能实现社会成本最低、社会福利最大，由此便催生了自然垄断。典型的自然垄断行业有电力、天然气和铁路等网络输送环节，但对生产环境和终端运营或接入环节并不存在自然垄断所要求的构件。二是在公共基础设施、司法服务、社会秩序维护、国防军队保护等领域的产品或服务提供中，个体的社会消费及其相应支付脱钩，难以避免个体的“搭便车”行为，由此抑制私有企业的生产积极性和内在生产动力，造成社会福利损失。因而，对社会公共产品或服务的提供，需要国家以国有企业或国有资本的形式介入并予以提供。三是由于部分社会产品或服务的提供被限定于特定群体，从社会可持续发展角度，即便是消费者不能承受价格，国家也必须使特定群体享有这类公共产品或服务，如医疗卫生、食品安全和义务教育等。对于这些产品或服务，私有资本出于投资回报角度难以提供相应的服务或产品。此时，仍然需要国家以国

① 林毅夫．解读中国经济（增订版）［M］．北京：北京大学出版社，2015.

有企业或国有资本的形式介入并予以提供。

此外，处于社会整体福利平衡和经济发展均衡及社会稳定等目标，国家还必须以国有企业或国有资本为实践载体，对欠发达地区进行前期基础设施、道路桥梁和社会管网等进行投资，以此打造良好的市场环境来吸引其他社会资本进行跟进投资、推动本地区经济发展。此时，国有企业或国有资本作为经济发展的“先头部队”，成为国家推动社会发展、增进社会福利过程中不可或缺的抓手。

二、政府干预、效率低下与国有企业的私有化运动

随着国家经济秩序步入正轨，国有企业初期所存在的诸多缺陷不可避免地暴露出来。其中包括缺乏明确的预算规则、激励目标多元且不甚清晰、受到政治因素的影响较大，以及因意识形态存在所带来的退出成本高昂。正因如此，典型的国有企业病不断暴露出来，甚至越来越明显。如企业过度投资日趋严重、不良资产不断攀升、企业管理层在职消费过高、内部人利用信息优势侵蚀国有企业资产等。在此背景下，以国有企业为特征的国家干预经济的模式步入颓势，其直接拥有所有权的机会成本不断上升，甚至使得财政需求与政府项目投资之间的矛盾日益凸显。20 世纪 80 年代末期，不少国有企业所引发的财务负担非常严重，直接使得政府自身的财政状况趋于恶化，直接表现为公共赤字不断攀升、利率增长和通货膨胀等。

与此同时，新技术、新理论的快速传播、市场规模的急剧扩大，在某种程度上改变或优化了原有的产品或服务提供模式、降低相应的成本，也直接或间接地促使部分领域所赖以生存的自然垄断观点产生动摇。其中，最直接体现是通信服务领域较为明显地分为网络传输、本地接入、终端服务等不同环节，不同环节面临不同的成本构成，其对规模经济的要求也存在较大差异，并由此使得相应的市场结构和产业政策发生改变。在宏观经济方面，全球金融市场的一体化和国际贸易的国际化，均在不同程度上要求企业比通常情况下的国有企业更加自由和灵活，甚至在某种程度上更依赖具有高度人力资本特征的私人企业。因而，金融体系的扩展和经济规模的扩大，从经济增长的内在动力方面催生私有企业发展，这在某种程度上对国有企业原有的市场份额和生存空间形成威胁，并使其内在缺陷以更快的速度、更加典型的事实暴露出来。

正因如此，国有企业私有化逐渐被不少欧洲国家提上政治日程，其中包括德国和英国。作为欧洲的两大巨头，德国和英国先后经历漫长而持续的私有化浪潮。它们分别在 20 世纪 60 年代和 80 年代开始向私有化体制迈进，对原来存在的规模较大的国有企业进行重组或拆分，对原来被国有企业或国有资本垄断的行业进行放开，对原来由政府直接提供的服务或产品予以社会化、引入私有资本进

入。与此同时，其他几乎所有的欧洲经济合作组织成员国也先后在 20 世纪 90 年代“不甘人后”，选择与德国和英国类似的行动路径，对原有的国有企业和国家资本进行重塑，最显著的特征就是不断缩小公共企业部门的规模、减少政府直接干预力度、削减政府直接介入领域。伴随国有企业的私有化运作，欧洲经济合作组织成员国的监管体制及其性质相应发生重大变化，其中最直接的表现就是——从具体的直接监管向以框架和市场为导向的规制转变，国家干预显著减弱、减少。

三、重工业优先战略、国有企业产生与“三位一体”

（一）重工业优先发展战略与国有企业

在新中国成立初期，我国面临内忧外困的生存压力，党中央和政府决策层决定以快速发展重工业和军事工业、实现富国强兵为主要目标，从而快速地实现从落后的农业国向工业体系尤其是重工业体系相对完备的工业国转变。在战略方向和发展路径上，中国选择了目标相近、条件趋同的苏联作为模仿对象。尤其是在工业体系建立方面，中国主要借鉴苏联的成功经验（至少在当时看来），力图在短期内迅速建立起相对完整的工业体系，其中包括集中国家优势资源、优先发展重工业。

通常来说，重工业包括但不限于钢铁、冶金、机械、能源（电力、石油、煤炭、天然气等）、化学、原材料等工业，是为国民经济生产主体提供技术装备、动力和原材料的基础工业，且具有以下四个方面特征：一是投资建设周期较长，少则三五年，多则数十年。二是偏重于国防、原料、燃料等基础工业，大多数中间品而非居民终端消费品。三是技术难度中等，但对设备技术水平要求较高，非工业化国家难以直接生产、需要从工业化或较发达的国家进口。四是初期资金投入巨大，少则百亿元，多则上千亿元。

资金占用成本和使用风险较高。面对这一情况，在一个生产者剩余相对较少、工业化程度相对较低、资金缺乏情况较为严重的新中国，能够用来发展重工业的可动用资金非常少，也就难以依靠市场的力量完成优先重工业的发展战略。在此情况下，国家以国有企业或国有资本为载体对经济进行干预的模式就必不可少。

（二）重工业优先发展战略与“三位一体”

对于刚刚建立的新中国而言，重工业优先发展战略至少给我国带来以下五个方面的影响。

一是重工业的建设周期较长，必将形成较高的资金占用成本、较大的资金占用规模和较长的资金使用周期，从而使其形成对其他轻工业发展资金的长期占用。

二是偏于重工业品的生产，难以避免地挤占轻工业品生产体系，使得国民当期的终端品消费仍然处于一个相对匮乏、物质相对紧缺的时期，这将直接影响当期生活消费水平。

三是重工业所需设备大多需要进口，在外汇缺乏、国家储蓄较低的情况下，必将促使国家压低汇率、使其保持对重工业设备较低的进口成本，但这势必影响我国初级产品出口、不利于国际收支平衡，在某种程度上影响我国货币政策的稳定性和持续性。

四是重工业更多政府干预和主导下的生产体系，其产品形成缺乏相对完善的市场竞争体系，必将诱使政府通过“剪刀差”为国家发展筹集资金和资源，由此形成统一定价、统筹调配和统一生产的计划经济管理模式，这必将导致市场经济空间大大压缩。

五是重工业建设初期的劳动投入巨大，形成较大的劳动力成本投入。为尽可能降低劳动力成本，政府倾向于通过降低工资、压缩绩效幅度、减少福利标准，由此使得我国形成相对统一的、较低的、固定的工资标准和“大锅饭”模式。

与之相适应，国家要更好地推行优先重工业的发展战略，必须进行微观管理体制调整，而非单纯地按市场机制运作。尤其是要克服资金剩余控制的难题，倾向于把大量的生产者剩余集中投资到重工业发展方面。正因如此，国家必须直接拥有这些重工业体系的企业，才能掌握对剩余的直接支配权。加上缺乏相对充分、完善的市场运作机制，使得国有企业运作的价格信号、盈利标准和绩效激励等缺乏可靠的度量标准。为此，国家除了对企业剩余拥有直接的支配权外，还需要对企业日常运作和生产进行干预，直接剥夺国有企业的厂长、经理的生产自主权和经营自主权，而且直接将国有企业作为生产车间或加工厂予以管理，形成宏观上扭曲的价格信号、行政上计划配置资源、微观上剥夺企业自主权的“三位一体”①。

四、国企改革及发展历程简述

（一）国企改革的放权让利：从“管工厂”到“管企业”

1978 年十一届三中全会以来，按照“让地方和工农业企业在国家统一计划指导下有更多的经营管理自主权”的指导思想，我国政府以“放权让利”为技术手段，推动国有企业从“管工厂”向“管企业”跨越。在“管企业”模式下，政府主管部门直接缩小核算单位和管理幅度，主动下放部分经营权与收益权。由此

① 林毅夫．解读中国经济（增订版）［M］．北京：北京大学出版社，2015.

调动企业经营者、职工的生产积极性，提升国有企业的劳动生产率。林青松（1995）研究表明，从1980年到1985年，我国独立核算工业劳动生产率年均增长达到4.2%。这一结论也为刘小玄和郑京海（1998）所证实。该书测算，1978～1982年，我国国有企业各种利润留成增加值达到400多亿元。

由于"管企业"模式并未打破原有计划体制框架，更多是在体制内模拟化的经济环境中运行，难以遏制经营者利用信息优势进行"经济寻租"，致使不少地方出现"富了和尚穷了庙"的现象，从而向政府索取更多的财政补贴，甚至加重国家财政困难，也由此催生新一轮国企改革。

（二）国企改革的两权分离：从"管企业"到"管资产"

为尽可能克服"管企业"模式的后遗症，政府主管于1987年推动"管企业"模式向"管资产"模式转型，其核心是国家所有权与企业经营权相分离，从而进一步扩大企业经营者的自主权。在此过程中，政府主管部门主要通过向企业下放产品生产和经营自主权，主要表现在以下三个方面：其一，纳入国家指令性计划的产品由1979年的120多种减少到1990年的58种。其二，国家计委负责调拨的物质和商品从256种、65种减少到19种、20种。其三，国家承揽的出口商品从900种减少到27种，甚至在1991年将外贸权直接授予国有企业。随着产品生产和经营自主权的扩大，国有企业全要素生产率也不断提升。证据表明，1980～1992年，国有工业全要素生产率明显提高，年均增长率为2.5%（谢千里等，1995）。

从改革效果来看，"管资产"在较"管企业"取得更大经营自主权的同时，其实际效果也有所改善，但仍然存在三个方面的局限。一是"内部人控制"趋于严重，难以遏制其内部人利用信息优势侵蚀企业利益。二是社会性负担和战略性负担日益沉重，诱使"预算软约束"屡禁不止，削弱企业负债的"刚性治理"。三是缺乏长期激励、过度关注短期绩效，诱发大多数企业的过度投资行为，不利于我国宏观经济调控。

（三）国企改革的法人治理机制：从"管资产"到"管资本"

为缓解"管资产"模式所带来的内部人控制、预算软约束和激励短期化等，我国政府主管部门自1993年起逐渐从被动式改革转变为主动式改革。在宏观层面，着眼于"管资本"模式，我国先后建立现代企业制度、培育和引进合格机构投资者、建立多层次资本市场体系，从而建立相对完善的制度基础和市场环境。在微观层面，配合"管资本"模式，我国政府主管部门围绕中央国企和地方国企的功能定位、所属行业、发展规模和核心优势等，推动国有企业建章立制、战略重组和资产优化。2013年，我国国企总资产约91.1万亿元，总收入达到46.4万亿元，总体利润高达2.4万亿元。

尽管以“管资本”为导向的国企改革推进20余年，但依然在内部人控制、预算软约束和激励机制等方面存在不少问题，其主要原因如下：

一是在国有股“一股独大”的前提下，董事会成员均由国资管理部门委派，且董事长（总经理）作为主要负责人常常在行政级别上天然高于其他董事或监事，使得企业内部的监督机制难以形成。

二是政策性负担既是国有企业换取政府支持的筹码，也是企业主要负责执行政府带有“政治”色彩的指令性任务所形成，使得同样深受政府影响的国有银行难以发挥债务治理的刚性作用。

三是独立董事大多由大股东或董事长（总经理）提名，其更可能倾向于维护相关提名者利益，难以有效保护中小股东权益，致使其外部治理作用受到抑制。

四是国有企业经营者尚未建立有效的内部市场、缺乏长期激励机制，致使其对企业未来发展缺乏稳定预期、过度关注短期绩效。

（四）国企改革的简要评述

国企改革的成功经验表明，减少政府直接干预、扩大企业自主权是取得成功的关键。例如，从“管工厂”到“管企业”，国有企业逐渐获得更多生产经营权、奖金分配权；从“管企业”到“管资产”，国家下达的指令性计划、调拨物质和承揽出口商品等不断减少，赋予其更多经营自主权。从“管资产”到“管资本”的初级阶段，除核心职位由政府部门控制外，企业经营者获得最大限度的经营自主权。因而，正是伴随企业经营自主权的不断扩大，经营者和生产者积极性得以提升、企业绩效不断改善。

为预防国有资产流失，我国国资管理部门对国有企业管理一直遵循所谓的“管人管事管资产”。即使是国有企业上市之后变成公众公司，国资管理部门也利用国有大股东的控股地位，坚持董事长和总经理的提名权并借此把控关键职位的任命，甚至包括其他大多数董事、监事也纳入所谓的人事管理权。显然，这种传统的思维惯性不利于“管资本”模式的继续推进，且在某种程度上有损“法人治理”中的法人独立性。按照《公司法》的表述，企业资产应仅由其法定代表人处置或管理，包括大股东在内的任何股东并没有法律意义的权利直接对其投资企业的资产予以处置或管理，这正是突出法人财产权的独立性。与此同时，股东是通过拥有与股份相应的表决权、投票权、收益权等股东权利，按照《公司章程》行使股东权力、承担股东义务。至于《公司章程》如何界定股东权利、授予董事会权力，则需要根据实际情况予以执行，这其中就涉及公司决策机构的选择，即股东会中心主义或董事会中心主义（含经理层中心主义）。

第二节　我国国有企业股权结构及其分布

一、整体分所有制股权集中度

长期以来，我国上市公司的“一股独大”现象一直为学术界、实务界所“诟病”，并使得国家先后出台多项举措“降低第一大股东持股、引导多个股东股权制衡”。表3-1显示，2010~2017年，我国上市公司第一大股东的平均持股比例从36.9%降低到32.1%，前五大股东的平均持股比例从49.6%降低到47.5%，但此前却有5个年份均高于49.6%。这表明，我国第一大股东的平均持股比例整体呈现下降趋势，从而为其他大股东持股比例上升创造条件。与此同时，前五大股东的平均持股比例趋于稳中有升，意味着除第一大股东之外的其他大股东持股比例不断增加，进而为发挥多元股权制衡创造持股条件。综合来看，我国股权集中度呈现“第一大股东持股降低、多元股东持股比例增加”的趋势，为优化上市公司治理结构创造了基础保障和有利的股权结构。

表3-1　2010~2017年沪深A股上市公司分所有制股权集中度分布

单位:%

年份	全部上市公司		国有控股		非国有控股	
	Top1	Cr5	Top1	Cr5	Top1	Cr5
2010	36.9	49.6	39.4	51.8	31.1	44.3
2011	36.8	49.9	39.7	52.2	31.1	45.2
2012	37.4	51.2	40.4	53.9	31.8	46.2
2013	35.3	49.1	40.1	51.1	30.9	47.2
2014	36.3	50.2	39.7	52.9	30.7	45.8
2015	36.3	52.4	39.7	54.0	32.0	50.4
2016	35.6	52.5	39.0	54.2	31.3	50.2
2017	32.1	47.5	34.3	48.0	29.1	47.0

资料来源：作者整理。

从国有控股上市公司来看，2010~2017年，第一大股东平均持股比例从39.4%逐步降低到34.3%，前五大股东的平均持股比例则从51.8%降至48%，但其中有5个年份均高于51.8%。这表明，国有企业上市公司的股权结构也呈现

“第一大股东持股降低、多元股东持股比例增加”的趋势。同期，非国有企业第一大股东的平均持股比例从31.1%逐步降低到29.1%，前五大股东的平均持股比例则从44.3%升至47%。这表明，非国有企业上市公司的股权结构同样呈现“第一大股东持股降低、多元股东持股比例增加”的趋势；相比之下，非国有多元大股东的持股比例趋于集中，潜在的股权制衡基础条件更为有利。

与非国有企业相比，我国国有企业第一大股东的平均持股比例较高。2010年，国有企业第一大股东平均持股比例为39.4%，非国有企业为31.1%，前者较后者高出8.3个百分点；2017年，国有企业第一大股东平均持股比例为34.3%，非国有企业为29.1%，前者较后者高出5.2个百分点。这表明，两者之间的第一大股东平均持股比例差距趋于减少，即国有企业第一大股东平均持股比例下降更快。与此相反，非国有企业前五大股东的平均持股比例却不降反升，从2010年7.5个百分点的股权集中度差距缩小到1个百分点。由此可知，非国有上市公司在第一大股东持股比例减少的同时，其他大股东持股比例相对增加的趋势更为显著。综合来看，2010～2017年，尽管我国上市公司股权结构仍然高度集中，但第一大股东集中程度趋于下降、前五大股东集中程度趋于稳中有升，这为“缓解一股独大、发挥股权制衡”典型较高的股权结构基础。

二、国有企业分地区股权集中度

改革开放以来，我国经济长期发展不平衡，由此引起各地在金融发展、市场化程度、公司质量和社会交易成本等方面存在较大差异。不同地区代表了不同的市场化程度和经济发展水平，也深刻影响着当地上市公司质量和未来成长性，故公司所属地区也成为影响国有企业股权集中度不能忽视的重要因素。本章以东部和中西部进行分类，分析国有企业股权集中度的地区性差异，具体数据见表3－2。

表3－2　2010～2017年沪深A股国有控股上市公司所有制股权集中度分布

单位：%

年份	全国		东部地区		中西部地区	
	Top1	Cr5	Top1	Cr5	Top1	Cr5
2010	39.4	51.8	41.4	53.9	37.8	50.1
2011	39.7	52.2	41.7	55.0	38.0	50.1
2012	40.4	53.9	42.6	57.1	38.6	51.5
2013	40.1	51.1	45.1	53.5	37.8	49.9
2014	39.7	52.9	41.7	54.8	38.2	51.4

续表

年份	全国		东部地区		中西部地区	
	Top1	Cr5	Top1	Cr5	Top1	Cr5
2015	39.7	54.0	42.0	56.8	37.9	51.7
2016	39.0	54.2	41.4	57.0	37.1	52.0
2017	34.3	48.0	35.7	49.5	33.2	46.7

资料来源：作者整理。

从国有控股上市公司来看，2010～2017年，第一大股东平均持股比例从39.4%逐步降低到34.3%，前五大股东的平均持股比例则从51.8%降至48%，但其中有5个年份均高于51.8%。这表明，国有企业上市公司的股权结构也呈现“第一大股东持股降低、多元股东持股比例增加”的趋势。但就第一大股东持股和前五大股东股权集中度来看，不同地区国有企业持股水平呈现较大差异，且变化或波动程度也不尽相同。

从东部地区来看，2010～2017年，第一大股东持股比例先升后降，从2010年的41.4%逐步上升至2013年的45.1%，然后下降至2017年的35.7%，前五大股东持股比例则是从53.9%先升后降至49.5%，但其中有5个年份均高于53.9%。这表明，东部地区国有企业上市公司的股权结构与全国情况保持一致，也呈现“第一大股东持股降低、多元股东持股比例增加”的趋势。从数据的变化来看，同期，中西部地区国有企业第一大股东的平均持股比例从37.8%逐步降低到33.2%，前五大股东的平均持股比例则从50.1%下降至46.7%。

与中西部地区相比，东部地区国有企业第一大股东平均持股比例显著较高。2010年，东部地区国有企业第一大股东平均持股比例为41.1%、中西部地区为37.8%，前者较后者高出3.3个百分点；2017年，东部地区国有企业第一大股东平均持股比例为35.7%，中西部地区为33.2%，前者较后者高出2.5个百分点。这表明，两者之间的第一大股东平均持股比例差距趋于减少，即东部地区国有企业第一大股东平均持股比例下降更快。这表明东部地区国有企业“第一大股东持股降低、多元股东持股比例增加”的发展情况相对于中西部地区要更好一些。

三、国有企业分行业股权集中度

按照万得数据库的行业划分标准，我国上市公司所处行业可分为食品、饮料与烟草等15门类。由于经济发展水平、产业结构和区域经济不平衡等原因，以及改革开放以来的历次国有企业改革带来的国有经济战略布局调整，全国不同行业中国有企业上市公司股权集中度存在较大差异。

由表 3－3 可知，不同行业之间的第一大股东持股比例存在较大差异。2010 年，全部国有企业第一大股东平均持股比例为39.4%，且所有行业的第一大股东平均持股比例均超过30%；但有7个行业高于平均水平。其中，第一股东平均持股最高的为能源Ⅱ行业，平均持股水平达到56.5%，处于绝对控股地位。与之相比，商业和专业服务行业第一大股东持股最低，平均持股水平仅为30.6%。即使到了2017年，不同行业第一大股东持股比例仍然存在较大差异，且有4个行业第一大股东平均持股比例降至30%以下。其中，能源Ⅱ行业仍然保持较高的持股水平，第一大股东平均持股48.9%，稳居平均持股水平第一位；商业和专业服务、耐用消费品与服装、零售业、半导体与半导体生产设备均降至30%以下，位居28%～30%间，属于第一大股东持股比例最低的4个行业。从第一股东持股比例变动幅度和波动程度看，不同行业的国有企业同样存在较大差异。从变动幅度看，2010～2017年，第一大股东平均持股比例下降最快的行业为运输业，从44.8%下降至34.7%，下降了10.1个百分点。软件与服务业紧随其后，下降了9.6个百分点，从39.7%下降至30.1%。此外，耐用消费品与服装、汽车与汽车零部件、房地产以及能源Ⅱ行业下降幅度均超过了7.5个百分点。下降幅度最小的行业是制造业、生物科技与生命科学行业，仅下降了1.5个百分点。

表 3－3　2010～2017 年沪深 A 股国有控股上市公司按行业第一大股东持股分布

单位：%

行业 \ 年份	2010	2011	2012	2013	2014	2015	2016	2017
总体平均	39.4	39.7	40.4	40.1	39.7	39.7	39	34.3
公用事业Ⅱ	42.3	42.0	43.2	46.5	41.8	43.1	42.2	38.3
制药、生物科技与生命科学	34.4	35.6	36.5	34.8	37.1	38.4	37.9	32.9
半导体与半导体生产设备	33.7	33.7	33.7	41.5	32.8	32.4	33.4	29.9
商业和专业服务	30.6	54.7	54.7	—	35.8	38.7	38.6	28.3
房地产	41.2	41.3	41.8	54.4	40.5	40.9	40.1	33.4
材料Ⅱ	39.7	39.8	39.7	38.9	38.6	39.1	37.4	33.2
汽车与汽车零部件	41.6	41.2	42.0	28.7	40.0	37.4	37.2	33.5
消费者服务Ⅱ	40.0	40.1	42.1	34.9	41.6	42.0	39.7	35.2
耐用消费品与服装	36.7	36.7	36.1	—	34.8	31.5	30.9	28.3
能源Ⅱ	56.5	52.5	54.5	49.5	55.7	54.0	55.1	48.9
资本货物	37.9	38.3	39.0	37.3	38.6	37.8	37.9	34.9

续表

行业＼年份	2010	2011	2012	2013	2014	2015	2016	2017
软件与服务	39.7	39.7	41.0	55.5	37.3	33.5	35.1	30.1
运输	44.8	44.6	45.4	30.0	45.2	45.9	44.8	34.7
零售业	32.2	32.6	34.9	56.2	35.0	34.7	33.5	29.8
食品、饮料与烟草	34.2	35.5	36.5	40.9	36.0	36.2	35.9	31.0

资料来源：作者整理。

四、国有企业分实际控制人类型股权集中度

在现代公司金融理论中，实际控制人是指虽不是公司的股东，但通过投资关系、协议或者其他安排，能够实际支配公司行为的人。因而，实际控制人可以是控股股东，也可以是控股股东的股东，甚至是除此之外的其他自然人、法人或其他组织。在正常情况下，投资者通过公司定期报告披露信息，比较容易获得上市公司控股股东。但如果上市公司披露的第一大股东并非其实际控制人，投资者就很难直接获得公司实际控制人信息。本章将全部国有企业上市公司按照实际控制人类型分为中央国有企业和地方国有企业两类，整理出各自的股权集中度情况，具体内容如表3－4所示。

表3－4　2010～2017年沪深A股国有控股上市公司分实际控制人股权分布

单位:%

年份	全部国有企业		中央国有企业		地方国有企业	
	Top1	Cr5	Top1	Cr5	Top1	Cr5
2010	39.4	51.8	40.7	54.3	38.8	50.7
2011	39.7	52.2	40.7	54.7	39.2	51.2
2012	40.4	53.9	41.0	56.7	40.2	52.7
2013	40.1	51.1	41.7	55.8	39.9	49.4
2014	39.7	52.9	39.8	53.9	39.9	52.5
2015	39.7	54.0	40.2	55.7	39.5	53.1
2016	39.0	54.2	39.9	56.0	38.9	53.5
2017	34.3	48.0	34.7	49.1	34.5	47.5

资料来源：作者整理。

由表3－4可知，2010～2017年，中央国有企业第一大股东平均持股比例和前五大股东持股比例均大于地方国有企业。“降低第一大股东持股、引导多个股东股权制衡”举措的成效在二者中均有体现，中央国有企业第一大股东持股比例由40.7%下降至34.7%，地方国有企业则由38.8%下降至34.5%；中央国有企业前五大股东持股比例从54.3%降至49.1%，但有5个年份均高于54.3%，地方国有企业前五大股东持股比例从50.7%降至47.5%，但依然也有5个年份的比例超过50.7%。2010年，中央国有企业比地方国有企业第一大股东平均持股比例高出1.7个百分点，2017年，二者差距降至0.2个百分点，由此可见，中央国有企业第一大股东平均持股比例下降得更快一些。

第三节　我国国有企业管理层货币薪酬分布及比较

自从1998年我国高管薪酬开始披露以来，高管薪酬开始被国内外学者和社会广泛关注。作为企业管理层的核心，高管的人力资本价值对于企业业绩的提高有着重要的作用。近年来，国企高管“天价”年薪事件备受瞩目。为此，我国政府先后推出《薪酬管理暂行办法》《业绩考核暂行办法》等规章制度，对国有企业管理层的绩效薪酬增长设置了上限。2015年8月，中共中央和国务院发布《关于深化国有企业改革的指导意见》，为新一轮国有企业改革及管理层分类管理等指明了方向。2019年3月1日，国资委发布《中央企业负责人经营业绩考核办法》，旨在切实履行企业国有资产出资人职责，维护所有者权益，落实国有资产保值增值责任，建立健全有效的激励。

一、整体分所有制管理层薪酬

随着公司规模扩大和持续发展，我国沪深A股上市公司管理层薪酬总额持续增长，如表3－5所示。一方面，2010～2017年，我国上市公司薪酬位居前三的董事报酬总额平均值逐年上升，即从133.6万元上涨到239.6万元，年均增速达到11.3%；另一方面，全部管理层平均薪酬同样呈现上升趋势，即从21.4万元上涨到36.4万元，年均增速达到10.15%。这表明，管理层内部薪酬差距较大，位居前三的管理层报酬远高于全部管理层平均水平。2017年，位居前三的管理层平均薪酬接近80万元，是全部管理层36.4万元平均薪酬的2倍以上。但无论是薪酬最高的管理层，还是薪酬相对较低的管理层，其增速整体趋于一致，平均超过10%。

表 3－5　2010～2017 年沪深 A 股上市公司所有制管理层薪酬分布

单位：万元

年份	全部上市公司		国有企业		非国有企业	
	前三薪酬合计	平均薪酬	前三薪酬合计	平均薪酬	前三薪酬合计	平均薪酬
2010	133.6	21.4	125.4	21.2	152.4	22.0
2011	153.3	24.0	144.1	23.8	171.9	24.4
2012	162.3	25.5	153.0	25.0	179.3	26.3
2013	189.1	28.1	133.8	21.4	238.9	34.2
2014	180.6	26.0	165.8	25.6	204.9	26.8
2015	198.3	30.7	167.7	28.1	237.4	34.2
2016	213.3	36.4	171.6	31.7	267.0	42.5
2017	239.6	39.9	202.3	36.2	289.1	44.9

资料来源：作者整理。

与沪深 A 股上市公司整体表现类似，国有企业（控股上市公司）与非国有企业的管理层报酬同样呈现出增长态势，但在薪酬总额基数和增长速度上有所不同。2010 年，国有企业管理层平均报酬约为 21.2 万元，略低于同期非国有企业的 22 万元；2017 年，国有企业管理层平均报酬约为 36.2 万元，低于同期非国有企业的 44.9 万元。相比之下，国有企业与非国有企业管理层平均薪酬的差距逐渐拉大，对比薪酬位居前三位的董事报酬总额同样可以得出类似的结论。这表明，2010～2017 年，非国有企业管理层薪酬增速高于国有企业。其中，国有企业的前三位董事薪酬均值增速为 8.75%，非国有企业为 12.8%；国有企业全部管理层平均薪酬增长率为 12.36%，非国有企业则达到 14.89%。

值得注意的是，国有企业前三位董事薪酬均值和管理层平均薪酬在 2013 年骤然下降，成为国有企业与非国有企业薪酬差距拉大的重要原因之一，这可能来自我国政府监管层面的政策压力。2013 年，国务院批转《关于深化收入分配制度改革的若干意见》，将管控国企高管薪酬作为收入分配改革的重点。

二、国有企业分地区管理层薪酬

由于区域经济发展的不平衡，东部地区整体发展水平高于中西部地区，随之带来东部地区国有企业管理层薪酬水平也高于中西部地区。表 3－6 显示，2010 年，东部地区国有企业位居前三位董事薪酬合计平均为 155 万元，约为同期中西部地区 102 万元的 1.52 倍；2017 年，东部地区国有企业位居前三位董事薪酬合计是中西部地区的 1.44 倍，相对差距有所缩小。即便是比较国有企业管理层平均薪酬，东部地区同样超过中西部地区。2010 年，前者管理层平均薪酬为后者的 1.5 倍；2017 年，该数字改写为 1.49 倍。这表明，与国有企业位居前三位董事薪酬合计相比，东部地区与中西部地区的国有企业管理层平均薪酬相对差距较为稳定。

表 3－6　2010～2017 年沪深 A 股国有控股上市公司分地区管理层薪酬分布

单位：万元

年份	全国国有企业		东部地区国有企业		中西部地区国有企业	
	前三薪酬合计	平均薪酬	前三薪酬合计	平均薪酬	前三薪酬合计	平均薪酬
2010	125.4	21.2	154.7	26.0	102.1	17.3
2011	144.1	23.8	175.4	29.4	119.0	19.2
2012	153.0	25.0	185.8	30.6	127.4	20.6
2013	133.8	21.4	169.0	28.9	116.6	17.8
2014	165.8	25.6	203.9	31.9	136.3	20.7
2015	167.7	28.1	209.0	34.4	134.4	22.9
2016	171.6	31.7	210.9	39.4	141.1	25.8
2017	202.3	36.2	244.0	44.4	168.9	29.7

资料来源：作者整理。

这种东部地区与中西部地区管理层薪酬增速变动也可看出。2010～2017 年，东部地区位居前三位董事薪酬合计均值从 154.7 万元上升至 244.0 万元，年均增长率为 8.24%；全部管理层平均薪酬从 26 万元增加至 44.4 万元，年均增长率为 10.08%。中西部地区国有企业位居前三位董事薪酬合计均值从 102.1 万元上升至 168.9 万元，年均增长率为 9.34%，全部管理层平均薪酬从 17.3 万元增加至 29.7 万元，年均增长率为 10.19%。从年均增长率来看，中西部地区管理层薪酬的增长速度要稍快于东部地区。与全国国有企业薪酬变动类似，无论是东部地区，还是中西部地区，位居前三位董事薪酬合计和全部管理层平均薪酬均呈现出减少的“现象”，表明我国政策干预的效果并不存在区域性的明显差异。

三、国有企业分行业管理层薪酬

诚如区域经济发展差异导致不同地区国有企业管理层薪酬不同，不同行业的国有企业管理层货币薪酬同样存在差异。表 3－7 显示，2010 年，全部国有企业位居前三位董事薪酬合计为 128.1 万元，且 13 个行业中有 12 个行业高于 100 万元。其中，薪酬合计平均最高的为房地产行业，达到 202.9 万元。与之相比，公

用事业Ⅱ行业前三大董事报酬总额最低，仅为92.7万元。即使到了2017年，不同行业前三大董事报酬总额仍然存在较大差异，且有10个行业前三董事报酬总额均值超过200万元。其中，房地产行业仍然保持最高的管理层薪酬，前三大董事报酬总额均值达到309.7万元，稳居第一位；公用事业Ⅱ行业前三大董事报酬总额均值依然最低，仅137.4万元，远低于211.7万元的全部国有企业平均水平。

表3-7 2010~2017年沪深A股国有控股上市公司分行业Top3薪酬分布

单位：万元

行业 \ 年份	2010	2011	2012	2013	2014	2015	2016	2017
总体平均	128.1	144.9	158.3	163.9	176.4	175.8	176.1	211.7
公用事业Ⅱ	92.7	104.9	122.2	97.2	122.7	137.9	136.8	137.4
制药、生物科技	148.5	151.3	156.6	223.1	182.1	179.4	228.0	290.3
半导体与半导体生产设备	101.8	153.8	147.4	231.5	180.3	198.1	206.5	265.8
商业和专业服务	133.5	139.9	164.1	—	114.2	167.0	182.0	257.2
房地产	202.9	223.0	257.0	97.3	258.2	254.0	221.3	309.7
材料Ⅱ	108.6	127.5	136.0	78.1	135.2	143.3	155.0	222.9
汽车与汽车零部件	102.8	117.1	137.9	151.1	154.6	160.1	134.0	159.7
消费者服务Ⅱ	115.9	148.6	152.4	147.2	188.6	178.0	182.5	200.0
耐用消费品与服装	108.6	149.9	165.5	—	193.6	198.5	207.9	221.5
能源Ⅱ	127.5	133.9	135.1	130.6	127.7	112.5	114.7	128.9
资本货物	128.9	145.8	139.7	156.5	158.9	160.8	177.6	178.4
软件与服务	147.8	132.9	176.8	282.9	302.5	222.3	166.9	255.1
运输	134.3	141.8	153.5	159.0	154.2	164.5	168.8	181.8
零售业	147.7	170.9	191.6	255.0	203.0	210.0	207.6	207.7
食品、饮料与烟草	120.4	132.0	138.8	121.7	169.6	150.4	152.4	159.4

资料来源：作者整理。

从位居前三位董事薪酬合计变动幅度和波动程度来看，不同行业的国有企业同样存在较大差异。从变动幅度来看，2010~2017年，位居前三位董事薪酬增长最快的行业为半导体与半导体生产设备行业，从101.8万元增加至265.8万元，增幅达到161.11%。材料Ⅱ行业紧随其后，上升了105.14%，从108.6万元增加至222.9万元。此外，耐用消费品与服装、制药、生物科技与生命科学以及商业和专业服务行业增长幅度均超过了90%。增长幅度最小的行业是能源Ⅱ行业，仅增加了1.02个百分点。从波动程度来看，有的行业波动较为剧烈，如软件与服务行业以及房地产行业。有的行业则波动较为平缓，如运输业以及能源Ⅱ行业，二者几乎未发生变动。这表明，不同行业发展水平的差异，直接影响管理层薪酬表现。

四、国有企业分实际控制人类型管理层薪酬

按照国有企业实际控制人的行政级别，国有企业可以分为中央国有企业和地方国有企业。由于中央国有企业统一归财政部及中央部委办局管理，其薪酬水平相对较为一致；但地方国有企业可能会受到区域经济发展水平的差异，使得不同地区国有企业管理层薪酬不尽一致。

从表3-8的横向来看，2010年，中央国有企业位居前三位董事薪酬低于地方国有企业，全体管理层平均薪酬略高于地方国有企业；但从2011年开始，中央国有企业位居前三位董事薪酬一直高于地方国有企业，全体管理层平均薪酬也仍然高于地方国有企业。当然，如果考虑东部地区与中西部地区的平均差异，东部地区国有企业管理层薪酬可能会高于中央国有企业。

表3-8 2010~2017年沪深A股国有控股上市公司分实际控制人管理层薪酬分布

单位：万元

年份	全部国有企业		中央国有企业		地方国有企业	
	前三薪酬合计	平均薪酬	前三薪酬合计	平均薪酬	前三薪酬合计	平均薪酬
2010	125.4	21.2	122.4	23.5	126.5	20.2
2011	144.1	23.8	144.3	25.9	145.0	22.9
2012	153.0	25.0	155.1	27.5	152.8	24.1
2013	133.8	21.4	141.5	25.1	128.6	19.5
2014	165.8	25.6	167.6	28.1	164.6	24.4
2015	167.7	28.1	184.6	33.0	159.6	25.7
2016	171.6	31.7	184.5	36.2	165.2	29.7
2017	202.3	36.2	218.0	41.7	184.2	33.0

资料来源：作者整理。

从表3-8的纵向来看，2010~2017年，全部国有企业、中央国有企业和地方国有企业管理层薪酬水平均呈现上升的趋势，但在2013年出现小幅下降，之后又恢复上升趋势。2010~2017年，中央国有企业的管理层薪酬增长幅度要大

于地方国有企业。2010 年，中央国有企业位居前三位董事薪酬为 122.4 万元，2017 年增至 218.0 万元，增长 78.04%；全部管理层薪酬均值也从 2010 年的 23.5 万元增加至 2017 年的 41.7 万元，增长 77.57%。2010 年，地方国有企业位居前三位董事薪酬为 126.5 万元，2017 年增至 184.2 万元，增长 45.53%，远小于中央国有企业的增幅；全体管理层薪酬均值从 2010 年的 20.2 万元增加至 2017 年的 33.0 万元，增长 63.39%，这同样略逊于中央国有企业的增长水平。

第四节　我国国有企业管理层持股市值和管理费用分布比较

作为管理层激励的重要内容，管理层持股和在职消费被学术界和实务界长期关注。一是随着科技型国有企业越来越受到重视，管理层及核心骨干持股现象也会越来越普遍。2016 年 2 月 26 日，财政部、科技部、国资委联合印发了《国有科技型企业股权和分红激励暂行办法》（财资〔2016〕4 号，以下简称《办法》），自 2016 年 3 月 1 日起在全国范围内实施，更是为管理层持股指明了方向。二是在职消费作为隐性薪酬的重要组成部分，有助于弥补管理层货币薪酬不足，也有助于发挥国有企业集中力量办大事的优势，但其中的“败德”行为却不可避免地引起社会舆论的高度关注。

一、整体分所有制管理层持股市值和管理费用

从管理层持股市值平均水平看，国有企业管理层持股市值要远远高于非国有企业。表 3－9 显示，2010 年以来，国有及非国有上市公司的管理层持股市值保增长趋势，但分别于 2013 年、2014 年经历了一次下跌。2010～2017 年，国有企业平均管理层持股市值从 1918 万元增长至 6919 万元，年均增长 37.26% 且增速不断加快；非国有企业从 171 万元增长至 282 万元，年均增长 9.29%，且增速逐渐放缓；全部上市公司平均管理层持股市值从 148 万元增长至 247 万元，年均增长 9.6%。这表明，随着国有企业改革力度的加大，我国国有企业管理层持股市值不断增加。

从公司平均管理费用来看，国有企业依然明显高于非国有企业。2010～2017 年，国有企业平均管理费用从 2854.63 万元上涨至 5811.33 万元，年均增长 14.8%；非国有企业从 991 万元增长至 2430.29 万元，年均增长 20.75%。由此可知，非国有企业管理费用虽然在总量上要远远低于国有企业，但增速要比国有

企业快得多。全部上市公司平均管理费用也从 2010 年的 2293.08 万元增长至 2017 年的 4353.50 万元，年均增长 12.84%。

表 3-9 2010~2017 年沪深 A 股国有控股上市公司分所有制管理层持股市值和管理费用

单位：万元

年份	全部上市公司		国有企业		非国有企业	
	持股市值	管理费用	持股市值	管理费用	持股市值	管理费用
2010	148	2293.08	1918	2854.63	171	991.00
2011	167	2637.52	1329	3357.30	187	1168.43
2012	178	2750.41	1812	3559.71	196	1278.80
2013	216	2595.54	1252	3557.64	271	1714.74
2014	201	2694.22	3752	3500.70	231	1369.42
2015	219	3270.55	6543	4572.48	254	1525.26
2016	225	3889.22	4108	5265.82	278	2112.67
2017	247	4353.50	6919	5811.33	282	2430.29

资料来源：作者整理。

二、国有企业分地区管理层持股市值和管理费用

与国有企业管理层薪酬相比，不同地区国有企业持股市值和管理费用存在较大差异，甚至不少年份中西部地区国有企业管理层持股市值远高于东部地区。表 3-10 显示，2010 年，东部地区管理层市值为 1610 万元，低于中西部地区；2017 年，东部地区管理层市值达到了 9736 万元，远高于中西部地区的 4443 万元。2010~2017 年，全部国有企业、东部国有企业以及中西部国有企业的管理层市值均有很大幅度的增加，年均增长幅度分别为 37.26%、72.12% 和 14.68%。这表明，东部地区管理层持股市值的增长速度远超中西部地区。由于持股市值是股价和数量的综合反映，这也可能表明股票价格上涨的结果。纵向来看，全部国有企管理层市值呈现稳步增长趋势，但东部和中西部地区均呈现波动上升的态势，而且东部地区的波动幅度更大。

就管理费用而言，东部地区国有企业的平均管理费用高于中西部地区，且保持增长的趋势。2010 年，东部地区国有企业管理费用为 4395.35 万元，2017 年达到 9343.85 万元，年均增长 16.08%。中西部地区国有企业的管理费用从 2010 年的 1631.12 万元增长至 2017 年的 2985.32 万元，年均增长幅度为 11.86%，低于东部地区的增幅。从全部国有企业的情况看，管理费用总体上也是上升的，从

2010年的2854.63万元上升到2017年的5811.33万元，年均增长率达到了14.80%。

表3-10 2010~2017年沪深A股国有控股上市公司分地区管理层持股市值和管理费用

单位：万元

年份	全国		东部地区		中西部地区	
	持股市值	管理费用	持股市值	管理费用	持股市值	管理费用
2010	1918	2854.63	1610	4395.35	2191	1631.12
2011	1329	3357.30	1230	5181.10	1416	1896.61
2012	1812	3559.71	2214	5636.84	1456	1934.52
2013	1252	3557.64	703	8501.46	1572	1198.09
2014	3752	3500.70	2428	5445.56	4959	1995.94
2015	6543	4572.48	11003	7442.68	2523	2159.96
2016	4108	5265.82	5086	8603.61	3228	2666.48
2017	6919	5811.33	9736	9343.85	4443	2985.32

三、国有企业分行业管理层持股市值

与国有企业持股市值的地区间差异相比，不同行业国有企业管理层的持股市值差异更大，尤其在技术含量较高、附加值集聚的行业更是如此。表3-11显示，2010年，管理层持股市值排名前三的行业依次是耐用消费品与服装、软件与服务业以及资本货物行业，后三位分别为能源Ⅱ、汽车与汽车零部件和半导体与半导体生产设备，且市值总额均不超过200万元。2017年，国有企业管理层持股市值最高的三个行业分别为软件与服务业、耐用消费品与服装以及食品、饮料与烟草，而且这三个行业的管理层持股市值都超过了1.5亿元，最低的三个行业依次为能源Ⅱ、公用事业Ⅱ和运输行业，不超过600万元。

表3-11 2010~2017年沪深A股国有控股上市公司分行业管理层持股市值

行业＼年份	2010	2011	2012	2013	2014	2015	2016	2017
公用事业Ⅱ	769	76	83	6	106	142	153	138
制药、生物科技与生命科学	367	198	234	5	256	301	394	9650
半导体与半导体生产设备	159	332	107	25	3197	16432	11922	13050

续表

行业 \ 年份	2010	2011	2012	2013	2014	2015	2016	2017
商业和专业服务	—	—	—	—	—	6419	7997	8015
房地产	3268	2095	3701	102	3185	7232	1736	3409
材料Ⅱ	1373	964	947	20	2524	1811	2726	2928
汽车与汽车零部件	125	73	86	162	588	907	956	848
消费者服务Ⅱ	1498	1464	1161	7154	2319	2778	1683	1516
耐用消费品与服装	5435	6324	7696	—	7010	12939	16513	24942
能源Ⅱ	76	68	80	—	88	115	135	114
资本货物	4280	2559	3980	2160	2836	15817	4481	12106
软件与服务	4923	2565	13542	1771	22516	23445	12060	26626
运输	335	301	505	7349	751	537	532	504
零售业	1185	619	702	110	1652	1999	1634	1771
食品、饮料与烟草	2145	2003	795	73	22455	9960	13086	16684

资料来源：作者整理。

2010～2017年，除公用事业Ⅱ大幅减少以外，其余行业管理层持股市值均或多或少有所增加。从增长幅度上看，半导体与半导体生产设备行业的年均增长幅度最大，达到1158.08%的年均增速，这反映了8年来半导体行业的高速发展。制药、生物科技与生命科学行业的年均增长率为361.23%，也保持在较高水平，远远超过增速排名第三的能源Ⅱ行业。从波动状况来看，由于股价波动的不确定性，各行业管理层持股市值均呈现出一定的波动趋势，除公用事业Ⅱ，其余行业都在波动中上升。

四、国有企业分实际控制人类型管理层持股市值和管理费用

与管理层货币薪酬相比，中央国有企业和地方国有企业的管理层持股市值和管理费用分化较为明显，如表3－12所示。一是地方国有企业管理持股市值平均远高于中央国有企业。2010年，地方国有企业持股市值平均为2322万元，中央国有企业平均为1120万元；2017年，地方国有企业和中央国有企业的持股市值分别增长到6579万元、6794万元。二是中央国有企业的管理费用远高于地方国有企业。2010年，地方国有企业管理费用平均为1657万元，中央国有企业平均为5717万元，远高于地方国有企业；2017年，地方国有企业和中央国有企业的持股市值分别增长到3353万元、1.07亿元。

2010～2017年，无论是中央国有企业，还是地方国有企业，其管理层持股市值和管理费用都在增长，但增长速度存在较大差异。2010年，中央国有企业管理层持股市值为1120万元，到2017年增长至6579万元，年均增速达到69.61%。相比之下，2010年，地方国有企业管理层持股市值为2322万元，2017年增加至6794万元，年均增速仅为27.52%。从管理费用看，2010～2017年，中央国有企业管理费用从5717.09万元增长至10660万元，年均增速为12.35%，地方国有企业管理费用从1657.39万元增加至3353.66万元，年均增幅达到14.62%，增速高于中央国有企业，但由于基数的差异，整体规模远逊于中央国有企业。

表3-12　2010～2017年沪深A股国有控股公司分实际控制人类型管理层持股市值和管理费用

单位：万元

年份	全部国有企业		中央国有企业		地方国有企业	
	持股市值	管理费用	持股市值	管理费用	持股市值	管理费用
2010	1918	2854.63	1120	5717.09	2322	1657.39
2011	1329	3357.30	710	6561.86	1635	1964.82
2012	1812	3559.71	1311	7047.95	1715	2054.38
2013	1252	3557.64	208	8988.05	1794	1157.78
2014	3752	3500.70	3589	6584.87	3929	2150.34
2015	6543	4572.48	6398	8826.22	6562	2447.60
2016	4108	5265.82	5437	10010.00	3269	2979.70
2017	6919	5811.33	6579	10660.00	6794	3353.66

资料来源：作者整理。

参考文献

[1] 葛扬．马克思所有制理论与现代混合所有制经济［J］．当代经济研究，2004（10）．

[2] 余菁．“混合所有制”的学术论争及其路径找寻［J］．改革，2014（11）．

[3] 佟福全，范新宇，王德迅．西方混合所有制企业比较［M］．北京：经济科学出版社，2001：275，287．

[4] 刘小玄，郑京海．国有企业效率的决定因素：1985～1994［J］．经济研究，1998（1）．

[5] 李楠，乔榛．国有企业改制政策效果的实证分析——基于双重差分模型的估计［J］．数量经济技术经济研究，2010（2）．

[6] 林青松．改革以来中国工业部门的效率变化及其影响因素分析［J］．经济研究，1995（10）．

[7] 林毅夫，蔡昉，李周．充分信息与国有企业改革［M］．上海：上海人民出版社，1997：49.

[8] 谢千里，罗斯基，郑玉歆．改革以来中国工业生产率变动趋势的估计及其可靠性分析［J］．经济研究，1995（12）．

[9] Groves，T.，Y. Hong，J. McMillan and B. Naughton. Autonomy and Incentives in Chinese State Enterprises［J］. Quarterly Journal of Economics，1984（2）：7－14.

[10] Li，W. The Impact of Economic Reform on the Performance of Chinese State Enterprise 1980－1989［J］. Journal of Political Economy，1997（7）：9－13.

[11] 陈林，唐杨柳．混合所有制改革与国有企业政策性负担［J］．经济学家，2014（11）．

[12] 林毅夫，李志赟．政策性负担、道德风险与预算软约束［J］．经济研究，2004（2）．

[13] 芦海滨，赖崇斌．谁在担任独立董事［M］．北京：中国法制出版社，2010：47.

[14] 查婧．中美高管薪酬披露规则比较［J］．财会通讯，2009（10）．

[15] 青木昌彦，钱颖一．转轨经济中的公司治理结构［M］．北京：中国经济出版社，1995：72－83.

[16] 龚强，徐朝阳．政策性负担与长期预算软约束［J］．经济研究，2008（2）．

[17] 张文魁．混合所有制的公司治理与公司业绩［M］．北京：清华大学出版社，2015：33.

第四章　国有企业改革的理论演进、经验借鉴与行动路径

导读：围绕国有企业改革，张维迎（1995）提出产权改革，而林毅夫等（1997）建议剥离政策性负担。在这两种观点经久不息的争论中，淡马锡模式在新加坡的成功引起我国关注，以至于国内不少学者谈及国企改革言必称“淡马锡”模式。立足于国有企业的功能定位演进和双重属性定位，本章利用委托代理理论的分析视角，重新反思淡马锡模式的治理机制和内在逻辑，揭示其缓解或消除代理冲突和创造竞争环境的成功经验。基于国有企业双重属性的定位出发，本章围绕优化政府多重目标、推进全国统一市场建立，及完善公司治理机制、缓解代理冲突等，提出进一步推进我国国有企业改革的制度保障和关键路径。

第一节　引言

为缓解物质匮乏和内外交困的生存压力，集中优势资源、优先发展重工业成为新中国成立初期的重大战略。但由于缺乏应有的市场经济环境和微观管理体制，这种重工业优先发展战略直接催生出“三位一体”[①]。即：国有企业的生产自主权和经营自主权及剩余支配权直接被剥夺，使其仅作为按计划指令运作的生产车间或加工厂。依托这些“生产车间”及其管理体制，我国仅用不到20年的时间，在一个经济十分落后的国家建成门类比较齐全的工业体系，推动整体经济结构发生根本性改变。统计显示，1952～1978年，我国工业占国民收入的份额由19.5%上升到49.4%，且重工业产值占工业产值的比重由35.6%上升到

① 林毅夫．解读中国经济（增订版）［M］．北京：北京大学出版社，2015.

57.3%。[①] 与此同时，囿于企业内部的激励机制不足和外部的市场经济发育程度不高，这种传统体制不可避免地造成全要素生产率较低、物质投入利用率低下，且越来越难以持续发展。例如，生产1美元工业产值平均耗用能源较韩国高出1倍、平均耗用钢材高出21.3%、平均货运量高出4.5倍。在此背景下，针对国有企业激励不足和生产效率低下的国有企业改革随着改革开放进程的开启而启动。

自1978年改革开放以来，国有企业以提高经营效率、改善经济效益为主旨，先后经历"放权让利""两权分离"和"建立现代企业制度"三大改革阶段（天则经济研究所课题组，2011）。回顾改革开放以来的历次国有企业改革，不少学者就国有企业改革的理论层面进行深入研究和探讨，比较有代表性的是张维迎（1995）和林毅夫等（1997）（陈林和唐杨柳，2014）。其中，前者核心观点是通过"国有股权转债权"，推进国有产权改革；后者主要观点是剥离政策性负担，借助市场竞争解决国有企业的效率低下难题。一方面，随着1995年"抓大放小"战略的推进，不少中小（规模）型国有企业直接或间接地走上所谓的"产权改革"道路；另一方面，大中型国有企业改革通过结构调整、重组改制和主辅分离及兼并重组等推动国有经济产业布局优化，在一定程度上正是对"剥离政策性负担"理论的践行。尽管以张维迎（1995）和林毅夫等（1997）为代表的文献研究为理解国有企业提供了较为自洽的理论逻辑，但这些文献忽视国有企业的"特殊性"，且将国有企业作为普通民事主体的视角难免落入"刻舟求剑"的窠臼。正如金碚（2010）所提出的，国有企业是国家出资设立，其兼具普通民事主体和国家赋予的特殊功能定位的"双重属性"，并指出国有企业显然不同于普通企业。2015年8月，中共中央和国务院发布《关于深化国有企业改革的指导意见》，其中明确提出"分类推进国有企业改革"及商业类国有企业和公益类国有企业的改革方向。这表明，直接采用普通企业标准来衡量和评价国有企业改革可能并不合适，亟须将国有企业置于更加广阔的维度进行考察，构建与其"双重属性"相适应的自洽性逻辑。

有鉴于此，本章基于委托代理理论的分析框架，回顾我国长期以来备受推崇的"产权改革"和"剥离负担"这两种理论逻辑，提出公司治理机制和产品市场竞争相协调的分析逻辑。借助该逻辑，本章对淡马锡模式进行剖析，找出其成功背后的治理机制"秘密"。本章发现：①借助完善的市场经济体制和法定的商业投资公司定位，淡马锡模式避免了政府直接干预，缓解了大股东和中小股东之间、股东和债权人之间的代理冲突。②依托完善的董事会制度和动态的薪酬激励机制，淡马锡将公司发展与董事、员工和管理层相绑定，缓解了股东和管理层之

---

① 林毅夫等．充分信息与国有企业改革［M］．北京：格致出版社，2014.

间的代理冲突。③淡马锡董事的尽职尽责并非来自直接的薪酬激励，而是作为公司董事的奉献精神和个体荣誉。由此可知，淡马锡模式的成功并不神秘，其关键在于治理机制与其本土环境的有机融合，有效地缓解或消除了潜在的代理冲突。

立足于国有企业的功能定位演进和双重属性定位，本章立足于国有企业的功能定位演进和双重属性定位，以减少政府直接干预、缓解代理冲突、改善公司绩效为目标，提出深化市场改革、转变政府职能定位、加强党对核心职位管控、完善公司治理机制和推进内部劳动力市场改革等。与既有文献相比，本章至少有以下三个方面的贡献：一是借助规范的分析方法，揭示了淡马锡模式的"神秘色彩"。二是立足于宏观经济转型视角，重新认识国有企业改革中的体制障碍、治理困境和双重属性。三是建立公司治理机制和产品市场竞争相协调的分析视角，为推进国有企业改革的不断深化提供内在逻辑自洽的理论框架。

第二节 产权改革、剥离负担与比较制度分析

就 1978 年以来国有企业改革的实践而言，无论是张维迎（1995），还是林毅夫等（1997），均具有其应有的积极作用和学术价值，为当时认识国有企业存在的问题及制定符合实际的措施提供了重要的理论指导。但随着市场化改革的不断推进、现代企业制度的建立及非国有经济的崛起，诸多潜藏于国有企业深处的矛盾逐渐暴露出来，从而需要我们借鉴主流经济学的规范研究视角和经济合作与发展组织所经历的成功改革经验加以深入研究，以便形成更契合我国国有企业实际的理论逻辑框架。为此，本章借鉴青木昌彦（1999）提出的比较制度分析视角[①]，探讨张维迎（1995）和林毅夫等（1997）所存在的差异、共性与互补之处，为新一轮国企改革提供理论依据。

一、团队生产理论、国有股退出与产权改革

团队生产理论提出，"将剩余索取权授予团队中最重要、最难监督以及拥有信息优势的那些人，并且由真正承担风险的资产所有者选择经营者"，并将其作为解决国有企业效率低下、防止国有资产流失的主要途径（张维迎，1995），这

① 在《经济体制的比较制度分析》中，青木昌彦以解释日本企业经营的微观机制为突破口，提出了经济体制比较制度分析的主要观点。即：经济体制多样性；自我约束机制下，制度的战略上的互补性；经济体制内部的制度互补性；经济体制改革的渐进性。

就是所谓的产权改革观点。团队生产理论有助于揭示所有者与经营者合二为一的古典企业形式（制度），但却很难解释占据主流的、具有重大影响的有限责任公司（股份公司）及其所呈现出所有权与经营权处于分离的状态，如国有企业和家族企业中的所有权及经营权相分离。

产权改革观点期望通过“国家由股东变成债权人”的改革，一揽子解决激励问题和经营决策者选择问题，但这种思路在理论和实践上均存在障碍。一方面，按照委托代理理论，只要所有权和经营权相分离，股东与经理之间均会因利益不一致而产生代理冲突，即便是民营企业，这类代理冲突依然存在；另一方面，由于信息不对称和人力资本复杂性，代理冲突的监督成本非常高，甚至不可能。因而，故通过建立有效的、合理的、持续的激励约束机制，增加经理层和股东之间的利益趋同性、减少利益分歧点。这既是现代公司治理中的重要内容，也为 OECD 成员国的国有企业改革经验所证实，并不取决于股权结构或股东类型（经济合作与发展组织，2008）。尽管产权改革中的团队生产理论及其分析逻辑不利于揭示国有企业的实际问题，但其仍然提出具有前瞻性的改革举措。该文提出，在大力推进非国有经济发展的同时，逐步让非国有经济（包括个人、集体企业、乡镇企业、外资）“第三者”插足与国有企业承担起“股东”的角色，这与混合所有制改革中提及的民营资本引进相契合。

二、代理理论、预算软约束与剥离负担

林毅夫等（1997）从分析代理问题产生的路径出发，论证充分信息与市场竞争的重要性，并明确指出“不是把侧重点放在产权改革方面”，这就是所谓的剥离负担观点。该观点基于代理理论的分析视角，提出现代公司中所有权和经营权分离引发的代理冲突问题，这更有助于打开企业内部运作的黑匣子，并得到学术界的广泛认同（杨瑞龙、杨其静，2005）。立足于克服或缓解代理冲突，林毅夫等（1997）概述了 5 种可行的治理机制，包括：董事会监督或董事会中心主义、争夺代理权、大股东监督、敌意接管和债务治理等。

由于公司治理机制深受文化背景、社会惯例、政治体制及市场发育程度等影响，以至于公司所处行业或自身所面临的竞争环境直接影响公司治理的效果（Roe，2006）。故而，任何一种治理机制都不能无条件地应用于所有的公司经营环境中，也没有一种包治百病的监督机制可以单独起作用。林毅夫（2004）提出，国有企业是因为承担了“政策性负担”才导致了企业的预算软约束，而剥离政策性负担是硬化国有企业预算软约束的前提条件。尽管剥离负担观点挑战了当时呼声颇高的产权改革观点，并为认识国有企业改革提供了新视角和新方法。但剥离负担观点侧重强调“解除企业不对等竞争的负担”的核心举措，而没有

继续围绕公司治理予以展开，这不能不说是一种遗憾。

三、治理机制的互补性、路径依赖与自洽性

随着科斯定理（1937，1960）问世以来，新古典企业理论中的“黑匣子”逐渐被打开。Jensen 和 Meckling（1976）创立了代理理论分析框架，探讨企业内部不同利益主体之间的代理问题及降低代理成本、改善公司绩效的路径。LLSV（1998，2000）基于中小投资者保护视角，提出股东与管理层之间的“第一类代理问题”和大股东与中小股东之间的“第二类代理问题”，其中，欧美等发达国家企业内部突出表现为前者，中国、中国香港、中国台湾等新兴市场企业内部主要表现为后者。在此基础上，有学者将公司与债权人、供应商、员工等利益相关者的代理冲突界定为“第三类代理问题”。囿于法律环境相对薄弱和市场发育程度不高，第三类代理问题同样比较广泛地表现在新兴市场。这表明，不同的法律体系环境和市场发育程度，衍生出冲突各异的代理问题。

正是由代理问题表现的冲突差异，不同国家（地区）催生出不同的治理机制予以应对。青木昌彦（1994）提出，与新古典范式中公司被视为股东所有不同，日本公司更多是雇员和股东的结合体，并由此催生了日本公司特有的“主银行制”和相机治理机制。罗伊（2008）阐述了宏观（政治）体制环境对所有权结构、管理层激励、内部决策机制等公司治理机制产生直接影响，证实了公司治理机制与制度环境的高度相依性，解释了世界上诸多不同的公司治理机制的长期存在。结合我国所处的新兴转轨时期，国内学者同样认识到治理机制的异质性现象。林毅夫（2014）提出，不同国家所具有的社会文化背景、经济发展阶段和市场发育程度等差异，直接决定了其公司治理结构的侧重点不同，理应选择相匹配的治理结构和治理机制。因此，我国国有企业改革理论逻辑除以基本理论框架为逻辑起点外，更需要结合国有企业内部的代理问题及外部法律体系和市场发育程度的动态变化，构建符合我国实际、与我国现行体制相匹配、具有渐进式演进特征的自洽性理论逻辑。①

第三节　淡马锡模式中的公司治理机制与运行成效

竞争性的市场至少会使公司治理在改善绩效方面的重要性有所下降，在某种

① 马克罗伊．公司治理的政治维度［M］．陈宇峰等译．北京：中国人民大学出版社，2008.

程度上弥补了治理机制难以改善的不足（Allen and Gale，2000）。这表明，只要减少来自外部的政府干预，良性的产品市场竞争必将有利于生产效率提升、公司绩效改善，即便是国有企业也是如此。但对于成熟行业或非竞争性行业，不同的治理机制可能会导致其绩效差异较大，其原因在于这类公司即便业绩恶化，也依然能持续生存，使其在短期内缺乏"刚性"的竞争压力（Kaplan，1997）。所以，与其仅依靠治理水平的提升来改善公司绩效，不如将公司置于良性的市场环境，借助产品市场竞争促其发挥更加有效的治理效果。淡马锡模式的成功正为这种融合做了旁证，即新加坡良性的市场环境与公司治理机制的有机融合。

一、政企分开、独立决策与董事会中心主义

淡马锡年度报告（2014）提到，根据《新加坡公司法》，淡马锡是由董事会领导的商业投资公司，有宪法责任保护累积的过去储备金。这表明，淡马锡选择"董事会中心主义"模式，并将"保护累积的过去储备金"的核心目标直接赋予董事会，明确董事会的法定责任和最高决策权力。该报告还提到，"除非关系到淡马锡过去储备金的保护，不论是新加坡共和国总统或我们的股东新加坡政府，均不参与淡马锡投资、脱售或其他商业决策"。该条款对政府行政干预予以明确限定，更加准确地阐述了董事会的最高决策权。因而，淡马锡模式以法律形式确保政企分开，限制或规范政府直接干预行为，保持公司商业性质的纯粹性及保障董事会的最高决策权。

为发挥董事会优势，淡马锡从多个层面优化董事会结构和治理机制。

一是淡马锡的大部分董事会成员为非执行独立董事，且均为私营企业的商界领袖和知名人士。以 2015 年为例，13 名董事中有 8 名来自私营企业（机构）。

二是淡马锡将"为管理层提供全面指导和政策指引"作为董事会的职能定位，保留其整体长远战略目标、首席执行长的委任及继任计划、董事会变动等重大事项决策权。

三是淡马锡借助专业委员会形式和简单多数投票机制，提升董事会决策效率。董事会下设执行委员会、审计委员会、领袖培育与薪酬委员会，各委员会的主席均由一名独立于管理层的非执行董事担任，各委员会被授予特定权力。

二、短期业绩、长期发展与动态激励机制

除利用基本工资保证预期稳定的收入外，淡马锡设置了短期、中期和长期等激励机制，以统筹公司的短期业绩与长期价值创造。其中，短期绩效薪酬是预算范围内的年度现金花红，其取决于公司、团队和个人的业绩表现。中期绩效薪酬是财富增值花红储备，其根据员工各自的绩效表现及某个时期的相对贡献，将财

富增值花红储备的一部分派发至每名员工的名义账户。如果花红储备的结余为正，高级管理层、中层管理人员和其他员工按照相应比例予以分红。剩余部分仍将面临未来被回拨的风险。长期绩效薪酬是员工可能获得以绩效或服务年限为兑现条件的联合投资单位，其价值会随公司每年股东总回报而有所增减。

在充分的市场竞争中，淡马锡通过建立短、中、长相结合的动态激励机制，将经营压力和业绩回报传导至管理层及员工，引导其“以资产所有者的角度思考与行事，与股东同舟共济，共同分享收益、承担损失”，缓解了股东和管理层之间的代理冲突。

三、淡马锡模式的成功经验及其适用性

基于委托代理理论框架，本章借鉴 Kaplan（1997）与 Allen 和 Gale（2000）的研究思路，将淡马锡模式的成功主要概括为以下四个方面：

一是成熟的市场经济体制创造了充分的竞争环境，激励企业按照市场规则赢得竞争。

二是以法定形式明确淡马锡商业投资公司定位，限制了作为股东的政府直接干预，确立了董事会的最高决策权。

三是完善的董事会制度保障了董事会决策效率、质量和独立性，保障了管理层遴选和考核、年度计划制订和审计等重大事项决策职能。

四是短期、中期和长期相结合的动态薪酬激励机制，将公司业绩与员工收入、股东利益和管理层薪酬、短期绩效和中长期发展有机地绑定一起。

尽管淡马锡有效地利用董事会进行重大决策，激励公司高级管理层实现公司目标，但董事会成员本身又该如何激励呢？遗憾的是，无论是《新加坡公司法》，还是淡马锡历次年度报告，均未能提供较为明确的答案。秦永法（2008）指出，新加坡董事强调的是贡献和声誉，并没有将其评估结果（如果有的话）与报酬直接关联，这种现象在其他国家或地区并不常见。由此可知，淡马锡模式是从新加坡生长出来，其成功与否取决于内在的文化、理念、法律、经济发展和市场发育程度等多重因素，很难直接将其成功地复制到其他国家或地区。

第四节 国企改革的治理困境与双重属性

国有企业历次改革的成功经验表明，减少政府直接干预、扩大企业自主权是历次改革取得成功的关键。在“放权让利”阶段，以利润留成制度为核心，国

有企业获得部分生产经营权、奖金分配权。在“两权分离”阶段，纳入指令性计划管理的产品、国家调拨物资和承揽出口商品等大幅减少，国有企业获得更大的经营自主权。在“建立现代企业制度”阶段，除核心职位由上级部门管控外，国有企业管理层获得最大程度的经营自主权。但随着我国经济整体规模跃居世界第二，原有的“模仿追赶”竞争性发展模式的局限性逐渐暴露出来，甚至成为国企发展进一步改革发展的体制性障碍，造成治理困境。

一、国企改革面临的体制性障碍：市场竞争与地方分权制

在改革开放早期阶段，经济增长是最优先考虑的问题，即“发展就是硬道理”。在我国政治集权下的地方经济分权体制下，以 GDP 增长为目标的地方政府“锦标赛”竞争成功地创造经济改革及发展的“奇迹”（许成钢，2008）。在缺乏产权保护和良好的法治背景下，地方经济竞争充分调动官员的积极性并发挥出政府直接干预的积极作用，形成“行政治理对正式的法律治理的替代”。地方经济竞争在激励地方政府取得 GDP 增长的同时，也强化了其对直接干预的依赖，阻碍了市场经济的充分发育。

2015 年 10 月 29 日，世界银行发布了《2015 年营商环境报告》（以下简称《报告》），公布世界 189 个经济体的营商环境评价结果。其中，新加坡连续第九年位居排行榜第一，新西兰和中国香港紧随其后，而中国排名上升 3 位至第 90 位。经历 30 余年的改革开放，我国在全球营商环境评价排位中一种处于中等水平，这与其全球第二大经济体的地位极不相称。因而，植根于全球营商环境最好的淡马锡模式，能否直接成功地复制到像我国这样营商环境排名处于中等的经济体，仍然难以肯定地回答。

二、国有控股上市公司中的一股独大、监督乏力与激励弱化

由于我国资本市场建立之初的主要目的是支持国有企业改革，政府主管部门在分配上市资源时自然首先选择国有企业。故而，起初上市公司大多由国有企业改制而来，这导致资本市场国有股占了较高比例（Bai et al.，2004；Liu and Sun，2005）。

在新兴转轨的市场经济体中，国有控股公司逐渐因一股独大、预算软约束和内部人控制等因素，衍生出系列问题阻碍其治理水平的提高。

一是国有股东“一股独大”，股权制衡机制难以形成。2014 年，沪深 A 股市场国有控股上市公司第一大股东平均持股比例约为 36%，是其他九大股东合计持股比例的 7 倍，这种股权结构不利于其他股东发挥积极的制衡作用。

二是除部分独立董事外，国有控股公司约有 90% 的董事全部来自国有股东

委派，影响董事会参与重大决策的专业性和独立性。

三是中小股东缺乏提名独立董事的保障机制，难以通过独立董事维护其自身利益。

四是国有控股公司监事会成员大多由国有股东委派，使其监督职能缺乏专业性、独立性。

五是党的组织部门对国有企业管理层评价主要参照统一的干部评价（选拔）标准，而这些标准又不全是经济绩效，使得国有企业管理层难以将精力集中于企业经营业绩。

三、国有企业“双重属性”演变中的功能定位与分类改革

杨瑞龙（1995）提出，国有产权的国有特殊性有助于突破私人企业的利润限制，提供私人无力或不愿生产却为社会所必需的产品，从而不同类型或股权结构的国有企业在大多数国家都不同程度的存在[①]。故而，在界定国有企业地位和作用的前提下，可以针对不同类型的国有企业选择不同的改革思路，从而较早地提出了国有企业的分类改革。

金碚（2010）提出，国有企业是国家出资设立，其兼具普通民事主体和国家赋予特殊功能定位的“双重属性”。对于承载多重目标的代理人，组织内部的专业分工有助于降低代理人的风险成本，增加相应的激励强度[②]。故而，针对国有企业这种“双重属性”进行专业化分类（分工）客观上有助于改善组织激励效果、提升组织效率。作为同样肩负国家（国有）资产保值增值责任的淡马锡，《淡马锡宪章》中提到，“淡马锡是一家投资公司，按商业原则持有和管理我们的资产”。该原则明确了淡马锡作为普通民事主体（一般企业）的专业分工，从而为组织效率提升提供了基础性的制度安排。

四、国有企业渐进式改革与内部劳动力市场“二元”特征

在起源并形成于政治过程的社会主义工业关系制度框架下，我国国有企业演化出一种特殊的社会关系结构，遂形成以“铁饭碗”和工作场所福利制为核心的劳动关系结构（路风，2000）。这种劳动关系结构“天然”地排斥市场经济中的契约关系，使得改革开放以来的国企改革形成了“二元利益”观——既要改革带来的“高工资、高奖金”，又想保留旧体制的“铁饭碗和社会保障”（忻文，1992）。由于这一时期社会保障相对匮乏，极高的国家“退出”成本催生出国家

① 肖婷婷．国外国有企业高管薪酬［M］．北京：社会科学文献出版社，2015.

② 李小宁．组织激励［M］．北京：北京大学出版社，2005.

与企业之间长期“保险合约”——企业不破产、职工不失业（张军，1994）。这使得以交叉补贴、外部援助和政策扶持等为表征的预算软约束成为常态，并致使国有企业隐性失业日益严重，甚至成为威胁城市稳定的社会问题。1986～1996年，若国有企业释放所有剩余劳动力，城市平均失业率将上升至25%，个别城市甚至达到40%（李果、徐立新，2001）。

为防止城市显性失业率短时期内快速上升，我国政府对国有企业就业体制采取渐进改革方式，形成国有企业内部劳动力市场“二层次”分割（陆铭、陈钊，1998）。一方面，企业职工分为在岗职工和下岗职工两部分，下岗职工通过竞争实现上岗（或转岗）；另一方面，企业职工通过竞争沿着工作阶梯实现晋升或被淘汰。这种“二层次”劳动力市场不但打开国有企业人员流动通道、直接与市场接轨，也能缓释城市显性失业率短时期急剧上升的风险，有助于实现国企改革与城市问题的动态平衡。随着国有企业分类改革的推进，不同类型国有企业内部劳动市场必将面临不同程度的“二层次”分割。一方面，处于商业类的国有企业可能需要加大与市场接轨力度、建立“优胜劣汰”的激励机制；另一方面，处于公益类的国有企业则需要透过内部竞争上岗优化激励机制、缓释经营压力。

五、国有企业管理体制中的“双重博弈”与“双轨制”经理市场

作为新中国成立初期重工业优先发展战略的实践者，我国国有企业自“诞生”起就附属于国家行政机构，形成了自上而下的管理层（干部）任免机制。直到现在，国有企业管理层仍经由上级党的组织（人事管理）部门考察、任命，被委派到国有企业履行管理、经营职责，形成了所谓的“双重博弈”，即：组织部门与管理层之间的长期重复博弈，管理层与（特定）国有企业之间的短期博弈（王珺，2001）。由于拥有长期重复博弈中的信息优势，组织部门成为“双重博弈”中的强激励主体，并透过各种非市场导向的选拔机制诱发管理层的短期行为——形象工程或政绩工程（郑志刚等，2012；刘青松、肖星，2015）。这表明，要想促使激励管理层与国有企业利益趋于一致，必须改变（特定）国有企业主体的弱势激励主体地位，从内生动力上引导管理层提升企业中长期发展的重视程度。

在“双重博弈”的管理体制下，国有企业长期发展除了需要较为完善的激励机制外，还需要具有“准企业家”[①] 资格的管理层。这种“准企业家”的培养

① 李新春（2000）提出，国有企业管理层被称为“准企业家”主要缘于以下两个方面：一方面，作为承担代理人角色的国有企业管理层，其控制权随时可能被上级主管部门剥夺或收回；另一方面，国有企业管理层仅承担部分经营风险，较少因非主观经营失败而受罚或承担重大损失。

不但是管理层个人的人力资本和经营能力提升的动态学习过程，而且是与具有企业家精神的上级主管部门建立联动机制的互动过程（李新春，2000）。其中，主管部门企业家精神包括选拔用人机制的灵活性、任用具备企业家精神的管理层以及给管理层以足够的自主决策空间。因此，针对不同分类或行业的国有企业，上级主管部门需要建立与其定位相匹配的用人机制和自主决策空间，包括建立绿色通道、构建外聘经理与委派人员并存的“双轨制”经理市场。

第五节 推进国企深化改革的关键路径与体制保障

基于产权改革、剥离负担与淡马锡模式的比较，本章剖析了淡马锡模式及其成功的内在逻辑，阐述了其缓解或消除代理冲突和创造竞争环境的成功经验。立足于国有企业的功能定位演进和双重属性定位，本章以减少政府直接干预、缓解代理冲突、改善公司绩效为目标，提出深化市场改革、转变政府职能定位、加强党对核心职位管控、完善公司治理机制和推进内部劳动力市场改革等重要举措。

一、深化劳动力市场、流通市场和资本市场等综合改革，实现从单一的国企改革转向全方位的市场经济联动改革

其一，建立全国统一的市场环境，全面提升营商环境水平。一方面，转变地方政府激励体系，尽可能消除地方保护主义；另一方面，完善法制对全国统一市场的保护，实现国有资本和民营资本的公平对待。

其二，健全多层次资本市场体系，提高企业直接融资比例。在直接融资方面，优化股票市场主板、创业板和新三板之间的转板机制，形成风险共担、功能协同的股票市场体系。在风险投资方面，引导私募股权投资基金和风险投资基金，为不同发展阶段的创新创业型中小企业提供股权融资渠道和资金来源。

二、转变政府功能定位，实现全能型政府向服务型政府转型

政府功能转变既是政企分开、减少政府直接干预的前提，也是保障董事会中心主义、完善公司治理机制的基础。

一是通过公布“负面清单”和“权力清单”，进一步厘清政府与市场的边界，逐渐加强和扩大市场配置资源的决定作用。

二是改变传统的单一 GDP 增长的发展型激励机制，引导扩大公共服务的范

围和力度，建立经济发展、保护产权、维护市场秩序和保护环境等有机融合的多重目标。

三是改革现有的司法体制，保障和加强地方司法的独立性，尽可能缓解或消除地方保护主义的干扰，为平等对待各种所有制类型的股东提供法制环境基础。

三、坚持党的组织部门对核心职位的管控，构建外聘经理与委派人员并存的“双轨制”经理市场

一方面，在历次国有企业改革过程中，党或政府对国有企业经理人员的任免权是用来制约“内部人控制”的重要平衡力量，对国有资产的保值、增值具有重要的现实意义，为继续发挥党或政府人事管理权的优势，我们建议党的组织部门重点管控董事长、总经理、财务总监等核心职位；另一方面，建立人才引进“绿色通道”，构建外聘经理与委派人员并存的“双轨制”经理市场。

一是委派人员报酬总额由国有股东统筹确定，外聘职业经理由董事会依据市场行情确定。

二是明确管理层动态转换机制，允许委派人员和外聘职业经理的流动。

三是打造全国性委派人员数据库，建立委派人员“准企业家”培训机制。

四、平等对待股东，发挥董事会积极作用、优化公司治理机制

为缓解代理冲突、改善公司绩效，我们有必要优化公司股权结构、改善公司治理机制。

一是建立国有股权流动区间和动态流动机制，引进5%以上大宗股份的积极股东、发挥大股东的制衡机制。

二是建立董事会成员多元提名机制，提升董事会的专业性、独立性和决策效率。一方面，确保外部董事超过1/2的多数。另一方面，对非金融类企业，至少有1名董事具有法律、财务从业资格或经验；对金融类企业，至少还有1名董事具有金融类行业经历。

三是除大股东提名外，允许中小股东组成独立董事提名委员会，负责不少于1/3的独立董事提名。除违反法定事宜外，公司解聘独立董事须经独立董事提名委员会表决后执行。

五、坚持市场化用人导向，分类推进国有企业内部劳动力市场改革

为缓释国有企业分类改革过程中失业率风险，兼顾建立市场化机制的用人导向，我们有必要从国有企业分类改革原则出发，分地区、分行业、分类型地推进

内部劳动力市场改革。

一是对处于经济发达地区、市场竞争较为充分和员工平均收入较高的国有企业，加快内部劳动力市场与市场接轨力度、全面建立市场化的激励机制。

二是对处于经济欠发达、市场竞争充分和员工保障较为充分的地区，可以分步骤、有选择地推进内部劳动力市场与市场对接、建立模拟市场化的激励机制。

三是对处于公益类的国有企或市场化改革尚不成熟的国有企业，需要侧重于通过内部竞争上岗优化激励机制、建立（再）就业动态培训中心和模拟市场化的激励机制。

六、坚持分类管理原则，建立动态化的分类调整机制

随着国有经济产业布局的不断调整，国有企业分类标准将随之发生变化。

其一，出于国家战略、前瞻性发展及完成特殊任务的需要，部分行业需要组建国有企业承担相应的战略定位、组建新的市场主体。

其二，随着部分垄断行业的开放，非国有资本逐渐进入原来仅对国有企业开放的特定领域，促使市场结构发生改变，带来新的竞争格局。

其三，国有企业通过分立或重组构建新的子公司，进入新的行业或市场、致使其分类产生变化。在此背景下，国有资本有必要依据不同产业制定不同的分类标准和分类规则，对国有企业分类进行动态调整、适应国有企业“双重属性”的定位和要求。

参考文献

[1] Bai, C. E., Q. Liu, J. Lu, F. M. Song, J. Zhang. Corporate Governance and Market Valuation in China [J]. Journal of Comparative Economics, 2004, 32 (4): 599 -616.

[2] Liu G. S., P. Sun. The Class of Shareholdings and Its Impacts on Corporate Performance [J]. Corporate Governance: An International Review, 2005, 13 (1): 46 -59.

[3] Franklin, A., D. Gale. Corporate Governance and Competition [M]. Corporate Governance: Theoretical and Empirical Perspectives, edited by X. Vives, Cambridge University Press, 2000: 23 -94.

[4] Kaplan, S. N. Corporate Governance and Corporate Performance: A comparison of Germany, Japan, and the U. S. [J]. The Bank of America Journal of Applied Corporate Finance, 1997, April: 86.

[5] Mark, J. R. Political Determinants of Corporate Governance: Political Con-

text, Corporate Impact, Oxford University Press, 2006: 32-59.

［6］陈林，唐杨柳．混合所有制改革与国有企业政策性负担［J］．经济学家，2014（11）．

［7］林毅夫，蔡昉，李周．充分信息与国有企业改革［M］．上海：上海人民出版社，1997.

［8］林毅夫，李志赟．政策性负担、道德风险与预算软约束［J］．经济研究，2004（2）．

［9］刘小玄．民营化改制对中国产业效率的效果分析——2001年全国工业普查数据的分析［J］．经济研究，2004（8）．

［10］经济合作与发展组织．国有企业公司治理：对OECD成员国的调查［M］．北京：中国财政经济出版社，2008.

［11］皮斯托，许成钢．转轨经济中的股票市场监管：来自中国的经验［J］．比较，2005（196）．

［12］天则经济研究所课题组．国有企业的性质、表现与改革［R］．天则经济研究所研究报告，2011.

［13］许成钢．政治集权下的地方经济分权与中国改革［J］．比较，2008（36）．

［14］杨瑞龙，杨其静．企业理论：现代观点［M］．北京：人民大学出版社，2005.

［15］张维迎．从现代企业理论看国有企业改革［J］．经济研究，1995（1）．

［16］张文魁．混合所有制的公司治理与公司业绩［M］．北京：清华大学出版社，2015.

［17］张军．社会主义的政府与企业：从"退出"角度的分析［J］．经济研究，1994（9）．

［18］肖婷婷．国外国有企业高管薪酬［M］．北京：社会科学文献出版社，2015.

［19］杨瑞龙．国有企业股份制改造的理论思考［J］．经济研究，1995（2）．

［20］黄群慧．控制权作为企业家的激励约束因素［J］．经济研究，2000（1）．

［21］陆铭，陈钊．就业体制转轨中的渐进改革措施［J］．经济研究，1998（11）．

［22］李新春．企业家过程与国有企业的准企业家模型［J］．经济研究，

2000（6）.

［23］忻文．国有企业改革与人力资源的市场配置［J］．经济研究，1992（6）.

［24］李果，徐立新．国有企业、劳动力冗员与就业的增长［J］．经济学（季刊），2001，1（1）.

第五章 国有企业混合所有制改革的理论逻辑和路径选择

导读：以下放或扩大管理自主权、财务自主权为主线，我国政府对国有企业的管理模式实现了从“管工厂”到“管企业”、从“管企业”到“管资产”、从“管资产”到“管资本”的三次转型或跨越，如今形成产权关系基本明晰、政企关系相对简单、管理框架基本符合现代企业制度规范的国资管理格局。但由于长期以来的“一股独大”和外部监督乏力，国有企业仍存在因治理结构和机制不完善所带来的诸多问题，突出表现在内部人控制、预算软约束和激励约束机制等方面。有鉴于此，本章提出以混合所有制改革为契机，有步骤地建立国有股权流动机制，引进具有大宗股份的积极股东，打造集权分权适度、决策程序独立、监督机制有效、激励模式健全的公司治理体系。

第一节 引言

2013 年 11 月，党的十八届三中全会提出“国有资本、集体资本、非公有资本等交叉持股、相互融合的混合所有制经济，是基本经济制度的重要实现形式”，并明确指出“允许更多国有经济和其他所有制经济发展成为混合所有制经济”“鼓励发展非公有资本控股的混合所有制企业”等国有企业改革的新方向。在我国学术界，不少学者已经开始了混合所有制经济的研究，从宏观层面肯定了混合所有制经济的发展方向和社会价值（葛扬，2004；余菁，2014）。在此背景下，不少省（直辖市）国资委按照十八届三中全会的要求，提出推进混合所有制改革①的

① 若无特殊说明，本章表述的混合所有制改革界定为国有企业的混合所有制改革，侧重于讨论混合所有制企业，这与国内学者通常从混合所有制经济和混合所有制企业两个层面界定混所有制的表述有所不同。

进度和目标。重庆提出，未来3~5年内，2/3左右的国有企业将发展成为混合所有制；江西提出，5年内混合所有制经济要占国有资产的70%；广东提出，截至2017年，混合所有制企业户数比重超过70%，2020年超过80%。

混合所有制改革主要是国有企业主动引进民营资本，形成事实上的所谓“混合所有制”企业（余菁，2014）。来自法国、德国、瑞典等国有资产重组和结构调整的实践显示，产权改革仅仅是推进混合所有制的手段而非目标（佟福全等，2001），即在现代企业制度框架下，所有权和经营权的分离已成常态，混合所有制改革的根本目标理应是治理结构优化和治理机制完善。就我国而言，沪深证券市场的国有控股上市公司证实，单纯引进非公有资本的混合所有制，未必能切实解决国有企业自身的治理问题。故而，延续1978年以来从“管工厂”到“管企业”、从“管企业”到“管资产”、从“管资产”到“管资本”的三次转型（葛扬，2015），此次以混合所有制为主题的国有企业改革有哪些新的内涵，是否能够解决此前遗留的种种难题，以及在实践操作上应该遵循怎样的路径等，均未在学术界和实务界达成一致。有鉴于此，本章立足于现代企业理论，梳理我国国有企业产生、发展及改革历程，建立包容“管企业”“管资产”“管资本”这三种模式的逻辑框架，并以此为基础提出相应的、有针对性的政策建议及启示。

第二节 从“管工厂”向“管企业”的放权让利

随着重工业优先发展战略的全面实施，我国从1954年起对规模较大的私营企业进行公私合营改造，形成事实上的国营经济并建立起相应的运作主体——国营企业或国有企业（以下统称国有企业）。1978年改革开放以前，由于缺乏现代意义上的市场经济环境，国有企业主要作为中央或地方政府部门的附属机构存在，基本采取了高度集中的计划管理模式，形成了“工厂化”管理模式，简称“管工厂”。在此框架下，国有企业的主要目标是执行上级命令、完成生产任务，至于保值、增值等经济绩效也无从谈起。因而，按照现代企业理论来看，彼时的国有企业更多是作为生产工具或车间存在，而非独立意义上的经营实体，更谈不上自负盈亏、自主经营。由于缺乏明确的绩效考核，以及人事、财务、生产等经营自主权，国有企业运营效率极其低下。

以1978年十一届三中全会为起点，我国着力推进经济体制改革，并提出“让地方和工农业企业在国家统一计划指导下有更多的经营管理自主权”。按照这一指导思想，国有企业以“放权让利”改革为技术手段，实现了从“管工厂”

向“管企业”的跨越。在“管企业”的操作模式下，上级主管部门缩小核算单位和管理幅度，下放部分经营权与收益权，调动了经营者和职工生产积极性，实现了产出提高、国家财政收入增长。1978 ~ 1982 年，国有企业财力增长较大，各种利润留成增加的财力有 400 多亿元（刘小玄、郑京海，1998）。与此同时，国有企业工业劳动生产率也得以提升。1980 ~ 1985 年，中国独立核算工业劳动生产率从 3178. 4 元/人年增加到 3845. 6 元/人年，年均增长达到 4. 2%（林青松，1995）。这表明，随着国有企业（管理层）获得更多经营自主权，其生产积极性、工作效率和企业效益均有所提高。遗憾的是，这种“不打破原有计划体制框架”的“管企业”模式只是在一种模拟的“企业”主体环境中运行，从根本上还缺乏有效的约束机制，诱使企业利用拥有的信息优势进行“经济寻租”，迫使这种“预算软约束”下的短期激励机制难以适应宏观经济环境变化，甚至在一定程度上加剧了国家财政困难，随即催生了下一轮国有企业的改革探索。

第三节　从“管企业”向“管资产”的两权分离

自 1987 年开始，为缓解“管企业”操作模式的诸多弊端，我国政府以所有权与经营权相分离的“两权分离”改革为基础，力求实现“管企业”向“管资产”转型，从而进一步扩大了企业经营自主权。截至 1990 年，纳入指令性计划管理的产品已由 1979 年的 120 多种减少到 58 种，其占全国工业总产值的比重从 40% 减少到 16%。国家计委负责调拨的重要物质和商品，分别有 256 种和 65 种减少到 19 种和 20 种；国家承揽的出口商品由 900 种减少到 27 种，其占出口商品总额的份额下降到 20% 左右；1991 年开始授予国有企业直接外贸权的改革（林毅夫等，1997）。随着获得更多经营自主权，国有企业总要素生产率增长较快。1980 ~ 1992 年，国有工业全要素生产率明显提高，年均增长率为 2. 5%（谢千里等，1995）。除获得更大经营自主权外，在“管资产”模式下，我国政府主管部门还放宽了国有企业经营者的货币薪酬激励幅度。《国务院关于深化企业改革　增强企业活力的若干规定》（国务院〔1986〕103 号）规定：“凡全面完成任期年度目标的经营者个人收入可以高出职工收入的 1 ~ 3 倍，做出突出贡献的还可以再高一些。”Groves 等（1984）利用中国国有企业抽样调查数据证实了国有企业的效率取得了一定增长，并且其效率主要来自于奖金的激励、人力素质和教育程度的改善。

这又一次表明，只有赋予企业更大自主经营权、减少政府直接干预、加强对

管理层薪酬激励，国有企业生产效率、经济效益及员工收入才有可能改善。尽管如此，“管资产”模式还存在以下局限。

第一，由于缺乏有效的外部监督机制，“内部人控制”现象非但没能缓解，甚至存在强化趋势，导致以经营者为首的内部人利用信息优势侵蚀企业利益，以致国有资产流失。

第二，囿于国有企业作为附属机构存在，不加区分地承担社会性负担和战略性负担[①]，使得“预算软约束”现象屡屡发生（陈林、唐杨柳，2014），从而弱化了以债务治理为代表的外部监督机制。

第三，由于不能成为真正独立运营的市场主体，国有企业经营者缺乏对企业长期发展的稳定预期，促使其过度关注自己任期内的短期利益，注重资产规模扩大、忽略研究开发投入，削弱企业核心竞争力、降低资产盈利能力，甚至诱发出全国性的“投资饥渴症”，干扰宏观经济调控、引起宏观经济的剧烈波动。

第四节 从“管资产”向“管资本”的现代企业制度

1993 年以来，为克服长期以来的内部人控制、预算软约束和激励短期化等问题，国有企业改革逐渐从被动式改革转变为主动式改革。在宏观层面，我国政府主管部门立足于“管资本”的国有企业管理模式，通过建立现代企业制度、培育和引进合格机构投资者、建立多层次资本市场体系，为国有企业开展资本运作、资产证券化建立较为夯实的市场环境，取得一定的成果。

一是我国于 1994 年 7 月 1 日实施第一部《公司法》，为传统的国有企业从法律形式上摆脱了政府部门的附属机构形象，促其成为独立参与市场运作的法律主体。

二是初步确定涉及国家安全的行业、自然垄断的行业、提供产品和服务的行业，以及支柱产业和高新技术产业中的骨干企业等主攻领域，进行全国范围内的“国退民进”、战略重组和资产优化。

三是明确国务院国资委或地方国资委（局）作为中央或地方国有资产主管

① 陈林和唐杨柳（2014）将国有企业的政策负担区分社会性负担和战略性负担，这种区分有助于对国有企业实施分类改革。林毅夫证实，国有企业承担政策性负担是“预算软约束”现象难以避免的直接原因（林毅夫、李志赟，2004）。

部门，建立国有资产管理集中管理体制。

四是加强对国有企业管理层的激励，进一步完善绩效考核体系和薪酬激励机制。2004 年，国资委出台的《中央企业负责人薪酬管理暂行办法（2004）》第 12 条规定，“绩效薪金的 60% 在年度考核结束后当期兑现，其余 40% 延期兑现”。在微观层面，配合“管资本”的国企运作思路，我国政府主管部门推动了国有企业建章立制、战略重组和资产优化，取得资产、收入和利润等绩效指标的快速增长。截至 2013 年，国有企业总资产约 91. 1 万亿元，总收入 46. 4 万亿元，利润 2. 4 万亿元。在工业企业中，国有及国有控股类的工业企业的收入占比约 25%，利润总额占比为 27% 左右，资产占比 41%。

时至今日，以“管资本”为主导的国有企业管理模式已推进 20 余年，并取得了较大成就，达到了一定的预期效果，但依然未能较好地解决所内部人控制、预算软约束和激励约束机制不完善等问题。其主要原因如下：

第一，国有企业“一股独大”，内部监督制衡机制难以形成。在我国现阶段，国有控股公司董事长和总经理大多是由同级党委组织部门推荐或提名，再经过公司内部的法定程序产生，使得他们天然具有相应的行政级别。国有控股公司董事会的其他董事、监事大多来自政府部门，但其行政级别明显低于董事长。以 2014 年央企数据为例，在国资委网站列出的 115 家央企名录中，前 54 家企业“一把手”（指企业董事长、党委书记及总经理）多为“副部级”，远高于其同公司的其他董事或监事。再加上我国惯行的“一把手”负责制，董事长（总经理）通常具有法定权力之外的、超越其他董事或监事的权力，这使得公司内部难以建立有效的监督制衡机制。

第二，政策性负担“尾大不掉”，债务治理难以发挥刚性作用。林毅夫等（2004）认为，由于承担来自政府强加的政策负担，国有企业不可避免地带来目标多元化，进而形成政府干预下的预算软约束。由于预算软约束的存在，银行债务未能形成刚性约束，导致企业效率和公司价值下降。

第三，独立董事制度不完善，其外部治理作用受到抑制。一是独立董事（选聘）缺乏明确的工作能力、任职要求，致使独立董事不“懂事”。在 4096 位独立董事中，具备执业律师和执业会计师资格的仅有 824 人，占 20%；其余学者、官员（前官员和准官员）、企业家占 74%（芦海滨、赖崇斌，2010）。二是由于缺乏明确的提名机制，独立董事提名和表决大多由公司实际控制人或第一大股东决定，促使独立董事缺乏独立性，更谈不上保护投资者利益。三是作为董事会的重要成员，独立董事却缺乏明确的激励约束机制，难以保障其尽心尽力地履行工作职能。2012 年，全部独立董事的平均津贴（年薪）为 8. 9 万元，超过 50 万的有 13 个，最高达到 124 万元。

第四，信息披露制度不完善，管理层报酬激励机制效果弱化，甚至导致天价在职消费。从上市公司年报看，国有控股管理层薪酬的信息披露仍然存在科目粗糙、叙述简单、过程模糊、缺乏强制性等问题（查婧，2009）。如中国铁建 2012 年报披露的业务招待费共计 8.37 亿元，位列当年 A 股上市公司之首。

第五，职业经理人市场不健全，管理层绩效考核缺乏稳定预期。青木昌彦和钱颖一提出，党对国有企业管理层人事权的控制，是党或政府与企业之间的权利均衡，在某种程度上阻止了国有资产类似于东欧、俄罗斯那样的速度快速流失（青木昌彦、钱颖一，1995）。因而，党或政府控制国有企业重要管理层的人事管理权，一直是国有企业改革中坚持的重要原则。与此同时，党或政府对国有企业管理层评价参照统一的干部评价（选拔）标准，而这些标准又不全是经济绩效，甚至包括多重指标及任职年龄等硬性条件，从而使得国有企业管理层难以集中企业本身的经济绩效指标，进而影响其对未来成长空间的稳定预期。

第五节 “管资本”模式下的国资管理深化改革

1978 年改革开放以来，我国政府对国有企业的管理模式实现了从“管工厂”到“管企业”、从“管企业”到“管资产”、从“管资产”到“管资本”的三次转型或跨越，下放或扩大管理自主权、财务自主权一直是历次国有企业改革的主线。在“管企业”模式下，以利润留成制度为核心，国有企业获得部分生产经营权、奖金分配权。在“管资产”模式下，纳入指令性计划管理的产品、国家调拨物资、国家承揽出口商品等数量大幅减少，国有企业获得更大的经营自主权，甚至于 1991 年获得直接外贸权。在“管资本”模式的此前阶段，除了继续掌握核心干部的任免权外，国有资产管部门依照规章制度履行工作职责，很少直接行政干预国有企业的经营管理，使其获得较为充分的自主权。在这些改革过程中，随着国有企业自主权的不断扩大，包括管理层在内的员工生产积极性和企业生产效率均有所提升，企业绩效指标和员工收入的不断提高。延续历次改革的成功经验，本章提出以混合所有制改革为契机，有步骤地建立国有股权流动机制、引进具有大宗股份的积极股东，借此打造集权分权适度、决策程序独立、监督机制有效、激励模式健全的公司治理体系。其主要政策建议及启示如下：

一、有选择地逐渐剥离政策性负担，推进国有企业分类改革

一方面，“预算软约束”阻碍了国有企业改革进一步深化，其根本原因在于

国有企业所承担的政策性负担（龚强、徐朝阳，2008）；另一方面，作为弥补市场失灵的救济机制和承载国家意志的现实存在，尤其是作为非原发的市场经济国家，国有企业在过去、现代和未来都有其特殊存在的价值，这在欧美成熟市场经济中也不乏明证。为有选择地推进国有企业逐步剥离政策性负担，我们有必要结合战略布局、行业特征和功能定位，将国有企业初步分为市场竞争类、功能承载类和公益服务类等①，并明确各个类别的定位、目标和核心绩效标准，及未来公司治理的优化目标。

一是市场竞争类，以市场为导向，以企业经济效益最大化为主要目标，逐步通过治理结构的优化来减少政府的直接干预，建立适应市场激烈竞争环境的公司治理结构。

二是功能承载类，以完成战略任务或者重大专项任务为主要目标，以制度规范、流程跟踪为保障，来加强经济效益指标监控、缓解预算软约束风险。

三是公共服务类，以确保社会正常运转、实现社会效益为主要目标，通过预算公开、流程跟踪和社会监督等手段，实现成本支出的可控性及降低预算软约束的潜在风险。

二、建立国有股权流动的动态调整机制，设定国有股东持股比例的区间目标

尽管我国沪深证券市场所有的国有控股上市公司均有自然人、民营企业法人，甚至有境外企业法人，但我们不能由此断定这些国有控股上市公司就已完成混合所有制改革。按照张文魁的界定，国有控股（全资）公司只有引进积极股东（5%以上的大宗股份），才能实现真正意义上的混合所有制改革（张文魁，2015）。这种国有股逐步减持的情况在欧洲诸国改革中也较为常见。故而引进积极股东，实现真正意义上的混合所有制，我们建议依据国有企业的定位，有选择、有步骤地划分国有股权的区间目标。原则上，对市场竞争类，允许国有股权可在10%～25%间流动，时机成熟时可调整至10%～15%。对功能承载类，国有股权可在20%～40%间流动，时机成熟时可调整至20%～30%。对公共服务类，国有股权必须保持在35%以上，但不得超过60%。各地区应综合考虑地区经济发展水平、企业自身发展现状及同行业发展环境等多重因素，制定适合自身的股权流动机制、路径和进度。

① 2015年8月24日，中共中央和国务院发布《关于深化国有企业改革的指导意见》，其中提到“将国有企业分为商业类和公益类”，以及相关的评价标准和机制。这种提法与本章内在定位相当一致，并不存在实质性的分歧。

三、借助积极股东引入的契机，依据国有企业分类建立适应市场的公司治理结构

借助混合所有制改革引进的积极股东，我们建议通过建立与国有企业分类相适应的公司治理结构，增强公司决策有效性，健全管理层激励机制，优化政府干预和调节机制。

一是明确董事会中心主义，保障董事会决策的权威性和有效性。作为经全体股东推选产生的董事及董事会，是执行股东决议的常设权力机构，也是公司最重要的决策和管理机构。除法定权利外，任何股东不得越过董事会直接干预公司经营管理工作，以此确保董事会作为全体股东受托人的权威性和有效性。

二是建立多元的董事任免机制，提升董事会的专业性和独立性。原则上，对市场竞争力类，允许非国有股东委派的董事比例超过 1/2，但不得达到 2/3。对功能承载类和公益服务类，允许非国有股东委派的董事比例超过 1/3，但不得达到 1/2。

三是加强监事会建设，发挥其积极的监督职能。原则上，对混合所有制改革的国有企业，允许非国有股东委派的监事人数超过 1/3，但不得达到 1/2；对市场竞争类，甚至鼓励非国有股东委派的监事担任监事长。

四是放开经理选聘渠道，提升市场竞争力。对混合所有制改革的国有企业，允许以市场化的条件外聘公司经理层人员；对市场竞争类，允许外聘人员担任公司总经理。

四、完善独立董事的提名、任免及激励机制，引导其发挥积极的监督作用

独立董事制度作为制衡权力、抑制风险的救济手段，在现代公司治理中发挥着监督和制约管理层、保护中小投资者、出具独立专业意见等多重作用。但我国的独立董事制度自 2001 年正式建立至今，却没能充分发挥应有的积极作用。借助此次混合所有制改革，我们提出通过以下三个方面完善独立董事制度，引导其发挥应有的积极作用。

一是建立多元化提名程序和任免机制，保障独立董事的独立性。一方面，除大股东提名外，允许累计持股达到一定比例的中小股东组成独立董事提名委员会，负责一定名额（不少于 1/3）的独立董事提名；另一方面，除违反法定事宜外，董事会不得以非正当理由解聘独立董事，且须经独立董事提名委员会表决后执行。

二是细化独立董事工作职责，完善独立董事激励约束机制。合理确定独董的审查义务标准，建立权、责相符的责任机制、工作规程。在此基础上，完善独立

董事的奖惩机制，健全其任期收入（津贴）与公司同期关键经济指标相联动的薪酬激励机制。

三是完善上市公司独立董事委员会运作机制，推进独立董事任职资格化和职业化建设。独立董事委员会作为权威、独立的第三方自律性机构，负责设立董事任职资格设立、后续业务技能培训、专业人才库建立和任期综合考评工作等，以此规范独立董事准入规程、建立独立董事声誉保护机制，提高独立董事渎职、失职的违规成本。对部分连续获得任职资格多年，且获得上市公司正面评价的独立董事，独立董事委员会可尝试为其建立专业化发展通道，鼓励独立董事的职业化发展。

五、完善党或政府委派人员评价机制，建立国有企业范围内的职业经理人市场

在历次国有企业改革过程中，党或政府对国有企业经理人员的任免权是用来制约“内部人控制”的重要平衡力量，对国有资产的保值、增值具有重要的现实意义。与此同时，由于党或政府的干部选拔标准和评价方法时常偏离经济绩效，使得党或政府的持续控制可能不利于市场化、商业化的公司治理结构。为继续发挥党或政府人事管理权的优势，同时尽可能缓解其对公司治理带来的消极影响，我们有必要完善相应的委派机制和评价标准。

一是除董事长必须由国有股东委派之外，有选择地允许非国有股东委派人员在市场竞争力的国有企业担任总经理或监事长。

二是在公司任职期间，允许常驻的国有股东委派人员参照统一标准领取报酬，但应将所有报酬及其发放标准报国有资产管理机构备案。

三是建设国有企业系统经营管理人员专业通道，引导其向职业经理人方向定位和发展。

四是打造全国性国有股东委派人员数据库，推动国有企业系统内部人员的跨地区、跨行业流动。

五是建立国有企业管理层持股规则，优化延期报酬操作规范，建立短期、长期相协调的激励机制。

六、完善管理层激励机制，统筹国有企业的长、短期目标协调推进

由于人力资本的复杂性、动态性和难以转移性，国有企业管理层所具备的企业家才能并不能直接通过培训就能获得。再加上股东与经理之间的代理冲突及直接监督成本过高，公司借助以货币薪酬为基础的绩效考核已成为激励管理层的主要手段。为此，我们有必要结合国有企业分类、定位、行业特征及市场平均水

平，逐步完善管理层激励机制。

一是根据不同目标定位或类别确定企业关键绩效指标，以及完成指标的多元奖励规则和评价标准，如现金奖励、授予股份或职级晋升等。

二是借助技术手段和制度规范推进“痕迹化”管理，提升管理层利用信息优势进行内幕交易及过度在职消费的违规成本，迫使管理层主要合法收入来源为其年度报酬（不考虑其他合法的投资手段）。

三是结合不同企业的分类、行业整体情况及市场平均工资水平，逐步规范国有企业管理层薪酬形成过程，合理确定其薪酬总额、长短期薪酬结构和绩效考核标准。

四是借鉴欧美成熟资本市场经验，规范在职消费的会计科目，加强信息强制性披露，对重点会计科目实行过程监督和“限额”规制，按照信息披露要求予以公开、准确、详细的披露。

参考文献

［1］葛扬．马克思所有制理论与现代混合所有制经济［J］．当代经济研究，2004（10）．

［2］余菁．“混合所有制”的学术论争及其路径找寻［J］．改革，2014（11）．

［3］佟福全，范新宇，王德迅．西方混合所有制企业比较［M］．经济科学出版社，2001：275，287.

［4］葛扬．市场机制作用下国企改革、民企转型与混合所有制经济的发展［J］．经济纵横，2015（10）．

［5］刘小玄，郑京海．国有企业效率的决定因素：1985～1994［J］．经济研究，1998（1）．

［6］林青松．改革以来中国工业部门的效率变化及其影响因素分析［J］．经济研究，1995（10）．

［7］林毅夫，蔡昉，李周．充分信息与国有企业改革［M］．上海：上海人民出版社，1997.

［8］谢千里，罗斯基，郑玉歆．改革以来中国工业生产率变动趋势的估计及其可靠性分析［J］．经济研究，1995（12）．

［9］Groves，T.，Y. Hong，J. McMillan and B. Naughton. Autonomy and Incentives in Chinese State Enterprises［J］. Quarterly Journal of Economics，1984（2）：7－14.

［10］Li，W. The Impact of Economic Reform on the Performance of Chinese State

Enterprise 1980－1989［J］. Journal of Political Economy，1997（7）：9－12.

［11］陈林，唐杨柳. 混合所有制改革与国有企业政策性负担［J］. 经济学家，2014（11）.

［12］林毅夫，李志赟. 政策性负担、道德风险与预算软约束［J］. 经济研究，2004（2）.

［13］芦海滨，赖崇斌. 谁在担任独立董事［M］. 北京：中国法制出版社，2010.

［14］查婧. 中美高管薪酬披露规则比较［J］. 财会通讯，2009（10）.

［15］青木昌彦，钱颖一. 转轨经济中的公司治理结构［M］. 北京：中国经济出版社，1995.

［16］龚强，徐朝阳. 政策性负担与长期预算软约束［J］. 经济研究，2008（2）.

［17］张文魁. 混合所有制的公司治理与公司业绩［M］. 北京：清华大学出版社，2015.

第六章　国有企业管理层激励的理论逻辑与现实路径

导读：本章基于“实行与社会主义市场经济相适应的企业薪酬分配制度”的学习起点，借鉴管理能力复杂性和人力资本特征及 Jensen 和 Meckling（1976）所开拓的代理理论，梳理了管理层激励的理论逻辑及主要实证研究，对我国国企管理层激励机制的相关研究进行简要评述。以此为基础，本章结合国有企业的特殊性、发展阶段、所处行业及我国证券市场发展等实际情况，侧重围绕国有企业的分类管理、管理层激励的“双轨制”设计、在职消费的监督和股权及股权激励等诸多方面，提出新一轮国企改革中的管理层激励改进的若干方向供有关部门决策参考。

第一节　引言

从世界范围来看，国有企业是国家发挥资源集中、资金实力和规模经济等优势，在基础设施、金融体系和公共服务等市场失灵的、投资周期较长、规模较大的特定领域向社会提供产品或服务，具有难以替代的经济价值和社会价值。1949年新中国成立以来，国有企业在推进重工业优先发展战略实施的同时，对稳定社会就业保障、建立现代化重工业体系和重大基础设施建设等起到重要作用（林毅夫，2014）。1978 年改革开放后，国有企业围绕经营自主权和内部管理权多次进行改革，逐步建立符合现代企业制度要求的公司治理结构和机制，其相应的战略布局、经济效益和全要素生产率等均有所改善。但由于深受新中国成立初期计划经济的影响，国有企业管理层激励机制的改革推进工作却相对滞后，致使管理层激励信息披露尚不健全，包括但不限于科目粗糙、叙述简单、过程模糊、缺乏强制性等（查婧，2009）。尽管如此，我国学者依然利用现有资料围绕国有企业管理层激励机制优化进行较为深入的研究，如魏刚（2000）、陈冬华（2005）、杨瑞龙等（2013）分别研究了国有企业管理层的货币薪酬、股权（授予）、在职消费和政治晋升等。

囿于国有企业的特殊性、部分垄断行业的开放和股票市场的波动性等未被充分重视，不少既有研究的主要结论及其现实意义却有待商榷。金碚（2010）认为，国有企业是国家出资设立的，其兼具普通民事主体属性和国家赋予的特殊功能定位属性。其中，前者与一般企业类似，利用以经营效率和经济效益等作为关键指标，本质上参照市场基准予以评价。后者则需要着眼于其特定职能执行情况，本质上应由其所有者或授权代理人予以评判。鉴于目标定位不同及其带来的管理层绩效评价标准的差异，国有企业管理层激励机制的优化至少需要重视以下四个方面：

其一，随着部分垄断行业的开放，非国有资本逐渐进入原来仅由国有企业提供服务或产品的特定领域，迫使国有企业面临愈演愈烈的市场竞争，使得不少国有企业组建之初的功能定位有所调整。

其二，部分国有企业规模扩大和业务多元化亟须从外部引进专业素质高、运营经验丰富的管理层，以应对新形势下的激烈竞争、保障国有资产保值增值。

其三，囿于新兴加转轨的市场经济，我国证券市场上市公司股票价格与经营业绩的非一致性，在一定程度上影响了管理层股权激励的市场化机制。

其四，随着改革的不断推进和治理机制的逐步完善，国有企业管理层整体货币薪酬得以提升、激励机制更加规范，逐步弱化了（过度）在职消费在薪酬管制背景下的补偿作用或替代机制。

有鉴于此，本章以学习《关于深化国有企业改革的指导意见》（以下简称《意见》）为契机，以推进《意见》中“实行与社会主义市场经济相适应的企业薪酬分配制度”的落实为起点，借鉴 Jensen 和 Meckling（1976）及其追随者所开创的分析框架，对管理层激励理论逻辑及主要成果进行评述。以此为基础，本章结合我国国有企业特殊性和发展情况，较为全面地探讨管理层货币薪酬、股票及股票期权、政治晋升和在职消费等激励机制及其适当性，并据此为新一轮国有企业改革中的管理层激励机制设计提出相关政策建议。

与既有文献相比，本章至少有以下四方面贡献：一是基于管理能力复杂性和人力资本特征及代理机制，较为全面地梳理了管理层激励的理论逻辑及主要成果。二是从国有企业的特殊性及其改革的渐进性出发，提出管理层激励机制应与国有企业分类管理相适应。三是立足于国有企业管理层自身能力的要求，提出管理层激励的“双轨制”模式设计。四是结合我国国有企业改革的实际情况，探讨了管理层货币薪酬、股票及股票期权、政治晋升和在职消费等的适当性及其可行路径。

第二节　代理机制、人力资本与激励强度

在大多数规模较大的组织中，决策管理职能（提出和执行决策）与决策控制职能（批准和监督决策）趋于分离。这种分离的实现有赖于决策管理职能和决策控制职能（风险承担职能）专业化带来的好处，以及存在某种控制机制能够缓解职能分离所带来的代理冲突（Fama and Jensen，1983）。其中，专业化是指将组织的管理和运营职能赋予具备专用性知识的人员、将风险承担分散给专业或职业投资者，控制机制是指重大决策的批准和监督、剩余索取权的分配机制及掌握专用性知识人员的激励等。为发挥管理者掌握（组织）专用性知识的特长，如何建立围绕组织剩余索取权的分配机制显得尤为重要。故对于经营权和所有权相分离的股份公司而言，其围绕组织剩余索取权的分配机制就集中体现为对公司管理层的激励。

一、人力资本、专用性知识与管理层激励

Hayek（1945）认为，组织的绩效取决于决策权与对决策权重要的知识之间的合一程度。根据 Jensen 和 Meckling（1992）的界定，专用性知识为要发生很高成本才能在决策主体之间转移的知识，通用性知识为传递成本相对较低的知识。但作为专业性知识之一的管理能力，通常需要长期管理实践经验积累和现代工商管理通用性知识相融合，离不开管理层在本公司或类似公司历经不同部门、岗位的多年历练，及对其所在行业或相关行业的长期关注和深入思考。与公司部门经理能力要求的专业性不同，公司管理层所需具备的管理能力是一种综合性、以实践为基础的、复杂的、稀缺的人力资本。正如 Frydman（2005）所证实，随着时间推移，公司 CEO 管理能力较专业技能显得更加重要，这在一定程度上解释了其令人惊叹的高薪。Himmelberg 和 Hubbard（2000）证实，若宏观经济形势较好，管理能力较高的 CEO 供不应求。Gabaix 和 Landier（2008）以竞争力匹配模型为基础证实，管理能力最强的 CEO 倾向于管理规模最大的公司。

管理能力作为人力资本的表现形式之一，直接附属于拥有独立人身自由的“个体”，很难借助法律框架下的途径直接予以“剥夺”（Rajan and Zingales，1999）。一方面，尽管股东（公司）通过拥有固定资产所有权可以获得相应的使用权，但却难以通过拥有对公司管理层的所有权，来获得其相应人力资本的使用权；另一方面，作为附属于自由人（个体）的管理能力，其实质是一种难以直

接定量使用和监督管理的生产要素，只能依赖于管理层自身的主观能动性和行为积极性。为尽可能挖掘管理层的人力资本价值、充分发挥其管理能力的积极作用，对其进行激励就变得不可或缺，甚至是唯一的可行途径，且这种趋势随公司日益摆脱对实物资产（固定资产）的依赖性而变得越来越广为流行。

二、代理机制、信息不对称与管理层激励

Berle 和 Means（1932）发现，随着公司规模的不断扩大，公司所有权和经营权趋于分离，形成现代大中型公司中普遍存在的代理机制。在这种代理机制下，股东和管理层可能因为利益诉求的不一致，形成两者间的代理冲突、损害股东及公司利益（Jensen and Meckling，1976）。例如：管理层以自身利益最大化为目标，选择过度投资、超额在职消费、偷懒等不利于改善公司绩效的行为。Jensen（1986）发现，石油和天然气公司在 20 世纪 80 年代中期，石油价格暴跌后仍然继续勘探和开采石油，而不是暂停开采、给予股东更多利益。Burrough 和 Helyar（1990）提到，RJR 和 Nabisco 管理层驾驶公司飞机去观看狗和名人的高尔夫比赛，超额使用公司为管理层提供的在职消费。

在现代商业管理实践中，管理层利用长期积累的丰富经验和日常运营的现场关注，便可以直接获得第一手资料或现场信息（Spot Information）。这些资料或信息中作为专用性知识的关键内容，无论是出于客观上信息传播体系的不完善，还是主观上信息传播过程中的“跑、冒、滴、漏”，都难以完全传达给股东、缓解两者间的信息不对称，使得股东很难借助外部手段实现“完全”监督。加上商业或交易复杂性所带来司法不干预的“商事判断规则”，以董事会或监事会为代表的内部监督同样难以发挥有效的监督作用。因而，为改善公司绩效、提升公司价值，股东不得不借助利用保留的合约制定及签订权，借助激励机制引导管理层与股东利益保持一致，缓解两者间的代理冲突。

三、管理层风险偏好、激励强度与公司业绩

长期以来，管理层激励能否改善公司绩效一直受到学术界的关注。Mork 等（1988）发现，管理层激励与公司绩效间的关系并不确定；当管理层持股比例为 0 ~5% 或超过 25% 时，管理层激励有效且与公司绩效正相关；当管理层持股比例为 5% ~25% 时，管理层激励失效。遗憾的是，该书仅将管理层持股作为主要激励手段在实践中并不多见，且这种依据 5%、25% 的划分方式缺乏可靠的理论基础，甚至未能克服管理层持股比例与公司绩效之间潜在的内生性偏误。Himmelberg 等（1999）证实，若控制公司特定因素的影响，管理层激励与公司绩效并不具有太大关联性，即管理层激励对公司业绩的改善收效甚微。

针对早期文献的潜在矛盾及不足，Aggarwal 和 Samwick（2006）利用更大的观测样本和更宽的覆盖期间，较为系统地研究了管理层激励与公司业绩之间的关系。他们发现，公司业绩或管理层风险类型，直接决定了管理层激励机制及其效果。他们还发现，对风险偏好型的管理层，较强的激励机制更加有助于改善公司绩效；对风险厌恶型的管理层，较强的激励机制并不利于改善公司绩效。尽管过低的激励强度可能不利于成长型公司绩效的改善，但高强度的激励是否一定有助于改善公司绩效仍然值得怀疑。如安然公司和世通公司破产的典型事实显示，强度过高的激励机制容易诱发管理层盈余管理，甚至违法行为。Bergstresser 和 Philippon（2006）证实，公司薪酬绩效敏感度越高，管理层利用可控应计利润进行盈余管理的动机越强。尽管安然公司和世通公司等破产均与以股票期权激励管理层有关，但以股票为基础的激励工具本身并不存在好或坏的价值判断（Holmstrom and Kaplan，2003）。因此，要想发挥这些高强度激励工具或机制的优势，必须充分考虑公司成长空间、管理层风险偏好类型、公司内控机制是否完善及所在证券市场是否能较好反映公司价值等诸多情况。

第三节　目标设定与不同激励工具组合

由于宏观经济、市场环境和竞争压力等多重因素的影响，公司短期目标和中长期目标不可避免地存在一定的冲突。一方面，管理层过于关注短期目标，忽略中长期目标，可能会影响公司新业务开拓、新市场布局、新技术研发等，不利于在未来的市场竞争中占据优势；另一方面，管理层过于关注中长期目标、忽视短期目标，可能会影响公司当期利润、现金流周转和收入分配等，直接威胁到生存或发展。为实现长期、持续、健康发展，股东（会）应统筹短期目标和中长期目标的设定，选择相适宜的激励工具及组合形式实现最优激励。

一、货币薪酬、会计指标与管理层激励

货币薪酬广泛应用于公司管理层激励的商业实践，包括固定工资、奖金和其他形式的年度报酬。作为吸引管理层接受岗位所应要求的参与约束条件，固定工资是管理层在任何业绩标准或目标达成前的最低报酬。作为激发管理层与股东利益相一致的激励相容条件，奖金是管理层达成目标时所获得的报酬且与目标完成情况正相关。在实践操作中，股东往往将管理层年度奖金与资本回报率、资产收益率、投资回报率和净利率增长率等会计指标挂钩，激励管理层达成公司所要求

的短期目标。Swan 和 Zhou（2003）发现，奖金预期所发挥的激励作用间存在临界值，且这些临界值之上的激励效用最为明显。除用于短期激励外，货币薪酬还广泛用于公司中长期发展激励或动态激励。以淡马锡公司为例，除利用基本工资保证预期稳定的收入外，该公司设置了短期、中期和长期等激励机制，以统筹公司的短期业绩与长期价值创造（葛扬、梅洁，2015）。

若能减少或抑制应计利润操纵等盈余管理行为，会计指标具有客观、全面、准确地反映管理层年度经营业绩及其管理能力的优势。一是对业务运营较为成熟的公司，会计指标与其实际运营情况较为贴近，比较真实地反映公司的生存基础、发展变化和综合竞争力。二是在正常情况下，会计指标非规律性的短期剧烈波动较少，不容易受到短期干扰因素的巨大影响。三是在相同或相近的会计政策下，具有标准、量化特征的会计指标便于对公司进行横向或纵向比较，提高对公司管理层评价及激励的准确性和客观性。正因如此，会计指标是大多数业务规范、运营成熟和市场相对稳定的公司短期激励的主要衡量标准，甚至成为不少公司股票及期权激励计划的基准。Gerakos 等（2005）发现，在美国 157 家公司 CEO 被授予的股权激励计划中，约有 24.2% 的公司计划只采用绝对会计业绩指标。Bettis 等（2010）研究表明，在 475 家公司实施的 1013 个业绩型股权激励计划中，约有 22.2% 的公司仅采用会计业绩指标，另外还有 5.8% 的公司同时采用了会计业绩指标和股价等。

二、管理层持股、股票期权与中长期激励

股票价格波动能够快速反映外部投资者对公司重大决策的反应，不但为公司矫正行为、警示管理层提供及时的参考，还为同行业不同公司、不同行业不同公司之间的比较提供了一致性衡量基准。与侧重反映历史信息的会计绩效不同，以股票价格为基础的评价工具更好地诱导管理层与股东利益未来长期保持高度一致。就世界范围而言，股票及股票期权主要应用于美国并取得一定的成功，如美国不少公司管理层的股票及股票期权数额远超其货币薪酬。Aggarwal 和 Samwick（2003）研究显示，CEO 年度薪酬中位数约为 149 万美元，其所持股票市值中位数约为 580 万美元，其所持股票期权市值中位数约为 222 万美元，后两者合计约为前者的 5.4 倍；除 CEO 之外的其他管理层，其股票及股票期权数额同样远超其年度薪酬，前者约为后者的 2.3 倍。在监督机制不健全的情况下，以股票及股票期权为代表的高强度激励机制易于诱发公司管理层进行盈余管理，操纵股票价格，侵害股东利益。Yermack（1997）证实，管理层期权激励计划得以实施后，股票收益率高到“离谱”的程度，不利于公司持续、健康地发展。

Holmstrom 和 Kaplan（2003）提出，作为管理激励手段之一的股票及股票期

权，本身并不存在好或坏的价值判断。但股票及股票期权激励能否有助于激励管理层、缓解代理冲突，至少应具备以下三个条件：

一是公司业务是否良好及其未来是否具有成长性，这有助于为管理层提供可能达成的目标及获得相应的奖励，避免其采取孤注一掷的行动。

二是公司内控机制是否健全、治理机制是否完善，使得管理层的不当行为能够被及时发现、制止和防范。

三是股票价格能否真实反映公司未来成长空间，不易受到外界人为干预或非正常交易行为的干扰。由于大多数国家或地区及其公司难以满足以上条件，使得具有长期激励优势的股票及股票期权激励难以广泛应用、取得像美国那样的效果，这也正是管理层股票及股票期权激励机制难以推广的重要原因。

三、内部晋升、解雇威胁与市场声誉

由于管理行为的难以精确测度和监督，管理层声誉（成功经历）成为管理能力的表征，在一定程度上决定了议价能力和报酬水平。Kaplan（1997）以美国、日本、德国为例，证实公司绩效的恶化均能导致管理层报酬下降或管理层被解除职务。Milbourn（2003）发现，管理能力越强的 CEO 越不容易被公司解雇，且在职业经理人市场上的声誉也越高，相应的业绩薪酬敏感度和议价能力也越高；反之亦然。Fee 和 Hadlock（2003）研究表明，公司业绩变差将增加 CEO 被解雇的可能性，而超过行业平均水平的业绩有助于增加其市场声誉，提高其议价能力。反之，或许被解雇的 CEO 能够获得数量可观的遣散费，但其就业前景并不乐观，而那些因公司破产或丑闻而被解雇的 CEO 更是如此（Fee and Hadlock，2004）。正因如此，公司管理层为避免被解雇，不得不努力提升公司绩效、提高自身市场声誉（Weisbach，1988；Fee and Hadlock，2004）。

在公司内部，职务晋升通道有助于激励除 CEO 之外的其他管理层。Kale 等（2007）发现，公司整体业绩表现与其内部锦标赛竞争机制呈现出高度一致性，这在 CEO 临近退休时表现得更为明显。即：若新晋 CEO 来自外部市场或继任计划已经确定，业绩表现与公司内部锦标赛竞争的一致性相对较弱。由此可知，公司 CEO 以外的管理层内部锦标赛竞争有助于激励其他管理层努力工作、提升公司整体绩效水平，这已为 Wulf（2007）所证实。该文证实，与非公司管理层的部门经理相比，兼任公司管理层的部门经理具有更高的薪酬激励强度。Baker 等（1988）指出，晋升广泛存在于公司、大学、政府机构等层级制组织，有助于提高管理层忠诚度、增加组织结构稳定性，但其激励效果高度依赖于组织特征及晋升概率或流动性。

其一，管理层所处职位越高，其晋升概率相对越低，相应的激励性报酬占比

应越大；反之亦然。

其二，公司规模越大、层级越多，其晋升概率越大，管理层激励性报酬占比可有所降低；反之，应提高管理层激励性报酬比例。

其三，公司成长空间越大、发展速度越快，其潜在职位越多，晋升概率越大，管理层激励性报酬占比可有所降低；反之，成熟型或衰退型的公司管理层应以激励性报酬为主。

四、效率观、代理观与管理层在职消费

作为公司整体生产经营活动不可分割的重要组成部分，在职消费与管理层履行职能相伴相生、难以分离。出于履行工作职能和商事活动的需要，公司为管理层配备有办公室、专车和办公电脑及商务晚宴和商事会议等。一方面，作为公司行政级别和象征性地位的重要标志，在职消费有助于扩大管理层的认知度和个人威信，提升内部行政命令上传下达的执行效率（Hirsch，1976）；另一方面，作为独立于货币薪酬的隐性契约，在职消费有助于增强管理层对公司忠诚度和亲密度，为管理层团队的稳定性提供必要的保障（Henderson and Spindle，2005）。这就是 Rajan 和 Zingales（1988）所提出的在职消费“效率观”。

由于在职消费的发生数量、目的、时点极具弹性，且难以用显性的契约加以约束，这为管理层利用私有信息和自由裁量权等优势，以个人收益的最大化而非成本支出的最小化为目标，提供相对合规（法）的、便捷的、隐蔽的渠道。鉴于商业运营活动的复杂性、多样性和不确定性，管理层工作职责的履行难以完全按照公司事先预定的标准化程序执行。面临公司客户或上下游供应商在合理范围内进行相关变通，公司管理层不得不根据现场信息或具体情况予以相应决断，对在职消费的内容、事项、额度等进行必要的调整。这为管理层通过在职消费谋取私利提供渠道，形成所谓的在职消费“代理观”（Jensen and Meckling，1976；Hart，2001）。

由于商业运作的复杂性和不确定性及监督成本的几何级数增长，在职消费不可避免地与公司业务运营相生相伴，但并未必构成对公司资源和利益的侵占。Fama（1980）提出，只有当事后薪资调整不足以弥补在职消费所耗费的公司资源时，在职消费才构成代理成本的一部分。一方面，在职消费本身不仅是附属于管理层工作职责的履行，更是公司正常运作、改善公司效率的需要，这就需要监管机构务必充分理解和支持管理层合理的在职消费行为；另一方面，超过正常水平或者违反有关规定的在职消费不仅浪费公司资源、侵占股东利益，还危及社会公平、抑制运营效率，这就需要监管机构利用制度、技术和规范等加以防范和治理。

第四节　管理层激励的中国实践：双重定位视角

国有企业是国家出资设立，其兼具普通民事主体属性和国家赋予的特殊功能定位属性（金碚，2010）。这种特殊定位使得国有企业既要重视经营效率和经济效益等一般性的企业目标，又不能忽略其所承担的特定职能执行情况这一特殊目标。随着市场环境变化、业务多元发展、深化改革推进等，国有企业组建之初的“双重定位”处于动态变化之中，其相应的管理层激励也应根据实际情况进行调整。按“实行与社会主义市场经济相适应的企业薪酬分配制度”要求，国有企业有必要抓住新一轮国企改革的历史时机，理解国企定位和党管干部的特殊性与激励工具的一般性，推动我国国企管理层激励机制优化和完善的改革实践。

一、兼顾公平与效率视角下的货币薪酬激励

与国有企业改革推进相适应，我国管理层货币薪酬激励主要分为两大阶段。在改革开放前的第一阶段，国有企业在绝大多数时间作为政府部门附属机构，其内部工资总额和发放标准由国家统一管理，国有企业的工资标准、职工定级、升级制度均由中央政府统一规定，地方政府和企业无权变更。这一时期，国有企业职工生产经营积极性不高、整体生产效率低下，其全要素生产率年均增长率为 -1.07%（Zhu，2012）。在改革开放后的第二阶段，按照党中央提出的“让地方和工农业企业在国家统一计划指导下有更多的经营管理自主权”，国有企业获得更多的经营自主权和内部管理权。《国务院关于深化企业改革增强企业活力的若干规定》（国务院〔1986〕103 号）规定，“凡全面完成任期年度目标的经营者个人收入可以高出职工收入的 1 ~3 倍，做出突出贡献的还可以再高一些”。利用该规定的出台，不少省（市）以职工平均收入的 3 ~5 倍作为管理层收入上限（朱克江，2003）。随着获得更多经营自主权及薪酬激励的实施，国有企业全要素生产率增长较快。1980 ~1992 年，国有工业企业全要素生产率明显提高，年均增长率为 2.5%。Groves 等（1995）利用中国国有企业抽样调查数据证实了国有企业的效率取得了一定增长，且其效率主要来自于奖金的激励、人力素质和教育程度的改善。该结论也为 Li（1995）、刘小玄和郑京海（1998）所证实。

由于客观上的放权让利和监管机制不到位，这种基于年度目标的短期激励诱使管理层经营行为“短期化”，使其忽视企业中长期的健康、持续发展，甚至利用“内部人控制”优势侵害国家利益（林毅夫等，1997）。据世界银行调查，

1994～1995 年，国有企业中盈利企业劳动生产率提高了 18%，职工工资增长 22.6%；亏损企业劳动生产率提高 2%，职工工资竟也增长了 21.3%。尽管如此，管理层激励作为改善企业绩效的重要手段，已成为历次国有企业改革的重要内容，包括国有企业管理层货币薪酬的中长期激励和加强对管理层在职消费的监管。

一是国资委出台《中央企业负责人薪酬管理暂行办法（2004）》，提出“绩效薪金的 60% 在年度考核结束后当期兑现，其余 40% 延期兑现”。国资委相继出台《中央企业负责人经营业绩考核暂行办法》《中央企业负责人年度经营业绩考核补充规定》《中央管理企业负责人薪酬制度改革方案》等对激励机制予以完善。

二是国资委党委于 2011 年 10 月印发《中央企业贯彻落实〈国有企业领导人员廉洁从业若干规定〉实施办法》，规定管理层不得“自定薪酬、奖励、津贴、补贴和其他福利性货币收入”等。2012 年 2 月，中纪委印发《违反〈国有企业领导人员廉洁从业若干规定〉行为适用〈中国共产党纪律处分条例〉的解释》。随着国有企业改革进程的不断推进，管理层货币薪酬越来越合理，激励方式更加多元化，激励机制更趋于完善。

二、坚持党管干部组织原则下的晋升激励

在监督机制不健全和市场运作机制不完善的情况下，国有企业管理层的人事管理权一直掌握在党的组织部门，制约以“一把手”为代表的内部人控制。这样既有利于避免国有资产以类似东欧、俄罗斯那样的速度快速流失，也有助于将经营权和控制权部分地让渡给管理层、提高经营自主性和积极性（钱颖一，1995）。这与青木昌彦（1990）提出的“两重性原则”有些类似。与此同时，党的组织部门保留国有企业管理层人事权可能还为管理层提供隐性地“终身雇用”和政治晋升通道，为其货币报酬减少带来的效用“损失”提供多种形式的补偿。一方面，作为“准官员”的国有企业管理层，政治晋升有助于其行政级别和政治待遇的双重提升，这为其提供更大的管理平台和发展空间；另一方面，只要管理层不存在违法违纪或重大决策失误，其行政级别和政治待遇基本维持原（应）有的水平，较少出现因经济指标的恶化受到解雇或降职处罚的情形。在党的组织部门管理下，国有企业为管理层提供终身雇用和“能上难下”的非对称激励机制，从而在一定程度上补偿了因报酬减少所带来的效用“损失”。

基于国有企业的特殊定位，其目标同时包括以财务指标为特征的经济效益指标和社会效益等非经济效益类指标。不同类型的指标需要匹配不同的激励类型，这已为国内学者所证实。杨瑞龙等（2013）证实，央企营业收入增长率的增加在

提高央企领导升迁概率的同时，降低央企领导离职概率。这表明，国有企业经济绩效的改善有助于管理层获得晋升。但考虑国有企业特殊定位及其多元目标，党的组织部门选拔和评价国有企业“一把手”或管理层并非完全依赖经济指标。宋增基等（2011）发现，国有控股公司董事长更多地关注政治激励，其总经理更多地关心物质激励。郑志刚等（2012）提出，管理层政治晋升成为国有企业中出现形象工程的直接诱因。刘青松、肖星（2015）证实，政治晋升更多激励非经济目标，而绩效薪酬侧重于激励经济指标。这表明，与货币薪酬激励相比，政治晋升对国有企业管理层具有较为独特的激励作用，有助于弥补其对非经济指标的激励不足。

三、缺乏成熟市场经济环境下的管理层持股

尽管股票及股票期权激励有助于管理层与股东中长期利益保持一致，但我国尚不具备其成功实施的基础条件，这主要表现在三个方面。

其一，我国尚处于经济转轨时期、市场化改革仍在推进，证券市场缺乏成熟证券市场相对稳定的定价机制和价格发现功能，使得股票价格难以真正反映公司基本面和未来成长空间，难以衡量管理层股票及股票期权激励的市场价值。

其二，股票及股票期权激励作为管理层货币薪酬激励的替代或补充，其本质是基于股东与管理层就公司未来不确定性的巨大成长空间进行利益分配，并以丰厚的潜在报酬激发管理层最大限度地达成约定目标。这就要求公司既处于成长阶段且具备高成长性，又能为管理层提供数倍于货币薪酬的激励强度。遗憾的是，经过多次战略重组，我国国有企业主要分布在关系国家安全和国民经济命脉的重要行业和关键领域，使得其难以满足“高成长性”的基本要求。即使国有企业具有高成长性，其管理层在现有制度框架下是否能够获得数倍于货币薪酬的激励强度仍然需要探讨。

其三，国有企业资产本质属于全民所有，被委托给以国有资产管理委员会为代表的代理人监督和管理，对其转让或赠予原则上应符合国家有权机构制定的法定条件和规范程序。

其四，国有企业所委派的管理层属于国家公职人员，服从上级主管部门工作安排是党的组织部门人事管理基本要求。在管理层所持有股票限售期间，上级主管部门出于人员配置等需要将其调离。这非自身因素所带来的不确定性使得其任职期限与期权激励或股票限售受到影响，致使原本依赖履行职务、承担经营责任的基础难以持续，同样限制管理层股票及股票期权激励对国有企业管理层的适用性。

除上述原因外，我国股票市场较欧美国家更易于被操纵或受到外部影响，波

动幅度更大，也是管理层股票及股权激励难以施行的重要原因。一是中国作为一个新兴资本市场，公司股价更多的是受市场层面因素影响，往往表现出“同涨同跌”的现象（Morck et al.，2000；Jin and Myers，2006）。若股票价格波动深受政府调控或持续偏离公司基本面，股票及股票期权激励更像是诱导管理层“靠天吃饭”，难以发挥其应有的激励机制和约束机制。二是中国股票市场容易受到市场操纵，使得中国的股价表现出较高的波动性，而政府政策的频繁变动以及监管环境的不确定性进一步加剧了市场波动性（Fan et al.，2007）。若股票价格难以避免被操纵，股票期权激励可能诱发 CEO 盈余管理行为，趁机执行期权（Bergstresser and Philippon，2006）。基于以上诸多原因，股票及股票期权激励在美国以外的其他发达国家也不多见。正如 Conyon 等（2013）所证实，2003～2008 年，OECD 国家中管理层股权激励占薪酬总额的比重平均约为 21%，国有企业相应的比例更低。由此可知，我国国有企业现阶段应更多选择货币薪酬或其他方式，慎重使用股票及股票期权激励，对一些规模较大、成长性并不高、发展成熟的国有企业尤其如此。

四、内部监督机制亟待完善中的在职消费

在国有企业改革初期，由于薪酬体系和监督体系的相对不完善，管理层利用在职消费维护业务运营的同时，从中攫取私利、弥补货币薪酬的“偏低”。赵文红等（1998）提出，管理层利用在职消费的隐蔽性和变通性，将在职消费作为对货币薪酬的部分替代、借此弥补货币薪酬过低和个体劳动付出。颜剑英（2002）认为，管理层之所以通过在职消费强化自我激励，其主要原因是货币报酬偏低、晋升激励异化和声誉机制不完善等。陈冬华等（2005）利用沪深两市部分上市公司 1999～2005 年的观测样本进行检验，证实了在职消费内生于国有企业的货币薪酬管制约束，在一定程度上是管理层货币薪酬管制的替代性选择。这些研究基于激励效率的视角佐证了国有企业管理层在职消费的“效率观”，但却不可避免地忽视了其在职消费的“代理观”。随着国有企业规模的不断过大，在职消费数额越来越大，过程越来越隐蔽，更容易诱发管理层侵蚀企业利益的机会主义行为，从而使得在职消费“代理观”受到广泛关注。

在我国国企现行体制下，管理层大多由上级党委或组织部推荐（提名）再履行公司法定程序产生、具有相应的行政级别。作为“一把手”的董事长行政级别和政治待遇最高，总经理行政级别可能与董事长相同但政治待遇略低，其他董事、监事或副总经理行政级别和政治待遇更低，这种天然的政治待遇差异使得国有企业的内部监督机制难以发挥应有的作用。再加上在职消费信息披露缺乏必要的强制性和会计科目明细较为宽泛，国有企业管理层在职消费的“代理观”

及其表现更为突出。2009～2012 年，国有控股上市公司管理层在职消费年均约为其货币薪酬的 17 倍且逐年递增。随着公司管理层权力扩大，其在职消费随之增加（卢锐等，2008；权小峰等，2010）。其中，中国铁建 2012 年报披露的业务招待费共计 8.37 亿元，位列当年 A 股上市公司之首。这种高额在职消费不但直接侵蚀国有资产，还可能加剧收入不平、影响社会公正等。有鉴于此，党中央出台"八项规定"予以治理，在一定程度上遏制了在职消费的持续增加（梅洁、葛扬，2016）。故而，随着国有企业激励体系的完善，在职消费值得成为管理层激励关注的重点。一方面，根据国有企业所处行业、规模和发展的实际需要，为管理层在职消费预留合理的财务预算，充分保障其履行工作职能；另一方面，利用规章制度和技术手段加大在职消费的"痕迹化"管理，提高在职消费过程的透明度、正当性和公允性，弱化在职消费对货币薪酬的替代作用、遏制超额的或不合理的在职消费。

第五节　管理层激励改进方向暨政策建议

本章基于"实行与社会主义市场经济相适应的企业薪酬分配制度"的分析起点，梳理了管理层激励的理论逻辑及主要实证研究，对我国国企管理层激励机制的相关研究进行简要评述。以此为基础，本章侧重围绕国有企业的分类管理、管理层激励的"双轨制"设计、在职消费的监督和股权及股权激励等诸多方面，提出新一轮国企改革中的管理层激励改进的若干方向供有关部门决策参考。

一、优化关键绩效指标，依据定位实行差异化管理

随着国有企业"渐进式"改革的推进，国有企业所处行业、承担职能、发展阶段和战略定位等均存在较大差异，这在客观上要求对其进行分类，实行差异化的管理模式。对商业类国有企业，应以经营业绩指标为核心，兼顾国有资产保值增值、市场竞争能力和承担特殊任务等辅助性指标。对公益类国有企业，应着力平衡经济投入、产品（服务）质量和运营效率。就绩效评价而言，对商业类国有企业的经营业绩评价，可以参照上市公司的主流指标，即以净资产收益率和净利润增长率的加权平均数为主导构建核心指标，且这两项指标占经营业绩指标的权重较大。

二、明确薪酬总额基准，优化薪酬结构和发放机制

国家委派人员具有公务人员和企业管理层双重身份，其货币薪酬总额和发放应综合公务人员待遇和企业激励特性，兼顾效率与公平。

一是依据国有企业所处的分类及行业属性，以上限或区间的形式确定不同化的货币薪酬总额及结构。对主业处于充分竞争行业和领域的，委派人员薪酬总额不应超过员工平均收入的5~7倍，且不得高于该地区同级公务人员的3~5倍。其中，基本工资占比不高于20%，短期绩效不超过30%，长期绩效不低于50%。

二是对主业关系国家安全的，委派人员薪酬总额不应超过员工平均收入的2~4倍，且不得高于该地区同级公务人员的2~3倍。其中，基本工资占比不高于30%，短期绩效不超过30%，长期绩效不低于40%。

三是对属于公益类国有企业的，委派人员薪酬总额不应超过员工平均收入的1~3倍，且不得高于该地区同级公务人员的1~2倍。其中，基本工资占比不超过40%，短期绩效不高于30%，长期绩效不低于30%。

四是基本工资逐月发放，短期绩效依据年度绩效考核结果按年发放，长期绩效依据年度累计绩效考核结果于任期结束后发放。

三、加强国有企业关键职位管控，完善委派人员晋升激励机制

为加强党或政府人事管控，发挥政治晋升激励的优势，党或政府部门在加强董事长、总经理、财务总监等关键职位管控的同时，完善委派人员晋升激励机制。

一是对处于绝对控股地位的，确保国家委派董事长和财务总监；对处于相对控股地位的，确保国家委派董事长；对处于参股地位的，确保国家委派财务总监。

二是对主业处于关系国家安全的或公益类国有企业的，国家确保委派董事长、总经理和财务总监等关键职位。

三是在坚持以上原则的基础上，引导国有企业根据实际业务需要向社会开放管理层岗位，引进具有较高专业素养和丰富管理经验的职业经理人员。

四是对主业处于关系国家安全的或公益类国有企业的，应适当提高管理层晋升概率和晋升激励力度。

四、试点“双轨制”的激励模式，优化管理层的遴选、聘用和流通机制

在新一轮国有企业改革进程中，国家委派人员和职业经理长期并存不可避免，对其利益诉求差别设计“双轨制”的激励模式。

一是委派人员薪酬酬总额由国有股东统筹确定，职业经理依据市场行情确定，以便为国有企业吸引优秀的、合适的外部人才。

二是建立“绿色通道”和流动机制，允许委派人员和外聘职业经理的相互转换。对符合国有股东需要的外聘职业经理，允许其转变为国家委派人员。对自愿转岗的委派人员，允许其转由公司聘用的职业经理，但需经国家股东批准并按有关规定执行。

三是建立国家委派人员的职业经理培训机制，提升其专业能力、业务素质和管理水平，为国有企业委派人员成长打造专业化的通道。

四是打造全国性委派人员数据库，培育国资系统经营管理人员，引导其向职业经理方向成长，推动国有企业系统内部人员的跨地区、跨行业交流。

五、依据行业类型和规模，慎用股权激励模式

在我国证券市场，股票价格除自身受到诸多难以控制的不确定性影响外，再加上法律体系不健全、监管体系不完善，使其波动幅度大、波动频率高。在此情况下，股票价格作为公司基本面的指示指标严重失真，作为管理层激励的感知价值缺乏稳定的预期。为此，国有企业应审慎推进以股票价格为核心的绩效激励模式。除在人才资本和技术要素贡献占比较高的转制科研院所、高新技术企业、科技服务型企业开展员工（核心骨干）持股试点外，其他规模较大、业务多元、成长性不高的资金密集型国有控股企业短期内不宜实施股票及股票期权激励模式，尤其是具有一定垄断性（含自然垄断）的商业类和公益类国有企业应严格禁止股票及股票期权股权激励模式。对国有股东参股的企业，委派人员应报经批准后，方可接受股票及股票期权的激励模式。

六、健全“立体化”的防范和监控体系，保障管理层效率性在职消费、抑制自利性在职消费

基于在职消费的效率性和自利性双重特征，国资管理部门有必要从多个维度建立管理层在职消费的防范和监控体系，以便缓解在职消费对货币薪酬或政治晋升激励的替代机制，增强在职消费的效率性、优化管理层激励效果。

一是对在职消费科目进行规范和细化，强调对单笔支出数额较大或累计支出数额较大的费用予以附注说明。

二是明确在职消费信息披露的强制性，即要求公司必须按月度或季度予以披露，强化管理和监督的动态化和实时性。

三是通过信息技术升级实现消费过程“痕迹化”和“透明化”，严格控制现金支付方式和“体外循环”。

四是利用大数据技术手段对不同类别的费用预算实行分类细化和“限额”管理，对超过规定限额的支出项目推行集中采购（招标）等公开操作形式。

五是加强党委机构对国有企业管理层的监督，逐步建立在职消费的第三方审计、不定期抽查、定期检查等制度体系。

参考文献

［1］黄磊，王化成，裘益政．Tobin Q 反映了企业价值吗？［J］．南开管理评论，2009（1）．

［2］李维安，李滨．机构投资者介入公司治理效果的实证研究［J］．南开管理评论，2008（1）．

［3］刘凤委，孙铮，李增泉．政府干预、行业竞争与薪酬契约［J］．管理世界，2007（9）．

［4］刘芍佳，孙霈，刘乃全．终极产权论、股权结构及公司绩效［J］．经济研究，2003（4）．

［5］沈艺峰，李培功．政府限薪令与国有企业管理层薪酬、业绩和运气关系的研究［J］．中国工业经济，2010（11）．

［6］王彩萍．机构投资者与公司治理关系研究［M］．北京：经济科学出版社，2007.

［7］辛清泉，谭伟强．市场化改革、企业业绩与国有企业经理薪酬［J］．经济研究，2009（11）．

［8］叶建芳，李丹蒙，丁琼．真实环境下机构投资者持股与公司透明度研究［J］．财经研究，2009（1）．

［9］Almazan，A.，J. Hartzell，L. Starks. Active Institutional Shareholders and Costs of Monitoring：Evidence from Executive Compensation［J］．Financial Management，2005，34（4）：5－34.

［10］Bergstresser，D. B.，T. Philippon. CEO Incentives and Earnings Management［J］．Journal of Financial Economics，2006，80：511－529.

［11］Black，B. Watching Agents：The Promise of Institutional Investor Voice［J］．UCLA Law Review，1992，39（2）：811－893.

［12］Chen，B.，G. S. Smith，P. L. Swan. CEO Compensation and the Threat of Institutional Investor［R］．Working Paper，2009，http：// www. firn. net. au/ContentPages/800064037. pdf.

［13］Drucker，P. F. Innovation and Entrepreneurship：Practice and Principles［M］．New York：Harper & Row，1985.

［14］ Easterbrook, F. H. , D. R. Fischel. The Economic Structure of Corporate Law ［M］. Harvard: Harvard University Press, 1996.

［15］ Efron, B. Bootstrap Methods: Another Look at the Jackknife ［J］. The Annals of Statistics , 1979, 7 (1): 1 –26.

［16］ Ettore, C. , H. Gonenc, N. Ozkan. CEO Compensation, Family Control, and Institutional Investors in 19. Continental Europe ［R］. Working Paper, 2010. http: //papers. ssrn. com/sol3/papers. cfm? abstract_ id = 1695317.

［17］ Grossman, S. J. , O. D. Hart. The Costs and Benefits of Ownership: A Theory of Lateral and Vertical Integration ［J］. Journal of Political Economy, 1986, 94 (4): 691 –719.

［18］ Hartzell, J. , L. Starks. Institutional Investors and Executive Compensation ［J］. The Journal of Finance, 2003, 58 (6): 2351 –2373.

［19］ Janakiraman, S. , R. Lambert and D. Larcker. An Empirical Investigation of the Relative Performance Evaluation Hypothesis ［J］. Journal of Accounting Research, 1992, 30: 53 –69.

［20］ Jensen, M. C. , and W. H. Meckling. Theory of the Firm: Managerial Behavior, Agency Costs and Ownership Structure ［J］. Journal of Financial Economics, 1976 (3): 305 –360.

［21］ La Porta, R. , F. Lopez – de – Silanes , A. Shleifer, R. W. Vishny. Legal Determinants of External Finance ［J］. Journal of Finance, 1997, 52 (3): 1131 – 1150.

下　篇

我国上市公司管理层激励的实证研究

第七章　国有企业在职消费、管理层防御与公司负债

导读：基于国有控股公司管理层的自我防御视角，本章探讨了国有控股公司管理层在职消费对其债务融资行为的影响。本章发现，我国国有控股公司管理层在职消费对其债务融资具有显著的抑制作用，主要表现在两个方面。一方面，公司管理层在职消费越高，其负债比率越低；另一方面，对于同样幅度的在职消费水平提升，中西部地区的公司管理层较东部地区选择更低的负债比率。本章从在管理层自我防御视角，探讨了在职消费对公司债务融资行为的抑制作用。这为解释我国上市公司总体债务水平偏低提供了新的视角，对我国新一轮的国企改革具有一定政策含义。

第一节　引言

2015 年 8 月 27 日，中共中央、国务院下发《关于深化国有企业改革的指导意见》（以下简称《意见》），为新一轮国有企业改革指明了方向、明确了路径。《意见》强调“实行与社会主义市场经济相适应的企业薪酬分配制度”，并专门对国有企业在职消费问题予以重视，即：“严格规范履职待遇、业务支出，严禁将公款用于个人支出。”其中原因之一就是，国有企业管理层利用实际控制能力，通过超额在职消费为自己谋取私利的现象频发。如中国铁建披露的 2011 年业务招待费共计 8.37 亿元，位列 A 股上市公司之首。一方面，过高的在职消费可能带来社会公平和福利分配问题而引起舆论广泛关注，成为政府和媒体关注的热点问题；另一方面，过高的在职消费还可能诱使公司管理层出于自身利益选择负债水平，从而影响公司的债务融资行为，甚至偏离最优负债水平，乃至减损公司价值。遗憾的是，在职消费如何影响公司的债务融资行为及其影响效果并未得到足

够的关注。有鉴于此，本章基于国有控股公司管理层的自我防御视角，探讨国有控股公司管理层在职消费对其债务融资行为的影响。

由于在职消费不能直接观察得到，国外学者多选择代理变量来测算在职消费，如 Yermack（2006）、Rajan 和 Wulf（2006）将首席执行官（CEO）是否享受“公司飞机以及专职司机服务”作为在职消费的度量指标。与国外文献不同，国内文献更多采用替代性会计指标衡量在职消费。如国内不少文献采用费用披露中相关项目加以合并，并与营业收入相比，以此测算公司在职消费，简称“八项费用法”。为便于与既有研究比较，本章借鉴“八项费用法”测算管理层的在职消费，数据来源为同花顺数据库所公布的管理费用细目。与此同时，为尽可能弥补“八项费用法”的不足，本章通过构造序数赋值法测算管理层的在职消费，并进行稳健性检验。在此基础上，本章建立面板数据模型和虚拟变量法系数比较模型，利用我国沪深主板 A 股市场国有控股公司 2010~2014 年的观测样本进行实证研究。本章发现，公司管理层在职消费越高，其负债比率越低。本章也发现，对于同样幅度的在职消费水平提升，中西部地区的公司管理层较东部地区选择更低的负债比率。

与已有研究相比，本章从以下三方面丰富了既有文献：一是本章借助在职消费衡量管理层自身利益，探讨了管理层如何影响公司的债务融资行为，以弥补货币薪酬衡量管理层自身利益的缺陷，丰富了管理层自我防御的相关研究。二是本章探讨了市场化程度不同的地区，其在职消费对公司负债比率影响的差异，提供了进一步推动薪酬激励市场化改革的经验证据。三是对于在职消费的衡量，本章基于公开数据库整理的管理费用细目改进了既有“八项费用法”以提升研究的可复制性，还创造性地提出在职消费新的测算方法即序数赋值法，以克服传统方法的不足。同时，本章通过建立联立方程识别工具变量，以便克服因公司管理层在职消费与负债比率之间因可能存在的联立关系所带来的内生性问题，进一步保障了实证结果的稳健性和可靠性。

第二节　代理成本、管理层防御与在职消费

公司债务的外部治理作用一直被学界寄予希望，以此缓解股东与管理层之间的代理冲突。Jensen（1986）提出，股东利用负债这一融资手段可以抑制管理层对公司自由现金流的“挥霍”。但与此同时，由于债务具有到期偿本付息的强制性，不可避免地给公司带来财务困境或破产风险，进而直接威胁公司管理层的切

身利益。故为避免陷入财务困境和破产威胁，公司管理层倾向于（直接或间接）选择较低的负债水平，以致偏离最优负债比率，甚至使得公司管理层直接放弃债务融资，这被 Berger 等（2003）称为管理层防御（或经理防御）。除税盾效应之外，公司负债作为事前规范标准，还有助于抑制管理层滥用公司的自有现金流，从而起到监督公司管理层、提高运营效率的作用。但由于“司法不介入”原则及商业运营的高度复杂性，股东往往难以掌握管理层所拥有的全部信息（Easterbrook，1996）。出于维护自身利益的需要，公司管理层倾向于利用信息优势，直接选择或引导股东选择有利于其自身利益的负债比率，这也是形成公司负债选择中管理层防御的重要微观机制。

公司债务比例与经理持股比例负相关，即持有公司较多股份的经理倾向于维持较低的负债水平，以便降低破产风险（Friend and Lang，1988）。Berger 等（2003）提出，管理层防御实质就是管理层借助自身信息优势，逃避董事会（外部董事）监督和公司破产威胁，从而削弱货币薪酬和股票期权的激励作用，实现自身利益最大化。对这种管理层因维护自身收益而选择偏低负债比率自我防御行为的观点，本章称其为“负债不足论”。在这种情况下，管理层选择了较低的负债水平以降低公司破产威胁，同时减弱负债对自由现金流使用的限制（Fama，1980）。与之不同，Harris、Raviv（1988）和 Stulz（1988）提出，公司管理层倾向于选择超过最优债务水平的负债比率，通过不具有投票权的债务增加以便提高自身投票权力，或通过高额负债使自身“大而不倒”以降低兼并收购风险。相应地，本章将这种管理层因防御动机而选择偏高负债比率的观点，称为“负债过度论”。但由于国有控股公司的“一股独大”，投票权大多集中在控制性大股东手中，管理层难以通过增加不具有投票权的负债来提高自身决策权；再加上我国控制权交易市场尚处于起步阶段，从而使得国有控股公司管理层缺乏为降低兼并收购风险而增加负债的内在动力。因而，本章更倾向于接受“负债不足论”，即管理层借助自身信息优势，选择较低的负债比率，维护以管理层报酬为代表的自身利益。

偏低的公司负债比率，一方面不利于债务发挥税盾作用、提升利润水平，另一方面也难以遏制管理层对自由现金流的“挥霍”。基于“负债不足论”，王志强等（2009）利用货币薪酬和管理层持股衡量管理层自身利益，证实了我国上市公司管理层防御在公司负债选择中的作用。但由于该文忽略了在职消费及其对管理层报酬的影响，可能低估公司管理层对负债比例的干预动力。故而，本章结合我国国有企业管理层的薪酬体系和规章制度，选择在职消费衡量管理层自身利益，以便更加客观和全面地衡量我国国有控股上市公司管理层自身利益。统计显示，2010~2014 年，随着主营收入的增长，公司管理层人均在职消费增速远高于货币薪酬增速，且货币薪酬与在职消费相比呈现下降趋势。基于“负债不足论”的视角，在职消费越高，越有可能促使管理层选择较低的公司负债比率，以便避免财务困境、维护其自身利益。据此，本章提出如下假设（H1）：

H1：管理层在职消费越高，其公司负债比率越低。

在现行国有资产和国有企业管理体系下，我国国有控股公司管理层大多具有特定的行政级别，并受到所隶属不同级别政府部门（国有资产管理部门）的薪酬管制，以至于其货币薪酬也在不同程度上取决于所在地区的经济发展水平（Qian，1995）。在这种情况下，不同地区国有控股公司管理层的货币薪酬也存在较大差异。以2014年为例，对于国有控股公司管理层的年度货币薪酬，整体平均而言，中西部地区连东部地区的一半还不到（低46%，18万元）。在公司数量最多的机械设备行业中，中西部地区平均为31万元，东部地区平均为57万元。随着市场化改革进程的推进，在职消费对货币薪酬的替代作用逐渐减弱。尽管如此，在货币薪酬偏低的情况下，中西部地区上市公司管理层很可能期望通过在职消费弥补货币薪酬的不足，从而促使其选择更低的公司负债比率，表现出更为强烈的自我防御。据此，我们提出如下假设（H2）：

H2：与市场化程度较高的东部地区相比，中西部地区的公司管理层对于同样幅度的在职消费水平提升，将会选择更低的负债比率。

第三节　管理层防御治理效应的研究设计

一、变量选择

（1）公司负债。在经典公司金融理论中，资本结构的债务部分应该只包括应息债务，而不涉及无息的应付款（Kim，1995）。故而本章主要考虑应息债务部分，将应息负债比率作为被解释变量。

（2）衡量在职消费的八项费用法。国内不少文献采用费用披露中相关项目加以合并，并与营业收入相比，以此测算公司在职消费，简称“八项费用法”。陈冬华等（2005）提出，利用公司年报附注中披露的“办公费、差旅费、业务招待费、通讯费、出国培训费、董事会费、小车费和会议费”八项费用总和衡量在职消费。为更直接地体现管理层在职消费的货币价值，以及与其现金薪酬进行横向比较，本章对以上指标加以改进，利用与在职消费关联度较高的管理费用细目合计除以管理层人数衡量管理层人均在职消费水平。

（3）控制变量。为消除其他因素对债务比率的影响，本章还借鉴相关文献控制了相关解释变量，包括公司规模、第一大股东持股比例、董事会规模、独立董事占比、资产收益率、托宾Q值、上市年限、有形资产比率、非债务税盾等指标作为控制变量。此外，本章还引入公司所在地区、所属行业及归属年度等变量，对相关影响因素加以控制。

上述变量名称及计算方法如表7－1所示。

表7－1　变量名称及定义

变量	名称	计算方法	变量	名称	计算方法
Blev	应息负债比率	应息负债/总资产	*Pay*	人均在职消费	相关管理费用/管理层人数
*Pay*4	在职消费	人均在职消费的四分位赋值法	*Bsize*	董事会规模	董事会人数
Fst	第一大股东持股比例	大股东持股/总股数	*Indp*	独立董事占比	独立董事人数占比
Size	公司规模	总资产的自然对数	*Roa*	资产收益率	净利润/总资产
Tobin	托宾Q值	市场价值/总资产	*Age*	上市年限	已上市年份数
Rtan	有形资产比率	有形资产/总资产	*Drate*	非债务税盾	折旧/总资产
Dyear	所属年份	属于该年为1，否则为0	*Dind*	所属行业	属该行业为1，否则为0
Dest	所在地区	属东部为1，否则为0			

二、计量模型

（一）在职消费与公司负债的计量模型

为检验公司负债比率和在职消费之间的关系，我们构造如下混合截面线性回归模型，即式（7－1）。

$$Blev_i = \beta_0 + \beta_1 Pay_i + \gamma^T Ctl + \varepsilon_i \qquad (7-1)$$

其中，*Ctl* 为控制变量向量，γ 为对应控制变量回归系数向量，ε_i 为随机误差项，下同。

混合截面线性回归模型通过诸多变量控制可观测变量的影响，但却难以控制其余不可观测因素的影响。这些不可观测的因素包括仅随个体变化而不随时间改变的个体特征，如企业文化、所属地域特征，也包括仅随时间变化而不随个体改变的外部因素，如外部宏观环境、会计政策调整等。对于那些同时随个体和时间改变的不可观测因素，我们难以处理而将其归集到误差项。为控制这些仅随个体或仅随时间变化的不可观测变量，本章构造双向面板数据模型（Two－way Panel

Data Model），即如式（7－2）所示。

$$Blev_{i,t}=\beta_1 Pay_{i,t}+\kappa Ctl+\alpha_i+\lambda_t+u_{i,t} \quad (7-2)$$

其中，α_i 和 λ_t 分别为仅随个体变化和仅随时间变化的不可观测因素，Ctl 为控制变量向量，κ 为对应控制变量的回归系数向量，$u_{i,t}$为随个体和时间变化的不可观测因素。

（二）在职消费、地区差异与公司负债的系数比较模型

尽管式（7－1）中将东部地区虚拟变量（Dest）作为公司负债的控制变量，但并未考虑到回归模型在不同地区是否存在结构性变动。如果回归方程发生结构性改变，那么不同地区公司管理层在职消费对其负债比率的影响是否存在差异呢。为此，结合回归方程式（7－1），本章基于邹至庄检验（Chow，1960）的核心思想，将地区虚拟变量与各自变量的交叉项作为检验工具，以便构建基于完全交互项的系数比较模型来检验不同地区间方程的差异，具体如下。

$$Blev_i=\beta_0+\delta_0 Dest_i+\beta_1 Pay_i+\delta_1(Pay_i\times Dest_i)+B^T Q_i+\Delta^T(Q_i\times Dest_i)+\varepsilon_i \quad (7-3)$$

其中，$B=(\beta_2,\ \cdots,\ \beta_{27})^T$ 为回归方程控制变量的回归系数向量，$\Delta=(\delta_2,\ \cdots,\ \delta_{27})^T$ 为回归方程控制变量与虚拟变量的回归系数向量。若样本属东部地区，则 $Dest=1$，否则为 0。

为检验回归方程是否发生结构性变动，考虑如下检验：$H_0: \delta_i=0 \ vs \ H_1: \delta_i\neq 0$，构建对应的 F 统计量。应对给定的置信水平，若零假设成立，可认为东部地区和中西部地区对应相同的回归模型；否则，有理由认为东部地区和中西部地区对应不同的回归模型。更进一步，若对应参数的估计满足$\hat{\delta}_i\geqslant 0$，则$\hat{\beta}_i+\hat{\delta}_i\geqslant\hat{\beta}_i$，即该变量对于东部地区样本的作用明显大于其对于中西部地区样本的作用。

三、数据来源及样本筛选

2010 年以来，更多上市公司在报表附注中披露管理费用细目，本章选取了 2010～2014 年我国沪深主板 A 股市场国有控股公司为观测样本，用以检验假设 H1 和假设 H2。为便于相关研究可复制，本章选取的管理费用细目来自同花顺数据库所整理的上市公司年报附注中披露的费用细目，以便克服手工收集数据潜在的误差。根据既有文献八项费用法的界定，纳入本章管理费用核算的细目，具体包括办公费、差旅费、车船费、会务费、业务招待费。除公司实际控制人类型来源于色诺芬（CCER）数据库外，其他所有样本信息均来自 Wind 金融资讯数据库。为获得更加符合实际的、准确的面板数据，本章首先剔除了主营业务发生重大变更的、观测期间不连续的公司样本。在此基础上，本章借鉴已有文献按如下

方式进行样本筛选：按年度获得待选的国有控股公司观测样本 6583 个，剔除隶属金融和保险业（证监会行业分类）的样本，剔除当年被 ST 和 * ST 的样本，剔除净资产为负及其他相关数据不全的样本。经过以上筛选程序，本章获得沪深主板 A 股市场国有控股公司 2618 个观测样本，其中包含 390 家国有控股公司 2010 ~2014 年的平衡样本 1950 个。

第四节 管理层防御与在职消费的实证检验

一、统计分析

在 2010 ~2014 年公布费用细目的 2618 个观测样本中，我国国有控股公司负有应息债务的观测样本为 2554 个，占样本总量的 98%。在这些观测样本中，隶属东部地区的有 1406 个，占 54%；其余 46% 隶属中西部地区；观测期达到 5 年的有 1950 个，占 89%。按照我国证监会行业分类标准，这些样本公司分布在 17 个行业。

（一）描述性统计

在此，我们对样本公司的相关变量进行统计描述，具体情况如表 7 -2 所示。

表 7 -2 相关变量的统计描述

变量	均值	标准差	最小值	25% 分位数	中位数	75% 分位数	最大值
Blev	0. 288	0. 187	0. 000	0. 133	0. 282	0. 426	0. 836
Pay	4. 178	1. 116	-1. 487	3. 476	4. 155	4. 845	10. 113
Fst	0. 392	0. 156	0. 050	0. 265	0. 388	0. 507	0. 852
Size	0. 131	0. 012	0. 100	0. 123	0. 130	0. 138	0. 178
Roa	0. 038	0. 053	-0. 448	0. 012	0. 031	0. 058	0. 351
Indp	0. 650	0. 352	0. 143	0. 500	0. 571	0. 700	9. 000
Tobin	6. 667	7. 259	0. 470	2. 203	4. 334	8. 594	99. 243
Rtan	0. 366	0. 203	-0. 294	0. 221	0. 338	0. 508	0. 976
Drate	0. 024	0. 018	0. 000	0. 011	0. 020	0. 032	0. 126

表 7 -2 显示，我国国有控股公司应息债务比率（Blev）在样本间的差异较大，最低的 5% 样本其应息债务比率不足 1%，而最高的 5% 样本则超过 60%，

平均而言为28%。基于管理费用衡量的管理层人均在职消费在样本间差异同样相当大，最低的5%样本其管理层人均在职消费不到2.5（$e^{2.5}\approx12$万元），最高的5%样本则超过6（$e^{6}\approx403$万元）。此外，区分东西部地区的结果（篇幅所限未汇报）显示，应息债务比率在东部地区（均值为26%）普遍低于中西部地区（均值为31%），而管理层人均在职消费在东部地区（$e^{4.3}\approx73.7$万元）则普遍高于中西部地区（$e^{4}\approx54.6$万元）。

（二）相关性分析

下面我们对样本公司的主要变量进行皮尔逊（Pearson）相关性分析，所得结果与应息债务是显著相关的，如表7-3所示。

表7-3 相关变量的相关性分析

	Blev	*Pay*	*Pay4*	*Fst*	*Size*	*Roa*	*Bsize*	*Indp*	*Tobin*	*Rtan*	*Drate*
Blev	1										
Pay	0.09*	1									
Pay4	0.06*	0.67*	1								
Fst	-0.01	0.15*	0.10*	1							
Size	0.38*	0.57*	-0.09*	0.26*	1						
Roa	-0.39*	0.13*	0.05*	0.15*	0.09*	1					
Bsize	0.11*	0.07*	0.05*	0.03*	0.12*	0.03*	1				
Indp	-0.01	-0.01	-0.11*	-0.01	0.11*	-0.04*	-0.42*	1			
Tobin	-0.29*	-0.25*	-0.10*	-0.25*	-0.39*	0.07*	-0.11*	-0.02*	1		
Rtan	-0.66*	-0.25*	0.05*	0.05*	-0.36*	0.27*	-0.04*	-0.03*	0.23*	1	
Drate	0.11*	-0.02	0.05*	0.12*	0.02	-0.03*	0.08*	0.01	-0.01	0.12*	1

注：*表示在5%的水平上显著。

表7-3显示，公司负债与公司规模、董事会人数、非债务税盾显著正相关，与公司绩效、成长性、有形资产比率、所处地区显著负相关，这与已有文献结果类似。该表也显示，公司负债与八项费用法和四分位赋值法衡量的在职消费均显著正相关。这与假设H1不一致，主要原因是在相关性分析过程中，我们并未控制其他因素对公司负债的影响，如公司规模、总资产收益率、成长性及归属行业等。考虑相关性分析的直观性和非严谨性，我们不能就此得出“管理层在职消费越高，其公司负债比率越高”的结论。故而，为了更加客观地探讨公司负债与在职消费之间的关系，本章接下来通过引入诸多变量或利用面板数据模型来控制其他因素对公司负债比率的影响。

二、回归结果分析

（一）在职消费与公司负债

借助计量模型 1 和模型 2 及所选样本，本章对假设 H1 进行检验，其结果汇总如表 7-4 所示。该表第 1 列为变量名称，第 2~5 列为计量模型 1 和模型 2 的回归结果，标注为 Ⅰ~Ⅳ，分别对应人均在职消费的线性模型、非平衡面板数据下固定效应模型和随机效应模型以及平衡面板数据下的固定效应模型的估计结果。

表 7-4 债务水平与在职消费的回归结果

变量名称	Ⅰ	Ⅱ	Ⅲ	Ⅳ
Pay	-0.014*** (0.003)	-0.008** (0.003)	-0.018*** (0.003)	-0.012*** (0.004)
Fst	-0.085*** (0.015)	0.019 (0.034)	-0.039 (0.024)	-0.002 (0.035)
Size	3.663*** (0.34)	1.997*** (0.70)	3.781*** (0.43)	2.118*** (0.73)
Roa	-0.703*** (0.057)	-0.216*** (0.037)	-0.267*** (0.036)	-0.207*** (0.040)
Rtan	-0.518*** (0.015)	-0.496*** (0.017)	-0.500*** (0.015)	-0.501*** (0.018)
Drate	0.213 (0.17)	-0.543*** (0.21)	0.272 (0.17)	-0.642*** (0.23)
Age	-0.001 (0.001)	-0.003** (0.001)	-0.001 (0.001)	-0.003*** (0.001)
Dest	-0.007 (0.005)			
Dum	控制年度虚拟变量 控制行业虚拟变量			
Obs	2609	2575	2575	1944
R^2	0.65	0.39	.	0.40

注：括号内为稳健性的标准差，*** 表示在 1% 的水平上显著，** 表示在 5% 的水平上显著，* 表示在 10% 的水平上显著。*Obs* 为样本容量，R^2 为回归模型的拟和优度。下同。

回归结果Ⅰ显示，在职消费（*Pay*）的回归系数估计为-0.014，且在1%的水平上显著。即在其余解释变量不变的情况下，管理层在职消费从较低层级每提升1个百分点，其公司负债比率将随之降低0.014。这表明，公司管理层在职消费越高，其负债比率越低，从而证实了假设H1。由个体效应联合统计检验可知，我们不能忽略不同公司之间所存在的个体差异，即面板数据模型优于混合截面数据。由豪斯曼检验（Hausman Test）的P值为0可知，我们应强烈拒绝不可观测的个体随机扰动项与解释变量无关的原假设，即应该选择固定效应模型而非随机效应模型。故而，对于面板数据模型，我们主要讨论固定效应模型的回归结果。在控制了企业文化、法制环境和会计政策等不可观测因素的影响后，面板数据模型下的回归结果Ⅱ显示，在职消费的回归系数估计仍在1%的水平上显著为负，尽管系数大小降为-0.008。这表明，即便是考虑到因遗漏部分不可观测变量而可能带来的内生性问题，在职消费依然能够促使公司管理层选择较低的负债比率，以便于管理层降低破产风险，维护其自身利益，再次证实了假设H1。与非平衡面板下的回归结果Ⅱ相比，平衡面板数据下的回归结果Ⅳ再次证实了假设H1，即在职消费的确有助于促使管理层选择较低的负债比率。

结合国内已有研究，我们认为产生该现象的原因主要有两个方面：一是国有控股公司缺乏真正的委托人，由此形成所谓“代理人委托代理人”的委托代理关系，缺乏“天然”的监督动力。二是在职消费具有隐蔽性和变动性，即容易被外部投资者忽略，也便于使用财务手段加以掩饰。由于货币报酬偏低、职位晋升激励异化和声誉机制不完善等弊端，管理层选择强化自我激励，主要包括利用非法手段侵吞国有资产和追求过度的在职消费。再加上在职消费的隐蔽性和变通性，公司管理层甚至将在职消费作为对货币薪酬的部分替代，以便弥补因货币薪酬过低而无法有效弥补个体劳动付出的缺陷。

（二）在职消费、地区差异与管理层防御

为考察管理层防御行为的地区差异，本章区分东部与中西部地区样本分别对式（7-1）进行估计，同时基于总体样本数据对系数比较模型式（7-3）进行了估计，主要结果如表7-5所示。其中，第1列为主要解释变量（或解释变量与地区虚拟变量的交叉项，以下简称交叉项），Ⅰ和Ⅲ分别对应基于中西部地区样本和东部地区样本的线性模型回归结果，Ⅱ和Ⅳ则分别对应不同地区样本的平衡面板数据固定效应回归结果，Ⅴ对应的是基于总体样本的系数比较模型中主要解释变量及其交叉项的回归系数估计结果。限于篇幅，对于交叉项不显著的自变量表中并未汇报。

表 7-5　地区差异的结构性变动回归结果

变量名称	中西部地区样本		东部地区样本		地区间系数比较模型
	Ⅰ	Ⅱ	Ⅲ	Ⅳ	Ⅴ
Dest					-0.016 (0.070)
Pay	-0.006 (0.005)	-0.015 ** (0.006)	-0.020 *** (0.004)	-0.012 *** (0.006)	0.001 (0.004)
Pay × Dest					-0.012 ** (0.005)
Rtan	-0.562 *** (0.025)	-0.481 *** (0.022)	-0.509 *** (0.019)	-0.526 *** (0.029)	-0.502 *** (0.024)
Rtan × Dest					0.054 * (0.030)
Drate	0.337 (0.26)	-0.794 ** (0.32)	0.299 (0.20)	-0.683 ** (0.33)	-0.114 (0.241)
Drate × Dest					0.884 *** (0.304)
Fst	-0.077 *** (0.022)	0.021 (0.047)	-0.095 *** (0.021)	-0.014 (0.054)	-0.074 *** (0.022)
Size	4.522 *** (0.50)	1.065 (1.01)	3.998 *** (0.39)	2.580 ** (1.07)	2.708 *** (0.46)
Roa	-0.691 *** (0.090)	-0.098 * (0.053)	-0.689 *** (0.067)	-0.319 *** (0.060)	-0.506 *** (0.089)
Age	-0.005 *** (0.001)	-0.002 (0.002)	0.006 (0.001)	-0.005 *** (0.002)	-0.003 *** (0.001)
Dum	控制年度虚拟变量 控制行业虚拟变量				
F-test					1.61
Obs	1205	864	1404	1080	2609
R^2	0.68	0.48	0.63	0.38	0.65

注：*F-test* 为邹检验的 F 统计量，通过对各交叉项估计系数全部为 0 这一假设的联合检验，判别回归方程在不同地区间是否存在结构性差异。

为检验不同地区国有控股公司管理层在职消费水平对公司负债比率的作用差

异，本章利用中西部和东部地区的观测样本分别进行回归估计。回归结果Ⅰ和Ⅲ显示，在职消费的回归系数估计分别为 -0.006 和 -0.02，但仅东部地区在1%的水平上显著，而西部地区在10%的水平上是不显著的。但在控制了企业文化、法制环境和会计政策等不可观测因素的影响后，面板数据模型下的回归结果Ⅱ和Ⅳ则显示，在职消费的回归系数估计分别为 -0.015 和 -0.012，且至少在5%的水平上显著。这表明，考虑到因遗漏部分不可观测变量而可能带来的内生性问题，在控制其他解释变量不变的情况下，相比较于东部地区而言，中西部地区国有控股上市公司中管理层的在职消费更能促使管理层选择较低的负债比率。即对于在职消费同样的变化幅度，中西部地区公司管理层表现出更为明显的防御行为，从而初步证实了假设 H2。

为进一步检验债务回归方程在东西部地区间是否存在结构性差异，本章构建系数比较模型式（7-3）。在此基础上，本章利用总体样本数据进行回归估计，其结果在Ⅴ中列示。由该结果可知，用于检验回归方程是否发生结构性变动 F 统计量为1.61，且在1%的水平上显著。这表明，给定1%的置信水平，原假设不成立。因而，我们有理由认为，东部地区和中西部地区对应不同的回归模型。接下来，我们进一步比较在职消费在不同地区间回归系数估计的差异。由回归结果Ⅴ可知，在职消费与地区虚拟变量交叉项（$Pay \times Dest$）的回归系数估计$\hat{\delta}_1$ 为 -0.012，且至少在5%的水平上显著。这表明，在其余解释变量不变的情况下，对于管理层在职消费从较低水平每提高1个单位，中西部地区国有控股公司的负债比率将下降更多。也就是说，与东部地区相比，中西部地区国有控股公司管理层对同样的在职消费表现得更为敏感，进一步佐证了假设 H2。

综上所述，相比于东部地区，中西部地区国有控股公司的管理层对于在职消费水平的防御动机更为强烈。管理层防御的这一地区差异可能缘于中西部地区市场化程度差异，其中包括国有控股公司管理层报酬体系的不完善。显然，东部地区无论是外部市场化程度、信息披露水平，还是内部管控水平，都远高于中西部地区。

三、稳健性检验

（一）公司负债和在职消费的内生性检验

公司管理层为维护自身利益（如高额的在职消费），倾向于选择较低的负债比率，以降低公司陷入财务困境或破产的风险。与此同时，公司负债因其还本付息的硬化约束，在一定程度上限制了自由现金流，从而有助于约束管理层的在职消费。由此可知，在职消费和公司负债之间可能存在相互影响、互为因果的联立关系。如果简单忽略这种因联立关系进行单方程的回归估计，很可能会引起内生

性问题。为此，本章需要针对在职消费的影响因素，建立相关计量模型。考虑到消费存在“棘轮效应”（Ratcheting Effect）以及司马光的“由俭入奢易，由奢入俭难”，本章将上期在职消费作为本期在职消费的重要影响因素。卢锐等证实，在职消费随管理层权力增大而增加。故本章选择体现管理层权力的“董事长与总经理是否两职合一”与本期在职消费存在相关关系。陈冬华等（2007）发现，管理层货币薪酬与在职消费存在替代关系。综合上述分析，本章构建如下联立方程（相关变量参见上文）。

$$\begin{cases} Blev_{i,t} = \beta_1 Pay_{i,t} + \kappa Ctl + \alpha_i + \lambda_t + u_{i,t} \\ Pay_{i,t} = \beta_0 + \beta_1 Blev_{i,t} + \beta_2 Pay_{i,t-1} + \beta_3 Cash_{i,t} + \beta_4 Dtwo_{i,t} + \gamma^T Ctl + \mu_i + \vartheta_t + \varepsilon_{i,t} \end{cases} \tag{7-4}$$

利用观测样本数据，我们对联立方程进行回归估计，具体过程如下：首先，本章通过联立方程识别出上期在职消费水平、本期货币薪酬水平和董事长与总经理任职情况等，作为在职消费的潜在工具变量。其次，我们通过对潜在工具变量的过度识别检验和弱工具变量检验，确定上期在职消费水平与董事长与总经理任职情况作为有效工具变量，用以检验在职消费与公司负债之间是否存在内生性。最后，本章利用 Hausman 统计量进行内生性检验。检验结果显示，Hausman 统计量检验的 P 值为 0.55。这表明，在 10% 的显著性水平上，我们不能拒绝“所有解释变量均为外生”的原假设，即在职消费与公司负债之间不存在联立性，从而排除了回归结果存在因方程联立而带来内生性偏误的可能。

（二）衡量在职消费的序数（四分位）赋值法

由于信息披露不完善和会计科目的模糊性，这种在职消费测算方法至少存在以下两个方面不足：一方面，大多数上市公司没有详细披露在职消费的相关项目数据，从而仅得到不足 40% 的观测样本，由此带来非随机性的样本截断问题，直接影响实证检验的稳健性和有效性；另一方面，由于隶属在职消费的部分科目难以准确界定，如办公费、会议费和董事会费等，使得测算上存在模糊和不确定性，影响实证数据的可靠性。再加上这些文献均采用总量指标衡量在职消费，难以真实反映管理层自身利益所在。

为克服既有文献所用“八项费用法”的不足，本章基于真实在职消费和管理费用这一财务指标之间潜在的高度相关性，利用管理费用的四分位点来构造序数变量，借此衡量管理层的在职消费，其具体过程如下：首先，按照年度得到各个行业的人均在职消费的四分位数，即 25%、50% 和 75%。其次，按照所处不同分位数水平，对各公司在职消费依次赋值，即处于 25% 分位数以下的，赋值 1；处于 25% ~50% 间的，赋值 2；处于 50% ~75% 间的，赋值 3；处于 75% 以上的，赋值4。经过上述步骤，我们得到衡量各观测样本在职消费水平的序数值，并与传统方法测算的在职消费进行相关性检验。结果显示，这两者之间分年度的相关系数保持在0.87～0.95，从而支持了序数方法的可靠性和有效性。显然，在职消费被赋予的序数值越大，管理层在职消费越高。

（三）稳健性检验结果

除已有的内生性检验方法外，本章还选择以四分位赋值法的在职消费来考察管理层防御的作用及地区差异，相应的平衡面板固定效应回归的实证结果如表7－6所示。该表中第1列为变量名称，第2～5列为计量模型1、模型2和系数比较模型式（7－3）的回归结果，标注为Ⅰ～Ⅶ，其中在职消费均采用四分位法赋值衡量。Ⅰ、Ⅲ和Ⅴ分别对应基于总体样本、中西部地区样本和东部地区样本的线性模型回归结果，Ⅱ、Ⅳ和Ⅵ则分别对应不同地区样本的平衡面板数据固定效应回归结果，Ⅶ对应的是基于总体样本的系数比较模型中主要解释变量及其交叉项的回归系数估计结果。同样地，限于篇幅，此处仅报告主要变量的回归结果和主要统计量检验结果，对于交叉项不显著的自变量表中并未汇报。

表7－6　稳健性检验结果

变量名称	总体样本		中西部地区样本		东部地区样本		地区间系数比较模型
	Ⅰ	Ⅱ	Ⅲ	Ⅳ	Ⅴ	Ⅵ	Ⅶ
Dest	−0.007 (0.005)						0.200*** (0.073)
Pay4	−0.019*** (0.003)	−0.014*** (0.003)	−0.006 (0.005)	−0.015*** (0.005)	−0.020*** (0.005)	−0.013*** (0.005)	−0.008*** (0.003)
Pay4×Dest							−0.002 (0.004)
Size	3.842*** (0.31)	1.584** (0.77)	4.402*** (0.46)	−0.023 (1.07)	3.604*** (0.40)	2.273** (1.12)	4.294*** (0.40)
Size×Dest							−1.501*** (0.53)
Rtan	−0.514*** (0.014)	−0.482*** (0.019)	−0.560*** (0.025)	−0.464*** (0.023)	−0.498*** (0.018)	−0.505*** (0.031)	−0.548*** (0.024)
Rtan×Dest							0.0525* (0.029)

续表

变量名称	总体样本		中西部地区样本		东部地区样本		地区间系数比较模型
	Ⅰ	Ⅱ	Ⅲ	Ⅳ	Ⅴ	Ⅵ	Ⅶ
Age	-0.001 (0.001)	-0.003*** (0.001)	-0.004*** (0.001)	-0.001 (0.002)	0.001 (0.001)	-0.006*** (0.002)	-0.003*** (0.001)
Age × Dest							0.003*** (0.001)
Fst	-0.080*** (0.015)	0.045 (0.039)	-0.077*** (0.022)	0.076 (0.052)	-0.088*** (0.021)	0.020 (0.061)	-0.063*** (0.020)
Roa	-0.730*** (0.057)	-0.231*** (0.043)	-0.699*** (0.090)	-0.096* (0.055)	-0.741*** (0.067)	-0.405*** (0.068)	-0.719*** (0.082)
Drate	0.183 (0.17)	-0.738*** (0.24)	0.307 (0.25)	-0.795** (0.34)	0.290 (0.21)	-0.940*** (0.35)	0.065 (0.22)
Dum	控制年度虚拟变量 控制行业虚拟变量						
F - test							2.82
VIF							14.25
Obs	2609	2103	1205	933	1404	1170	2609
R^2	0.65	0.39	0.68	0.47	0.63	0.38	0.64

表7-6中用于检验回归方程是否发生结构性变动的 *F* 统计量为2.82，且在1%的水平上显著，这与表7-5的结果类似。表7-6中回归结果Ⅰ~Ⅵ显示，主要回归变量系数估计除了具体数值略有改变外，其统计性质、符号与表7-4中的结果Ⅰ、Ⅳ和表7-5中的结果Ⅰ~Ⅳ类似，由此证实了本章结论的稳健性及可靠性。而且，这表明四分位法赋值衡量的在职消费与传统八项费用法衡量的在职消费，其对于负债比率的作用力是一致的，由此互为印证了两种衡量方法衡量在职消费水平的有效性。但表7-6中回归结果Ⅶ显示，衡量地区间防御作用差异的在职消费与地区虚拟变量交叉项（*Pay*4 × *Dest*）的回归系数在10%的水平上并不显著，这和表7-5中的结果Ⅴ不一致。这表明在比较地区间差异时，四分位法赋值衡量在职消费水平略欠妥当。

第五节　主要结论及政策建议

本章基于国有控股公司管理层的自我防御视角，探讨了公司管理层在职消费对其债务融资的影响。结合所建立的计量模型，本章利用我国国有控股公司2010~2014年的观测样本进行实证研究。本章发现，公司管理层在职消费越高，其负债比率越低。同时，对于同样幅度的在职消费水平提升，中西部地区的公司管理层较东部地区选择更低的负债比率。基于以上实证结论，针对目前国有控股公司改革有如下启示：

一、完善管理层绩效考核机制，鼓励和引导管理层适当提高公司负债比率

由于自我防御行为的存在，我国国有控股公司负债比率偏低。这既不利于债务发挥税盾作用，也不利于发挥负债对公司过度投资的遏制作用，更不利于缓解公司代理成本、提高实际运作效率。因而，在国有控股公司监管的实践中，有必要通过经济杠杆和财务手段完善绩效考核机制，引导和鼓励管理层适当提高公司负债比率，从而进一步发挥公司负债的外部治理作用。

二、推进薪酬激励的市场化改革，抑制管理层实施自我防御的内在动力

本章实证结果表明，市场化程度越低的地区，其公司管理层防御动机更为突出，即在同样的在职消费水平下，中西部地区管理层倾向于维护更低的负债比率，更加不利于公司负债税盾效应和杠杆治理作用的发挥。因而，我们建议再进一步推进中西部地区的市场化改革，完善其国有控股公司的薪酬激励体系，逐渐弱化公司管理层实施自我防御的内在动力。

三、加强在职消费的信息披露质量，削弱管理层利用在职消费谋取自身利益的潜在空间

与显性薪酬相比，在职消费具有较强的隐蔽性，且不易被监督和管理。这在一定程度上促使管理层选择偏低的负债比率，以便降低财务风险，维护自身利益。但在财务管理实践中，在职消费并没有作为规定的会计科目加以列示，已有文献更多是通过“支付其他与经营活动有关的现金”或“管理费用”等科目的相关明细加以推断。这两个科目的相关明细并不统一，其相关信息披露也不是强制性，使得超过60%以上的国有控股公司没有动力披露该项信息，从而加大了

在职消费实际数据获得和外部监督的难度。在我国现有监督手段尚不完善的背景下，我们建议加强在职消费的信息披露质量，明确“办公费、差旅费、业务招待费、通讯费、出国培训费、董事会费、小车费和会议费”等费用的披露规则，以便于政府主管部门审计和监督。

参考文献

［1］ Yermack D. Flights of Fancy Corporate Jets, CEO perquisites, and inferior shareholder returns ［J］. Journal of Financial Economics, 2006 (80): 211 -242.

［2］ Rajan R G, Wulf J. Are Perks Purely Managerial Excess ［J］. Journal of Financial Economics, 2006 (79): 1 -33.

［3］ Jensen M C. Agency Costs of Free Cash Flow, Corporate Finance, and Take Overs ［J］. The American Economic Review, 1986, 76 (2): 323 -329.

［4］ Easterbrook F H, Fischel D R. The Economic Structure of Corporate Law ［M］. Harvard University Press, 1996.

［5］ Friend I, Lang L. An Empirical Test of the Impact of Managerial Self - interest on Corporate Capital Structure ［J］. Journal of Finance, 1988 (47): 271 -281.

［6］ Fama E F. Agency Problems and the Theory of the Firm ［J］. The Journal of Political Economy, 1980, 88 (2): 288 -307.

［7］ Harris M, Raviv A. Corporate Control Contests and Capital Structure ［J］. Journal of Financial Economics, 1988 (20): 55 -86.

［8］ Stulz R. Managerial Control of Voting Rights Financing Policies and the Market for Corporate Control ［J］. Journal of Financial Economics, 1988 (20): 25 -54.

［9］ Qian Y Y. Reforming Corporate Governance and Finance in China ［A］. Aoki M, Kim H K. Corporate Governance in Transitional Economies Insider Control and the Role of Banks ［C］. Washington DC the World Bank Press, 1995: 215 -252.

［10］ 刘小玄．中国企业发展报告 1990 ~2006 ［M］．北京：社会科学文献出版社，2001.

［11］ 张春．公司金融学 ［M］．北京：中国人民大学出版社，2008.

［12］ Chow G. Tests of Equality between Sets of Coefficients in Two Linear Regressions ［J］. Econometrica, 1960 (28): 32 -58.

［13］ 伍德里奇．计量经济学导论（中文第三版）［M］．北京：人民大学出版社，2007.

［14］ 赵文红，李垣．中国国企经营者“在职消费”行为探讨［J］．经济体制改革，1998（5）：82 -84.

［15］ Duesenberry J S. Income, Savings and Consumer Behavior ［M］. Cambridge, MA Harvard University Press, 194.

［16］ 司马光. 资治通鉴·训俭示康［M］. 北京：中华书局，2007.

［17］ 卢锐，魏明海，黎文靖. 管理层权力、在职消费与产权效率［J］. 南开管理评论，2008（11）.

第八章　国有企业管理层报酬的政策干预效果评估[①]

导读：本章基于2009年“限薪令”和2012年“八项规定”政策干预的拟自然实验，借助跨期平衡面板数据政策干预效果的评估方法，建立政策干预发生前后的一阶差分模型。以此为基础，利用沪深A股主板市场的平衡面板数据对“限薪令”和“八项规定”的干预效果进行实证检验。结果表明，在遏制管理层货币薪酬和在职消费增加方面，“八项规定”的政策干预具有积极的治理作用，而“限薪令”却没有类似的治理作用。在促使管理层货币薪酬和在职消费降低方面，“八项规定”和“限薪令”均未能发挥有效的治理作用。

第一节　引言

由于经理与股东的利益不一致及股东对经理监督成本的存在，他们之间不可避免地存在代理冲突（Jensen and Meckling，1976）。再加上公司经理与股东之间的合约不完全和经理所拥有人力资本的复杂性等，这就注定股东难以真正有效管理经理行为，并使得薪酬激励成为降低两者之间代理成本的重要途径（Grossman and Hart，1986；Rajan and Zingales，1998）。按照经典的代理理论框架，薪酬激励机制主要包括两方面内容：一是给多少，即薪酬总额；二是如何给，即薪酬结构（基本工资加绩效奖励或股权激励），这已成为公司治理研究领域的共识。遗憾的是，我国国有企业（包括国有控股上市公司）至今并没有明确的路径确定薪酬总额和薪酬结构，这也使得国有控股上市公司（其信息更容易获得）管理层的天价薪酬或招待费（在职消费）常常为公众所“诟病”。如中国铁建2011

① 本章主体内容已发表于《证券市场导报》2015年第12期。

年业务招待费共计8.37亿元，位列A股上市公司之首，引起舆论广泛关注。

在此背景下，我国先后多次出台政策干预国有企业管理层薪酬，其中近期影响较大的主要有两次：一次是2009年9月16日，国务院六部委联合发文，要求规范中央级国有企业管理层薪酬和在职消费，被记为“限薪令”（沈艺峰、李培功，2010）。另一次是2012年12月4日，习近平总书记主持召开中共中央政治局会议上审议通过中央政治局关于改进工作作风、密切联系群众的“八项规定”。其中涉及的“招待、宴请和生活待遇”等限制性规定不可避免地对从中央到地方的国有企业产生一定的影响，被称为“八项规定”。时至今日，“限薪令”已经颁布10余年，“八项规定”也已实施7年，但这两项政策的干预是否对国有企业的货币薪酬和在职消费产生有效的治理作用并未从实证研究中得到证实。有鉴于此，本章基于跨期平衡面板数据政策干预效果评价的思想，构建政策干预发生前后的一阶差分方程，并利用沪深A股主板市场的观测样本对其干预效果进行实证研究。结果表明，在遏制管理层货币薪酬和在职消费增加方面，“八项规定”的政策干预具有积极的治理作用，即“八项规定”限制了管理层货币薪酬和在职消费的增加，而“限薪令”却没有类似的治理作用。结果也表明，在促使管理层货币薪酬和在职消费降低方面，“八项规定”和“限薪令”均未能发挥有效的治理作用，即均未能促进管理层货币薪酬和在职消费的降低。

与已有研究相比，本章至少做出以下两方面贡献：一方面，本章从规范的实证视角研究了“限薪令”和“八项规定”这两大国企管理层薪酬政策的干预效果，由此填补了国内研究的空白；另一方面，本章创造性地将政策干预效果区分为遏制增加和促进降低两种类型，试图从方法上对政策评价研究加以改进。

第二节　管理层激励的制度背景及理论分析

一、我国国有企业管理层薪酬激励制度演进

随着重工业优先发展战略的全面实施，我国从1954年起对规模较大的私营企业进行公私合营改造，从而形成事实上的国营经济。到1956年改造基本结束时，国营企业占工业总产值的67.5%，公私合营占32.5%，私营工业几乎全部消失。与国营经济大一统相适应，中央政府统一管理国营企业的薪酬体制。1956年，全国工资改革会议决定，统一制定国营企业的工资标准，职工工资标准、职工定级、升级制度均由中央政府统一规定，地方政府和企业无权变更。由此可

知，在国营经济早期，计划经济主导下的国有企业更多是“生产车间”，并不是具有经营自主权、独立法人资格的市场主体，缺乏独立核算和绩效考核的天然基础，也就不存在经营者和生产者之间的差别，从而使得其相应的薪酬激励体制表现为整体划一、僵化有余和弹性不足，更不存在所谓的“管理层激励”。由于缺乏经营自主权、激励机制僵化，这时期的国营企业逐渐暴露出生产经营积极性不高、生产效率低下等诸多矛盾。所以，按照“摸着石头过河”的改革逻辑，相应的国有企业改革必然是从放权让利入手。与以往的行政性分权不同，这次改革主要是向企业“放权让利”，即给予企业一部分新增收益的支配权，初步建立企业经营者和生产者的激励机制，进而同时实现增加财政收入、企业留利和职工工资之目的。

伴随“放权让利”的企业改革推进，中央政府在逐步下放国有企业经营自主权的同时，也逐渐放松对国有企业经营者和生产的薪酬管制，支持其建立与绩效挂钩的薪酬激励制度，并陆续出台相应的配套制度对经营者的薪酬总额予以规范。《国务院关于深化企业改革增强企业活力的若干规定》（国务院〔1986〕103号）规定：“凡全面完成任期年度目标的经营者个人收入可以高出职工收入的1~3倍，做出突出贡献的还可以再高一些。”这是十一届三中全会以后，国务院首次就国有企业管理层薪酬总额所出台的较为明确规定。结合后来出台的相关制度及各省实际执行情况，大部分地区仍是将经营者货币薪酬总额限定为职工平均收入的3~5倍（朱克江，2003）。自此以后，我国政府主管部门鲜有规范国有企业管理层薪酬总额的制度出台，更多侧重薪酬绩效考核的管理。2004年，国资委出台的《中央企业负责人薪酬管理暂行办法（2004）》第12条规定，“绩效薪金的60%在年度考核结束后当期兑现，其余40%延期兑现”。在此基础上，2009年9月16日出台的《关于进一步规范中央企业负责人薪酬管理的指导意见》，除重申和细化了2004年关于延期支付和在职消费的管理之外，并未在操作规范、信息披露要求和薪酬总额设定等方面予以明确。从国有控股上市公司年报来看，管理薪酬的信息披露仍然存在科目粗糙、叙述简单、过程模糊、缺乏强制性等问题（童卫华等，2006；查婧，2009）。目前，我国对上市公司高管薪酬信息披露进行规范的法规主要有《上市公司股权激励管理办法》（试行）、《上市公司信息披露管理办法》、《公开发行证券的公司信息披露内容与格式准则第2号——年报的内容与格式》（2007修订版）。尽管这些规则要求披露薪酬决定程序、薪酬决定依据等信息，但由于相关规定不细致、缺乏操作指南，外界很难得到主要薪酬数字的解释和说明，从而不利于对管理层货币薪酬发放和在职消费情况进行监督。

二、政府管制、薪酬刚性与在职消费

由于我国证券市场股价波动幅度较大、市场定价机制尚不完善，以股权激励为核心的长期激励模式并未在我国国有控股公司成为主流。来自观测样本的数据显示，2007~2013 年，国有控股公司管理层合计持股市值中位数不足 40 万元，约为同期管理层年度薪酬总额中位数的 11% 左右。2013 年，管理层合计持股市值达到 300 万元的仅有 82 家，占同期观测样本 687 家的 11.8%，且集中分布在房地产、信息技术和制造业等少数几个行业。故而，本章主要关注国有控股公司管理层的货币薪酬和在职消费。

在所有者（出资人）缺位的条件下，由企业的经营者或员工实际控制了企业的情况，使得经营者或员工过度关注“内部人收益最大化”，由此形成所谓的“内部人控制”（青木昌彦、张春霖，1994）。由于缺乏可以追溯的最终委托人，各类代理人都不拥有合法的对生产资料的个人产权，也并不对任何拥有生产资料产权的个人负责，使得我国国有企业更容易形成这种内部人控制（周其仁，2000；李维安等，2001）。再加上董事会的决策功能弱化和监事会的监督功能不足，管理层便有机会利用货币薪酬和在职消费等渠道谋取私利。方军雄（2009）发现，我国公司管理层薪酬的业绩敏感性存在不对称的特征，业绩上升时薪酬的增加幅度显著高于业绩下降时薪酬的减少幅度，即存在黏性特征。与管理层薪酬相比，普通员工薪酬并不存在明显的黏性特征。这再次从侧面证实管理层利用内部人控制谋取私利。刘星和徐光伟（2012）通过构建管理层权力指数，证实了管理层利用手中权力影响自身薪酬契约，导致薪酬具有向下的刚性和向上的弹性。权小锋等（2010）也得到类似的结论，即：国有控股公司管理层权力越大，其获取的私有收益越高，且更倾向于通过盈余管理操纵获取绩效薪酬。这些研究表明，在我国薪酬制度体系尚不完善、薪酬披露不甚透明和外部监管较为乏力的情况下，管理层利用自身优势通过货币薪酬来谋求自身利益的最大化。

管理层利用内部人控制优势谋取自身利益的另一表现就是在职消费。颜剑英（2002）发现，由于货币薪酬偏低、职位晋升激励异化和声誉机制不完善等弊端，管理层选择强化自我激励，主要包括利用非法手段侵吞国有资产和追求过度的在职消费。再加上在职消费的隐蔽性和变通性，公司管理层甚至将在职消费作为对货币薪酬的部分替代，以便弥补因货币薪酬过低而无法有效弥补个体劳动付出的缺陷（赵文红等，1998）。陈冬华等（2005）借助“八项费用法”测算在职消费，发现国有控股公司管理层在职消费达到其货币薪酬的 10 倍，且成为国有控股公司管理层的替代性选择。该文发现，与民营上市公司中内生于公司的薪酬契约相比，国有控股公司中的外生薪酬安排缺乏应有的激励效率。尤其是公司管理层权力越大，其在职消费越高，但相应的绩效依然难以得到显著改善（卢锐等，2008）。尽管也有研究提出，管理者持股比例和在职消费之间存在替代关系，管理者持股比例的增加能够抑制在职消费（冯根福、赵珏航，2012）。但该文仅用2005~2008年80家平衡面板数据样本（其中国有控股公司61家，非国有控股公司19家），其占同期上市公司数量不足10%，再加上难以获得准确的在职消费数据和公司实际人控制类型差异等因素，其实证结论能否推广值得商榷。

三、新兴转轨时期的执法监管

由于交易成本和不确定性广泛存在，市场主体之间的契约“天然”不完备（Hart and Moore，1994；Maskin and Tirole，1999）。依托不完备合同理论，Pistor和Xu（2002）提出法律不完备理论。他们认为，当法律高度不完备且违法行为会导致重大损害时，将执法权分配给监管者而非法庭是最优。Pistor和Xu（2005）借助法律不完备的理论框架，结合中俄两国在推动股票市场发展的实践活动，在一定程度上证实“执法之外的治理机制”的重要性。但我国长期以来形成的行政管制强势与执法监管弱势在一定程度上阻碍了证券市场进一步发展（胡汝银，2007）。在我国，国有控股公司董事长和总经理大多是由同级党委组织部门推荐或提名，再经过公司内部的法定程序产生，使得他们天然具有相应的行政级别。由于国有股“一股独大”，这些公司中的其他董事和监事半数以上来自政府部门，但其行政级别明显低于董事长或总经理。以央企为例，在国资委网站列出的115家央企名录中，前54家企业“一把手”（指企业董事长、党委书记及总经理）多为“副部级”。再加上我国惯行的“一把手”负责制和独立董事监督作用尚不确定（王跃堂等，2006；支晓强，2005），董事会能否相对独立地监督经理层，以及监事会能否监督董事会和经理层等，这些在一定程度上都值得怀疑。

因而，在高度不完备的情况下，以法庭为核心的司法干预难以奏效。在内部人获得实际控制权的治理结构下，再加上司法不干预“商事判断规则”，董事会和监事会的内部监督难以发挥作用。在信息披露缺乏强制性、会计科目明细缺乏的条件下，外部投资者难以实施有效的监督机制。由于政策性负担的广泛存在及其“预算软约束”，银行借款的债务治理作用难以有效发挥。正是面临这四重困境，我国国有控股公司管理层的货币薪酬和在职消费形成了所谓的“黑匣子”。为打开“黑匣子”，切实发挥薪酬激励作用，我国政府先后出台多组措施予以干预，其中就包括近期影响较大的“限薪令”和“八项规定”。

第三节　基于拟自然实验的政策干预模型

一、样本数据筛选

由于“限薪令”和“八项规定”发生在不同时期，我们需要选择政策干预出台前后的、相邻的观测样本进行实证检验。考虑到政策干预具有明确的指向，即“限薪令”专门针对中央企业，“八项规定”则针对所有国有企业，本章均选择国有企业之外的民营企业作为政策干预效果评估中的对照组。接下来，本章依据不同政策干预的时间和特点，分别进行观测样本选择。

（1）为检验2009年9月16日颁布的“限薪令”干预效果，本章选择2008年和2009年两期观测样本进行实证检验。在这里，民营上市公司为对照组，中央企业为干预组，实际控制人类型虚拟变量为政策干预的代理变量（以下简称政策干预变量）。为检验“限薪令”政策干预的时滞，本章还选择2008年和2010年两期观测样本进行稳健性检验。若在2008年和2010年的观测样本中，政策干预变量的回归估计结果维持不变，则证实原实证结果的稳健性；否则我们需要重新审视。

（2）为检验2012年12月4日正式出台的“八项规定”干预效果，本章选择2012年和2013年两期观测样本进行实证检验。其中，民营上市公司为对照组，国有企业（中央国企和地方国企）为干预组，实际控制人类型虚拟变量为政策干预的代理变量。为确保该实证结论的稳健性，本章还选择2011年和2013年两期观测样本进行实证检验。若在2011年和2013年的观测样本中，政策干预变量的回归估计结果相同，我们可能会怀疑政策干预变量的实际效果。

结合以上样本选择要求，本章利用Wind金融资讯数据库和色诺芬（CCER）数据库进行筛选，具体过程如下：首先，本章剔除2007年以来主营业务发生重大变更的、观测期间不连续的公司样本。其次，本章剔除隶属金融和保险业（证监会行业分类）的样本，剔除当年被ST和*ST的样本，剔除净资产为负及其他相关数据不全的样本。经过以上筛选程序，本章获得2008~2013年沪深主板A股市场4593个观测样本。在考察“限薪令”政策干预效果时，选用2008~2010年431家A股主板上市公司在三年间的1293个观测样本；在考察“八项规定”政策干预效果时，选用2011~2013年1100家A股主板上市公司在三年间的3300个观测样本。

二、计量模型构建

（一）评价政策干预效果的计量方法选择

在政策干预效果评估过程中，我们几乎不可能得到“实验数据”。面对大量的非实验数据，如何根据数据特征选择合适的计量方法成为实证检验政策干预效果的关键。在微观计量经济学领域，工具变量法（Instrumental Variable）、断点回归（Regression Discontinuity Design）、双重差分（Difference in Difference）和倾向值匹配（Propensity Score Matching）等计量方法常常被用来进行政策评估（卫梦星，2012）。在综合比较这些方法适用条件的基础上，我们利用观测样本的平衡面板数据优势，选择一阶差分法来构建政策评估模型。借助该模型，我们允许个体异质性特征存在，包括不随时间改变的不可观测因素。在回归估计中，我们先进行差分以剔除个体异质性因素，再辅以同方差条件的满足或异方差的修正，便可得到该模型的无偏估计及其统计推断，从而增强本章实证结果的稳健性和可靠性。

（二）基于两期平衡面板数据的一阶差分方程构建

借鉴相关文献，我们建立影响公司管理层货币薪酬（或在职消费）的非观测效应模型。

$$y_{it}=\beta_0+\delta_0 d2_t+\beta_1 policy_{it}+\beta Ctl+\alpha_i+u_{it}\quad t=1,\ 2 \tag{8-1}$$

其中，y_{it}为政策干预的结果变量，这里表示管理层货币薪酬或在职消费；$d2_t$ 为时间虚拟变量，政策出台时间之后取 1，否则取 0；$policy_{it}$为政策干预虚拟变量，对照组取 0，干预组取 1；Ctl 为相关控制变量的向量，如公司规模、股权集中度、公司绩效、财务杠杆、成长性和股票超额回报等；α_i 为非观测的个体异质性特征（或称固定效应），如平均管理者能力等影响管理层薪酬的、不随时间变化的、难以观测的因素；u_{it}为特异性误差。

在 $t=1$ 期，$d2_t=0$，可得式（8－2）。

$$y_{i1}=\beta_0+\beta_1 policy_{i,1}+\beta Ctl+\alpha_i+u_{i1} \tag{8-2}$$

在 $t=2$ 期，$d2_t=1$，可得式（8－3）。

$$y_{i2}=(\beta_0+\delta_0)+\beta_1 policy_{i,2}+\beta Ctl+\alpha_i+u_{i2} \tag{8-3}$$

利用上述两期平衡面板数据，我们用式（8－3）减去式（8－2）可得如下一阶差分方程，即式（8－4）。

$$\Delta y_i=\delta_0+\beta_1\Delta policy_i+\beta\Delta Ctl+\Delta u_i \tag{8-4}$$

其中，$\Delta y_i=y_{i,2}-y_{i,1}$，$\Delta policy_i=policy_{i,2}-policy_{i,1}$，其他以此类推。按照上述界定，我们可得政策干预该变量（$\Delta policy_i$）的取值结果，即：

$$\Delta policy_i = policy_{i,2} - policy_{i,1} = \begin{cases} 1-0 & 若\ i\ 属于干预组 \\ 0-0 & 若\ i\ 属于对照组 \end{cases} = \begin{cases} 1 & 若\ i\ 属于国有企业 \\ 0 & 若\ i\ 属于民营企业 \end{cases}$$

在式（8－4）中，不随时间变化的个体异质性特征已然被消除。

（三）区分政策干预效果的样本截断模型构建

一般来说，在政策干预效果的评价中，我们通常假定或潜意识地设定政策干预达到期待的效果，然后再进行研究设计证实其统计意义上的显著性或可靠性。因此，若政策干预能够有效地治理国有控股公司管理层的货币薪酬或在职消费，我们期待出现两种可能的干预结果。第一种，政策干预有效地促进管理层货币薪酬（在职消费）降低，此时我们仅能观察到货币薪酬（在职消费）降低的观测样本；第二种，政策干预有效地遏制管理层货币薪酬（在职消费）增加，此时我们仅能获得货币薪酬（在职消费）增加的观测样本。由此可知，货币薪酬（在职消费）无论降低还是增加，在我们研究政策干预时仅能获得与之相对应的观测样本，从而产生所谓的数据截断（Data Censoring）问题，即被解释变量（货币薪酬或在职消费差分量）概率分布就变成由一个离散点与一个连续分布所组成的混合分布（Mixed Distribution）。在这种情况下，如果使用最小二乘法估计，无论使用的是全部样本，还是去掉离散点后的子样本，我们都无法得到一致的回归估计。与之相比，Tobit 模型适用于在正值上大致连续分布但包含一部分以正概率取值为零的被解释变量。故而，本章在一阶差分方程基础上，构建 Tobit 模型来进行政策干预效果的实证检验，即式（8－5）。

$$\begin{cases} \Delta y_i = \max(\Delta y_i^*,\ 0) \text{ or } \min(\Delta y_i^*,\ 0) \\ \Delta y_i^* = \delta_0 + \beta_1 \Delta policy_i + \beta \Delta Ctl + \Delta u_i \end{cases} \tag{8-5}$$

以货币薪酬为例。若 $\Delta y_i^* > 0$，则本期货币薪酬大于上期货币薪酬或货币薪酬增加，由此产生左截断数据，即 $\Delta y_i = \max(\Delta y_i^*,\ 0)$；反之，若 $\Delta y_i^* < 0$，本期货币薪酬小于上期货币薪酬或货币薪酬减少，相应产生右截断数据，即 $\Delta y_i = \min(\Delta y_i^*,\ 0)$。

显然，在货币薪酬增加的情况下，如果 $\hat{\beta}_1 < 0$，则表明政策干预有助于抑制货币薪酬进一步增加；否则表明政策干预未能抑制货币薪酬增加。在货币薪酬减少的情况下，若 $\hat{\beta}_1 > 0$，则表明政策干预有助于促进货币薪酬降低；否则表明政策干预未能促使货币薪酬降低。在职消费也有类似的含义，这里不再赘述。

三、主要变量说明

（1）货币薪酬。受限于我国数据的可得性，本章将管理层货币薪酬界定为现金收入与津贴之和，即用前三位董事薪酬之和作为高管薪酬的代理变量，并取

其自然对数，参见刘凤委等（2007）。在实证检验中，本章主要使用的是货币薪酬变化量，记为 Dtcm。

（2）在职消费。在我国会计现行会计准则中，管理层的在职消费并没有专门的科目予以对应。借鉴权小锋等（2010）的处理方式，本章选择管理费用扣除法代理在职消费，并取其自然对数。需要补充说明的是，本章在实证检验过程中，主要使用的是在职消费的差分量，降低了对数据质量的要求。为书写简便，我们将其记为 Dmfe。

（3）政策干预变量处理（$\Delta policy_i$）。由 $\Delta policy_i$ 的界定可知，若公司实际控制人为国有企业，则实际控制人类型虚拟变量取 1，否则取 0。其中，为检验限薪令干预效果，我们选择中央企业作为被干预组；为检验“八项规定”干预效果，我们选择国有企业（央企和地方国企）作为被干预组。在实证检验中，我们将其记为 Dstat。

（4）控制变量。为控制其他相关因素影响，本章还借鉴 Berger 等（1997）、陈胜蓝和卢锐（2012）等相关文献控制了相关解释变量，包括公司规模、股权集中度、公司绩效、财务杠杆、成长性和股票超额回报等指标作为控制变量。其中，公司规模为公司总资产的自然对数，其相应变化量记为 *Dsize*；股权集中度为第一大股东持股比例，其相应变化量记为 *Dfirst*；公司绩效为总资产收益率，其相应变化量记为 *Droa*；成长性为 TobinQ 值，其相应变化量记为 *Dtbn*；财务杠杆为公司应息债务与公司总资产之比，其相应变化量记为 *Dlev*；股票超额回报率为公司股票年度收益率减去综合指数收益率，其相应变化量记为 *Dsmr*。

第四节　基于双重差分模型的实证检验

一、统计分析

（一）样本分布特征

考察“限薪令”政策干预效果时，在 2008 ~ 2010 年选定的 431 家 A 股上市公司在三年间的观测样本中，作为干预组的中央控股国有上市公司有 147 家（占样本总量的 34%），其余 284 家民营上市公司作为政策干预的对照组。观测样本中隶属于东部地区的有 266 家，占 62%，其余隶属于中西部地区。考察“八项规定”政策干预效果时，在 2011 ~ 2013 年选定的 1100 家 A 股上市公司在三年间的观测样本中，作为干预组的国有控股上市公司（含中央控股和地方控股）有

686家（占样本总量的62%），其余414家民营上市公司作为政策干预的对照组。观测样本中隶属于东部地区的有626家，占57%，其余隶属于中西部地区。根据我国证监会的行业分类标准，这些样本公司分布在17个行业。

（二）统计描述

在本章构建的计量模型中，用于回归估计的变量为相应控制变量的变化量。故而，我们在统计描述中直接对控制变量的变化量进行描述，结果如表8－1所示。

表8－1 相关变量的统计描述

变量名称	检验“限薪令”干预效果的观测样本					检验“八项规定”干预效果的观测样本				
	均值	25%分位数	中位数	75%分位数	标准差	均值	25%分位数	中位数	75%分位数	标准差
Dtcm	0.135	－0.026	0.092	0.327	0.502	0.071	－0.056	0.033	0.186	0.392
Dmfe	0.148	－0.010	0.132	0.282	0.295	0.109	－0.007	0.089	0.197	0.253
Dfirst	0.341	0	0	1	0.474	0.624	0	1	1	0.485
Dsize	－0.007	0	0	0	0.047	－0.003	0	0	0	0.045
Droa	0.153	0.020	0.110	0.232	0.243	0.112	0.007	0.084	0.175	0.212
Dtbn	0.004	－0.017	0.002	0.023	0.061	－0.004	－0.014	－0.001	0.010	0.051
Dlev	0.554	0.155	0.372	0.731	0.643	0.055	－0.053	0.011	0.136	0.408
Dsmr	－0.002	－0.052	0.000	0.041	0.092	0.004	－0.029	0.001	0.038	0.077

表8－1显示，对于检验“限薪令”干预效果的2008年与2009年央企与民企观测样本，政策干预前后管理层货币薪酬与在职消费平均而言分别增加0.135和0.148，但在样本间的差异较大。有30%的样本在政策干预后管理层货币薪酬与在职消费减少，而在其余70%货币薪酬与在职消费增加的样本中，管理层货币薪酬与在职消费增加的普遍水平在0.1左右。

而对于检验“八项规定”干预效果的2012年和2013年国企与民企观测样本，政策干预前后管理层货币薪酬与在职消费平均而言分别增加0.071和0.109，但在样本间的差异较大。有30%的样本政策干预后管理层货币薪酬与在职消费减少，而在其余70%货币薪酬与在职消费增加的样本中，管理层货币薪酬与在职消费增加的普遍水平在0.1左右。

此外，在政策干预前后变化不大的变量有公司规模、成长性和股票回报，其均值接近0，且方差较小。而股权集中度、公司绩效和财务杠杆三个指标，在政

策干预前后存在明显差异。

（三）相关性分析

与上述统计描述相类似，我们主要对管理层货币薪酬与在职消费的变化量以及相关控制变量的变化量进行皮尔逊（Pearson）相关性分析，所得结果与因变量是显著相关的列于表8－2。

表8－2　相关变量的相关性分析

	检验“限薪令”干预效果的观测样本		检验“八项规定”干预效果的观测样本	
	货币薪酬	在职消费	货币薪酬	在职消费
Dstat	－0.03	0.05	－0.05*	－0.05*
Dfirst	－0.01	0.01	－0.001	0.07*
Dsize	0.12*	0.40*	0.11*	0.49*
Droa	0.15*	0.14*	0.04	0.02
Dlev	0.01	－0.03	－0.01	0.1005*
Dsmr	0.01	0.1161*	0.02	0.03

注：*表示在5%的水平上显著。

表8－2显示，对于检验“限薪令”干预效果的2008年与2009年央企与民企观测样本，货币薪酬变化量与政策干预（*Dstat*）负向相关，在职消费变化量与政策干预正向相关，但在5%的水平上均不显著。而对于检验“八项规定”干预效果的2012年和2013年国企与民企观测样本，货币薪酬和在职消费变化量均与政策干预呈负向相关关系，且均在5%水平上显著。此外，对于两类观测样本，货币薪酬和在职消费变化量均与公司规模变化量显著正向相关，而与其他控制变量变化量的相关关系不稳定。这与后面的实证结果可能存在不相一致的地方，主要原因是在相关性分析过程中，我们并未控制其他因素对公司货币薪酬和在职消费的变化的影响。为更加客观地探讨公司货币薪酬和在职消费的变化与政策干预之间的关系，本章接下来通过引入其他变量或利用面板数据模型来尽可能控制其他因素对公司货币薪酬和在职消费变化的影响。

二、实证结果

（一）2009年“限薪令”政策干预的实证分析

借助计量模型5及2008年和2010年两期样本，本章对2009年“限薪令”政策干预管理层货币薪酬和在职消费的效果进行实证检验，其回归结果汇总如表8－3所示。该表第1列为变量名称，第2～5列为实证结果，标注为Ⅰ～Ⅳ。

Ⅰ和Ⅱ分别为政策干预对货币薪酬增加和货币薪酬下降影响作用的回归结果，Ⅲ和Ⅳ分别为政策干预对在职消费增加和在职消费下降影响作用的回归结果。依据计量模型设定，Ⅰ和Ⅲ分别为相应被解释变量的左截断 Tobit 模型回归结果，Ⅱ和Ⅳ分别为被解释变量的右截断 Tobit 模型回归结果。需要特别说明的是，为便于理解解释变量的系数估计，本章直接汇报了 Tobit 模型中的平均边际效应（Marginal Effect，系数估计）。

表 8-3　2009 年“限薪令”政策干预效果实证检验的回归结果

变量名称	货币薪酬		在职消费	
	Ⅰ	Ⅱ	Ⅲ	Ⅳ
Dstat	0.031 (0.051)	-0.069* (0.076)	0.009 (0.025)	0.030 (0.039)
Dfirst	-0.180 (0.529)	-0.655 (0.853)	-0.200* (0.258)	-0.283 (0.472)
Dsize	0.092** (0.105)	0.222** (0.200)	0.230*** (0.052)	0.301*** (0.133)
Droa	0.576*** (0.438)	0.747** (0.609)	0.141 (0.213)	0.306** (0.301)
Dtbn	-0.002 (0.040)	0.040 (0.064)	0.015 (0.020)	-0.007 (0.030)
Dlev	0.040 (0.281)	-0.007 (0.437)	-0.089 (0.140)	-0.274** (0.231)
Dsmr	0.003 (0.028)	-0.034 (0.041)	0.002 (0.013)	0.002 (0.022)
Obs	431	431	431	431

注：括号内为稳健性的标准差，*** 表示在 1% 的水平上显著，** 表示在 5% 的水平上显著，* 表示在 10% 的水平上显著，*Obs* 为样本容量。下同。

回归结果Ⅰ显示，政策干预（*Dstat*）的回归系数估计为 0.031，但在 10% 的水平上不显著。即在控制其他解释变量不变的情况下，政策干预对管理层货币薪酬的增加有一定抑制作用但不显著。与之不同的是，政策干预对管理层货币薪酬的下降却起到显著的作用。回归结果Ⅱ显示，政策干预的回归系数估计为 -0.069，且在 10% 的水平上显著。这表明，在控制其他解释变量不变的情况下，政策干预对管理层货币薪酬的下降能够产生显著的遏制作用，促使管理层货币薪

酬继续维持原有水平。由此可知，被媒体普遍解读为中国版“限薪令”的干预政策，显然未能有效治理国有控股上市公司（中央企业）管理层货币薪酬，这与沈艺峰和李培功（2010）的研究结论相近。

对于为何政策干预难以有效治理管理层货币薪酬，我们提出以下两方面考虑：①中央企业“一把手”负责人（董事长、党委书记、总经理）大多为副部级，也有少部分为正部级。在行政级别上，这些中央企业及其负责人并不输于“普通”的国家主管部门。按照我国目前行政管理体制，由这些部门出台的政策对中央企业是否具有实质性的执行力不能不值得怀疑。胡汝银（2010）提出，中国公司治理放松事后监管和处罚，强化事前易于得到合作和能够增加监管机构私人收益的行政控制，以至出现监管机构的行政控制“替代”法律实施的趋向，导致“强管制，弱监管”和“多管制，少监管”，出现直接行政控制对监管处罚和严格执法的替代，导致管制过度膨胀而监管力度不足。②在我国国有控股上市公司中，管理层货币薪酬的黏性特征和刚性特征普遍存在（方军雄，2009；刘星和徐光伟，2012）。这些特征的存在，在一定程度上也不可避免地削弱了政策干预的治理效果，甚至起到相反方向的作用。比如，在货币薪酬减少时，政策干预未能对其产生积极的作用，这与刘星和徐光伟（2012）相一致。

回归结果Ⅲ和Ⅳ显示，政策干预的回归系数估计分别为0.009和0.030，且均在10%的水平上不显著。这表明，在控制其他解释变量不变的情况下，对于在职消费的增加或减少，政策干预均未能发挥显著的治理作用。在我国现在的信息披露规则下，国有控股上市公司并不承担严格披露在职消费的义务，从而使得外界很难获得管理层在职消费的准确信息。尽管国内学者利用“八项费用法”或管理费用代理在职消费，但依然难以克服信息披露不准确的根本问题。在“八项费用法”测算过程中，约有60%的上市公司没有披露相关费用明细（陈冬华，2005）。这种信息披露的模糊性既带来外部监督管理的困难，也为公司管理层谋取自身利益提供便利。因而，在干预力度不足、信息透明度较低的情况下，政策干预难以对公司管理层在职消费产生有效的治理作用。

总而言之，“限薪令”的出台既没有遏制管理层货币薪酬的增加，也未能阻碍其在职消费水平的提高，更没能对管理层货币薪酬和在职消费的减少产生积极的治理作用。因而，“限薪令”对管理层货币薪酬和在职消费的治理结果并未达到预期效果。

（二）2012年“八项规定”政策干预的实证分析

借助计量模型5及2012年和2013年两期样本，本章2012年“八项规定”政策干预管理层货币薪酬和在职消费的效果进行实证检验，其回归结果汇总如表8-4所示。该表第1列为变量名称，第2~5列为实证结果，标注为Ⅰ~Ⅳ。

Ⅰ和Ⅱ分别为政策干预对货币薪酬增加和货币薪酬下降影响作用的回归结果，Ⅲ和Ⅳ分别为政策干预对在职消费增加和在职消费下降影响作用的回归结果。同样地，表中直接汇报了 Tobit 模型中的平均边际效应，Ⅰ和Ⅲ分别为相应被解释变量的左截断 Tobit 模型回归结果，Ⅱ和Ⅳ分别为被解释变量的右截断 Tobit 模型回归结果。

表 8-4　2012 年“八项规定”政策干预效果实证检验的回归结果

	货币薪酬		在职消费	
	Ⅰ	Ⅱ	Ⅲ	Ⅳ
Dstat	-0.018** (0.024)	-0.058*** (0.033)	-0.025*** (0.013)	-0.008 (0.015)
Dfirst	-0.034 (0.265)	0.054 (0.360)	0.106 (0.147)	-0.071 (0.177)
Dsize	0.104*** (0.058)	0.046 (0.082)	0.278*** (0.033)	0.206*** (0.052)
Droa	0.019 (0.263)	0.170 (0.325)	-0.236*** (0.145)	-0.278*** (0.156)
Dtbn	0.019 (0.031)	0.034 (0.043)	0.020** (0.017)	0.023** (0.019)
Dlev	-0.057 (0.164)	-0.031 (0.218)	0.001 (0.090)	-0.037 (0.108)
Dsmr	-0.001 (0.023)	-0.004 (0.033)	0.004 (0.013)	0.004 (0.015)
Obs	1100	1100	1100	1100

表 8-4 中的回归结果Ⅰ显示，政策干预的回归系数估计为 -0.018，且在 5% 的水平上显著。这表明，在控制其他解释变量不变的情况下，政策干预有效地遏制了管理层货币薪酬的增加。与 2009 年“限薪令”相比，2012 年“八项规定”对国有控股上市公司管理货币薪酬产生了显著的治理作用。与此同时，“八项规定”对其在职消费也产生了有效的治理作用，具体参见回归结果Ⅲ。该结果显示，政策干预的回归系数估计为 -0.025，且在 1% 的水平上显著。这表明，在控制其他解释变量不变的情况下，政策干预有效地遏制了管理层在职消费的增加。这可能也部分地佐证了 Pistor 和 Xu（2002）提出的“执法权最优分配原则”，即：当法律高度不完备且违法行为会导致重大损害时，将执法权分配给监

管者而非法庭是最优。当然，执法权有效的前提是实际执行力度，这在转轨经济中尤为重要。

由此可知，“八项规定”的确对遏制管理层货币薪酬和在职消费增加起到积极作用。我们不禁要问，对管理层货币薪酬和在职消费的降低，这种遏制作用是否也能有效呢？回归结果Ⅱ显示，政策干预的回归系数估计为 -0.058，且在1%的水平上显著。即：在控制其他解释变量不变的情况下，政策干预对管理层货币薪酬下降产生显著的遏制作用，促使管理层货币薪酬继续维持原有水平。与“限薪令”干预的结果类似，“八项规定”对管理层货币薪酬的降低并未起到积极的治理作用，同样证实了我国国有控股上市公司管理层货币薪酬的刚性特征。对于在职消费方面，“八项规定”也未能发挥有效的治理作用。回归结果Ⅳ显示，政策干预的回归系数估计分别为 -0.008，但在10%的水平上不显著。由此可知，在控制其他解释变量不变的情况下，政策干预未能有效地促进管理层在职消费减少，这与“限薪令”的干预效果相类似。该结论又一次展示了货币薪酬的“刚性特征”及“棘轮效应”（Ratcheting Effect，杜森·贝利，1957）。

综上所述，在遏制管理层货币薪酬和在职消费增加方面，“八项规定”的政策干预具有显著的治理作用，这显然不同于“限薪令”的干预效果；在促使管理层货币薪酬和在职消费降低方面，“八项规定”却未能发挥出有效的治理作用，这又与“限薪令”相似。至于两者为何存在这种差异，本章提出以下两个方面的解释：①“八项规定”是在习近平总书记主持召开中共中央政治局会议上审议通过的，具有更大力度和更大范围的约束力。“限薪令”是主要是由国务院部委办局颁布（除中共中央组织部外），在执行力度上显然弱于“八项规定”。②随着“八项规定”的出台，中共中央纪律委员会专门出台“六项禁令”，对“八项规定”中相关内容进行细化和落实，为后续的监督执行提供基础。反观“限薪令”，自从2009年9月16日颁发后，相关部门并未继续出台跟进督察和落实。

三、稳健性检验

为检验实证结果的稳健性，本章根据不同情况采取以下两种方式：一是对于“限薪令”，本章利用2008年与2010年的观测样本再次进行实证检验。如果“限薪令”不能对管理层货币薪酬和在职消费产生有效的治理作用，那么这种作用同样延伸至2010年。二是对于“八项规定”，本章分别选择2011年与2013年的观测样本进行实证检验。如果“八项规定”真正起到政策干预的效果，那么在“八项规定”实施之前，选定政策干预的代理变量不应该具有类似的效果。相应实证结果如表8-5所示。限于篇幅，此处报告主要变量的回归结果和主要统计量检验结果。

表 8－5 “限薪令”与“八项规定”政策干预的稳健性检验回归结果

	2008 年与 2010 年样本的“限薪令”的回归结果				2011 年与 2013 年样本的“八项规定”的回归结果			
	货币薪酬		在职消费		货币薪酬		在职消费	
	Ⅰ	Ⅱ	Ⅲ	Ⅳ	Ⅴ	Ⅵ	Ⅶ	Ⅷ
Dstat	0.006 (0.048)	－0.152*** (0.087)	－0.016 (0.023)	－0.017 (0.049)	－0.013 (0.026)	－0.056*** (0.037)	－0.021*** (0.013)	－0.006 (0.021)
Obs	430	430	430	430	998	998	998	998

表 8－5 显示，主要回归变量系数估计除了具体数值和显著性程度略有改变外，其统计性质、符号均保持不变，由此证实了本章结论的稳健性及可靠性。

第五节　主要结论及政策启示

本章基于跨期平衡面板数据政策干预效果评价的思想，构建政策干预发生前后的一阶差分模型，并利用沪深 A 股主板市场的观测样本对“限薪令”和“八项规定”的干预效果进行实证检验。结果表明，在遏制管理层货币薪酬和在职消费增加方面，“八项规定”的政策干预具有积极的治理作用，即“八项规定”限制了管理层货币薪酬和在职消费的增加，而“限薪令”却没有类似的治理作用。结果也表明，在促使管理层货币薪酬和在职消费降低方面，“八项规定”和“限薪令”均未能发挥有效的治理作用，即均未能促进管理层货币薪酬和在职消费的降低。故而，为进一步发挥政府政策对国有上市公司管理层薪酬的干预效果，本章提出如下三个方面的政策建议以供参考。

一、规范管理层货币薪酬标准及其发放方式

薪酬激励的核心有两个，一是给多少，二是如何给。从我国国有企业薪酬激励的相关政策文件来看，“给多少”仍然是一个较为模糊的概念。因此，在我国国有企业管理层薪酬激励亟待优化之时，非常有必要针对不同类型的企业制定相应的薪酬标准。在此基础上，确定薪酬构成及其支付方式。同时，对货币薪酬的

信息披露进一步细化和规范。

二、规范在职消费科目和规则，加强明细费用的信息披露制度

与货币薪酬相比，在职消费不但数额巨大，而且信息透明度相当低，以至于屡屡成为社会公众“诟病”的焦点，同时也带来了监督管理的困难。为此，我们有必要从以下两个方面改进在职消费的信息披露：一方面，对在职消费科目进行规范和细化，加强对单笔支出数额较大或累计支出数额较大的费用予以附注说明；另一方面，明确在职消费信息披露的强制性，即要求公司必须按季度予以披露和说明。

三、加强外部监管，提高执行力度

在新兴转轨市场中，法律制度基础的薄弱不可避免地需要外部监管。鉴于我国国有控股公司的特殊性，外部监管力度往往直接决定了干预效果。因此，面临我国国有控股公司带有特定行政级别的“一把手”管理体制，借助强有力的外部监管力度以保障政策干预效果必不可少。

参考文献

［1］查婧．中美高管薪酬披露规则比较［J］．财会通讯，2009（10）．

［2］陈冬华，陈信元，万华林．国有企业中的薪酬管制与在职消费［J］．经济研究，2005（2）．

［3］陈胜蓝，卢锐．股权分置改革、盈余管理与高管薪酬业绩敏感性［J］．金融研究，2012（10）．

［4］方军雄．我国上市公司高管的薪酬存在粘性吗？［J］．经济研究，2009（3）．

［5］冯根福，赵珏航．管理者薪酬、在职消费与公司绩效［J］．中国工业经济，2012（6）．

［6］胡汝银．中国资本市场的变革之路［J］．上海金融，2007（1）．

［7］李维安．国际经验与企业实践［J］．南开管理评论，2001（1）．

［8］刘星，徐光伟．政府管制、管理层权力与国企高管薪酬刚性［J］．经济科学，2012（1）．

［9］卢锐，魏明海，黎文靖．管理层权力、在职消费与产权效率［J］．南开管理评论，2008（5）．

［10］林毅夫，刘明兴，章奇．政策性负担与企业的预算软约束［J］．管理世界，2004（8）．

［11］刘凤委，孙铮，李增泉．政府干预、行业竞争与薪酬契约［J］．管理世界，2007（9）．

［12］青木昌彦，张春霖．对内部人控制的控制［J］．改革，1994（6）．

［13］权小锋，吴世农，文芳．管理层权力、私有收益与薪酬操纵［J］．经济研究，2010（11）．

［14］沈艺峰，李培功．政府限薪令与国有企业高管薪酬、业绩和运气关系的研究［J］．中国工业经济，2010（11）．

［15］童卫华等．中国上市公司高管人员薪酬信息披露研究［J］．重庆大学学报，2006（5）．

［16］田利辉．杠杆治理、预算软约束和中国上市公司绩效［J］．经济学（季刊），2004（3）．

［17］唐雪松，周晓苏，马如静．上市公司过度投资行为及其制约机制的实证研究［J］．会计研究，2007（7）．

［18］王跃堂，赵子夜，魏晓雁．董事会的独立性是否影响公司绩效？［J］．经济研究，2006（5）．

［19］卫梦星．基于微观非实验数据的政策效应评估方法评价与比较［J］．西部论坛，2012（4）．

［20］伍德里奇．计量经济学导论［M］．北京：人民大学出版社，2007.

［21］颜剑英．经理行为的激励方式与国有企业激励机制的改革［J］．江苏大学学报（社会科学版），2002（4）．

［22］杨勤法．公司治理的司法介入［M］．北京：北京大学出版社，2008.

［23］杨洁，夏新平，余明桂．政策性负担、预算软约束与杠杆治理［J］．管理评论，2007（10）．

［24］杨华军，胡奕明．制度环境与自由现金流的过度投资［J］．管理世界，2007（9）．

［25］朱克江．正确认识经营者收入与企业员工收入的差别［J］．南京社会科学，2003（1）．

［26］周其仁．公有制企业的性质［J］．经济研究，2000（11）．

［27］赵文红，李垣．中国国企经营者“在职消费”行为探讨［J］．经济体制改革，1998（5）．

［28］支晓强，童盼．盈余管理、控制权转移与独立董事变更［J］．管理世界，2005（11）．

［29］张洪辉，王宗军．政府干预、政府目标与国有上市公司的过度投资［J］．南开管理评论，2010（3）．

[30] Berger P. G. , E. Ofek, D. L. Yermack. Managerial Entrenchment and Capital Structure Decisions [J] . Journal of Finance, 1997 (50): 1411 - 1438.

[31] Grossman S. J. , O. D. Hartz. The Costs and Benefits of Ownership: A Theory of Lateral and Vertical Integration [J] . Journal of Political Economy, 1986, 94 (4): 691 - 719.

[32] Hart O. , J. Moore. A Theory of Debt Based on the Inalienability of Human Capital [J] . The Quarterly Journal of Economics, 1994, 109 (4): 841 - 879.

[33] Jensen M. C. , W. H. Meckling. Theory of the Firm: Managerial Behavior, Agency Costs and Ownership Structure [J] . Journal of Financial Economics, 1976 (3): 305 - 360.

[34] Maskin E. , J. Tirole. Unforeseen Contingencies and Incomplete Contracts [J] . Review of Economic Studies, 1999 (66): 83 - 114.

[35] Pistor K. , Ch. Xu. Law Enforcement Under Incomplete Law: Theory and Evidence from Financial Market Regulation [J] . Law and Economics of Columbia University Working Paper, 2002.

[36] Pistor K, Ch. Xu. Governing Emerging Stock Markets: Legal vs Administrative Governance [J] . Corporate Governance: An International Review, 2005, 13 (1): 5 - 10.

[37] Rajan R. , L. Zingales. Power in a Theory of the Firm [J] . Quarterly Journal of Economics, 1998, 113 (2): 387 - 432.

第九章　国有企业管理层在职消费的政策干预效果研究①

导读：2012 年 12 月 4 日出台的“八项规定”，为我们科学评价在职消费的政策干预效果提供了难得的拟自然实验。基于该实验，本章利用双重差分模型，实证检验了“八项规定”对国有控股上市公司管理层在职消费的干预效果。结果表明，该政策尽管未能显著降低国企管理层在职消费的绝对量和对主营业务收入的侵占，但却有效遏制了这两项指标进一步增长。结果还表明，对于在职消费不同的分位数水平，该政策的遏制作用存在显著差异。即对于在职消费绝对量增长越快的样本，该政策发挥的遏制效果越突出。这提示我们，对政策效果的评价不能仅由国企管理层在职消费绝对量下降与否一概而论，还应考虑政策出台前后在职消费增长率的变化。此外，考虑到在职消费的双重属性，我们在后续的政策干预中应继续警惕管理层在职消费对公司主营业务收入的侵占。

第一节　引言

中国铁建 2012 年报披露的业务招待费共计 8. 37 亿元，位列当年 A 股上市公司之首。这样高额的在职消费现象在我国国有企业中并不鲜见。当在职消费的财务成本超过其所带来的效率增量时，就会表现为公司管理层的机会主义行为（Hart and Moore，1994）。高额的在职消费不但直接损害国企利益，还引起社会舆论对国企管理层收入水平的质疑，甚至侵蚀了国企及其管理层在社会公众心目中的形象。有鉴于此，在既有治理机制均难以有效抑制国企管理层在职消费之

① 本章主体内容已发表于《经济学家》2016 年第 2 期，感谢合作者葛扬教授。

时，我国决策层陆续出台相关政策加以直接干预，近年来影响较大的包括“八项规定”。2012 年 12 月 4 日，习近平总书记主持召开中共中央政治局会议，审议通过中央政治局关于改进工作作风、密切联系群众的“八项规定”，其中涉及的“招待、宴请和生活待遇”等不可避免地对国企产生直接影响。时至今日，“八项规定”已实施近三年，其对国企管理层在职消费的治理效果究竟如何，亟须通过规范的微观计量方法加以实证检验，以便客观评价该规定对在职消费干预的有效性，为后续政策的跟进和落实提供理论支撑与经验证据。

除此之外，首先，本章基于在职消费“效率观”和“代理观”的双重属性，探讨国企管理层在职消费的形成机理，并进一步分析政策干预管理层超额在职消费的内在逻辑。其次，本章通过构建双重差分模型，对“八项规定”政策的干预效果进行实证检验。最后，基于理论分析和实证结果，本章给出治理管理层在职消费的相关政策建议。

第二节 在职消费治理与政策干预的理论分析

一、在职消费的双重属性

在职消费是伴随管理层履行职务范围内的相关职能或职责时所产生的费用，与公司整体生产经营活动相生相伴、难以分离。例如，公司为管理层履行管理职责而配备办公室、商务专车和办公电脑等。就此而言，无论是公司高管层还是部门中层，都会因履行职责而形成在职消费。同时，在职消费作为一种“地位商品”，有助于增强员工的归属感和认同感，进而提高工作效率和价值认同感。由此可知，在职消费有助于业务正常开展、提升运营效率，这与 Rajan 和 Zingales（1998）提出的“效率观”相契合，可称为在职消费第一属性。

在实践中，在职消费往往会超出管理层履职需要，为其带来额外的私人收益。这产生于在职消费的两方面特征：①在职消费发生的数量、目的、时点极具弹性，且难以用显性的契约加以约束。作为掌握核心资源、具有重大决策权的人，管理层的主观意愿、兴趣及社会资本与在职消费高度相关（Henderson and Spindler，1998），这使得在职消费具有管理者强烈的个人色彩，不同责任人可能有不同的在职消费偏好。正如 Jensen 和 Meckling（1976）所列举的“办公室装潢、慈善捐款的类型和数量、高配置的电脑或向朋友购买投入品等”。例如，小到同样用于办公的电脑可能价格相差万元，大到公司年度经销商大会不同地点的选择可能相差数十万至上百万元。②消费行为具有能上不能下的“棘轮效应”(Ratcheting Effect),正所谓“由俭入奢易,由奢入俭难”,导致在职消费超出管理层履职需要、演变为超额在职消费,使得其财务成本远远超过其可能带来的效率增量,由此激化管理层与股东之间的代理冲突。这就是所谓的“代理观”,可称为在职消费第二属性。

比较第一属性与第二属性可知,在职消费的“效率观”和“代理观”并不冲突,只是表述视角有所差别(万华林,2007)。“效率观”侧重于研究满足正常需要的在职消费,而“代理观”着眼于关注在职消费的超额部分。因此,在职消费仅仅是管理层侵占公司资源的渠道,并非天然导致其对公司资源的侵占。但超额的在职消费是对公司资源的直接侵占,由此形成管理层和股东间代理冲突的重要来源。正如Fama(1980)认为,只有当事后薪资调整不足以弥补在职消费所耗费的公司资源时,在职消费才构成代理成本的一部分。为满足公司正常运作的需要所进行的在职消费,这是管理层履行管理职责的基础,应当予以正视和支持。与之相反,利用私有信息和自由裁量权等优势,通过耗费公司资源来满足管理层用于履行工作职责外的消费需求,这才是需要加以限制且必要时进行外部干预的对象。

二、在职消费的界定与测算

由于信息不对称、监督成本过高,国企管理层在职消费被认为是货币报酬激励不完善或货币薪酬管制所带来的直接后果。赵文红等(1998)提出,利用在职消费的隐蔽性和变通性,管理层将在职消费作为对货币薪酬的部分替代,以便弥补货币薪酬过低和个体劳动付出。颜剑英认为,由于货币报酬偏低、晋升激励异化和声誉机制不完善等弊端,管理层选择强化自我激励的方式之一就是追求超额的在职消费。更进一步,陈冬华等(2005)证实,在职消费成为国企管理人员面临货币薪酬管制环境时的替代性选择,其内生于国企面临的货币薪酬管制约束。卢锐等(2008)、权小峰等(2010)发现,在职消费随管理层权力扩大而增加,并表现出较为明显的内部人控制特征。

鉴于在职消费数据难以直接获得,既有研究对其测算主要有两种方法。①问卷调查法,如Rajan和Zingales(1998)借助对美国300家大型上市公司长达14年的薪酬调查项目测算管理层在职消费。与之类似,Cai等(2009)采用类似方法调查公司管理层的娱乐和餐饮费。②利用公开信息披露数据寻找代理变量。如Yermack(2006)将公司是否向CEO提供专机服务作为在职消费的度量。陈冬华等利用上市公司年报“支付与其他经营相关”现金流中披露的明细提取八项费用合计作为在职消费的替代变量,简称为

“八项费用法”。与问卷调查法相比，八项费用法的测算过程较为客观、所得数据更为直观，且易为其他研究者复制和检验，因而在国内相关实证研究中得以广泛应用。

三、超额在职消费的治理与政策干预的必要性

2009～2012 年，国有控股上市公司管理层在职消费年均约为其货币薪酬的 17 倍，且逐年递增。管理层隐性在职消费远超过其货币薪酬，故而既有文献从多角度关注如何对其治理。例如，控制自由现金流（体现为提升财务杠杆发挥债务治理作用）、大股东参与治理（表现为提高管理层更替概率）、引入独立董事和机构投资者参与治理。但在信息披露缺乏强制性、会计科目明细缺乏的条件下，再加上司法不干预的“商事判断规则”，大股东、独立董事和机构投资者难以对拥有私有信息和自由裁量权的管理层实施有效监督。加之政策性负担的广泛存在及“预算软约束”，银行借款同样难以发挥有效的债务治理作用。

区别于一般企业，国有企业的特别之处在于，其董事长和总经理多经上级党委或组织部推荐（提名）再履行公司法定程序而产生，这使得他们天然具有行政级别。以央企为例，在国资委网站列出的 115 家央企名录中，前 54 家企业“一把手”（指董事长、党委书记或总经理）多为“副部级”。国企的其他董事或监事有半数以上来自政府部门，但其行政级别必然低于董事长或总经理，难以发挥其应有的内部监督作用。正如卢锐等（2008）所证实，管理层权力是影响薪酬激励及其绩效的重要因素，我国在新一轮国企改革中要高度重视管理层权力所引起的超额在职消费问题。

由于交易成本和不确定性广泛存在，市场主体之间的契约“天然”不完备。依托不完备合同理论，Pistor 和 Xu（2002）提出法律不完备理论。他们认为，当法律高度不完备且违法行为会导致重大损害时，将执法权分配给监管者而非法庭是最优的。长期以来，我国证券市场形成了较为强势的行政管制，进一步强化了政府干预的行动逻辑。因此，在传统的治理机制均难以有效抑制国企管理层在职消费之时，中共中央出台“八项规定”等干预政策，力求借助强有力的政策手段，对目前国企管理层所存在的在职消费问题予以干预。

第三节　政策干预效果评价的研究设计

一、政策干预效果评价模型的构建

（一）双重差分模型构建

双重差分模型（Difference in Difference model）通过对比政策发生前后处理组和对照组之间变动的差异，来检验政策干预效果，已在相关政策评价中得到广泛使用。周黎安等（2004）运用双重差分模型，就农村税费改革对农民收入增长所产生的影响进行了评价。李楠等（2010）利用中国工业行业数据，运用双重差分模型对国企改革的绩效进行了评估。为此，本章借助该方法评价“八项规定”对国企管理层在职消费的干预效果。鉴于“八项规定”主要针对国企，本章选择了国有控股上市公司作为处理组。与之相对应，民营上市公司较少直接受到该政策干预的影响，故将其作为对照组。考虑到“八项规定”于2012年12月4日正式出台，本章主要选择2012年和2013年的观测样本进行实证研究，并利用2012年和2014年的观测样本对政策干预效果的持续性进行稳健性检验。据此，本章建立如下双重差分模型，即式（9－1）。

$$perk_{it} = \beta_0 + \delta_0 time_{it} + \beta_1 treated_{it} + \delta_1 time_{it} \times treated_{it} + \eta ctr_{it} + \varepsilon_{it} \qquad (9-1)$$

其中，*perk* 为在职消费变量；*time* 为时间虚拟变量，即“八项规定”政策出台之后取1，否则取0；*treated* 为政策干预虚拟变量，对于国有控股上市公司样本其政策干预虚拟变量取1，否则取0；*ctr* 为其他控制变量向量；η 为相应的回归系数向量；ε_{it}为随机误差项。

由双重差分模型可知，式（9－1）其实包含两次差分。第一次差分为政策出台前后国有控股上市公司和民营上市公司管理层在职消费的变动，分别为：$\hat{\delta}_0 + \hat{\delta}_1$ 和 $\hat{\delta}_0$；第二次差分为两组公司管理层在职消费变动的差异，即：$\Delta perk_{it} = (\hat{\delta}_0 + \hat{\delta}_1) - \hat{\delta}_0 = \hat{\delta}_1$。因此，政策干预国企管理层在职消费的净影响取决于时间虚拟变量和政策干预虚拟变量交叉项（$time \times treated$）的回归系数$\hat{\delta}_1$。若交叉项的回归系数估计$\hat{\delta}_1 < 0$，且在设定的水平上显著，我们可认定“八项规定”具有积极的干预作用；反之亦然。

（二）细分在职消费不同水平的分位数双重差分模型

随着管理层在职消费的增加或其所处分位数水平提高，“八项规定”的干预

作用是否存在差异。为此，本章引入分位数回归思想所提供的关于变量间多层次关系比较的研究范式，建立基于分位数的双重差分模型，即式（9－2）。

$$perk_q(x)=\beta_{0,q}+\delta_{0,q}time_{it}+\beta_{1,q}treated_{it}+\delta_{1,q}time_{it}\times treated_{it}+\eta_q\times ctr_{it}+u_{it} \tag{9-2}$$

其中，x 表示上式中所有解释变量及控制变量组成的向量；$perk_q$（x）为给定 x 和分位数水平 q 的条件下在职消费的“条件分位数函数”，此处 $q\in(0,1)$；u_{it}为随机误差项。若交叉项的回归系数估计$\hat{\delta}_{1,q}<0$，且在设定的水平上显著，我们便断定“八项规定”具有积极的干预作用；反之亦然。

（三）双重差分模型的局限与倾向值得分匹配

与其他评估政策干预效果的微观计量方法相比，双重差分模型充分考虑到与政策同步影响在职消费变动的不可观测因素的存在，并通过两次差分来对这些因素加以控制。通过放松假设条件，使得双重差分模型的应用更接近于经济现实。但与此同时，双重差分模型也有着明显局限，主要表现为选择作为“参照系”的对照组时要求更为苛刻（卫梦星，2012）。为此，Heckman（1979）提出“条件双重差分模型”估计量（Conditional DID estimator），即将倾向值得分匹配方法（Propensity Score Matching Method）与双重差分模型相结合。因此，在实证检验部分，本章均先依据影响管理层在职消费的各特征变量（Pretreatment Variables）对民企与国企进行倾向值得分匹配，基于更为匹配的两组样本再对双重差分模型或基于分位数的双重差分模型进行回归估计，从而大大降低选择偏差，以使检验结果更为可信。

二、相关变量说明

（一）在职消费（*perk*）

在我国现行会计准则中，在职消费并没有专门的科目予以披露。本章借鉴陈冬华等的“八项费用”法测算管理层在职消费，并以此为基础，分别选择管理层在职消费（取其自然对数）及其增长率、管理层在职消费占主营收入比例（下简称在职消费占比）及其增长率作为政策干预效果的观察对象。前者考察的是政策是否促使国企管理层在职消费绝对量直接下降或遏制其增势；在职消费占比则从在职消费对主营收入的侵蚀角度，考量超额在职消费的存在，从而评价政策干预效果。

（二）控制变量

本章借鉴 Berger 等（1997）、陈胜蓝和卢锐（2012）等，选择如下变量加以控制，并将其作为民企和国企进行倾向值得分匹配时的特征变量。即：公司规模、股权集中度、公司绩效、财务杠杆、成长性、股票超额回报。其中，公司规模为公司总资产的自然对数，股权集中度为第一大股东持股比例，公司绩效为总资产收益率，财务杠杆为公司应息债务与公司总资产之比，成长性为托宾 Q 值，股票超额回报率为公司股票年度收益率减去综合指数收益率。

三、样本数据筛选

结合以上样本选择要求，本章利用 Wind 金融资讯数据库和色诺芬（CCER）数据库进行数据筛选，具体过程如下：首先，本章剔除 2007 年以来主营业务发生重大变更的、观测期间不连续的公司样本。其次，本章剔除隶属金融和保险业（证监会行业分类）的样本，剔除当年被 ST 和 *ST 的样本，剔除净资产为负及其他相关数据不全的样本。经过以上筛选程序，本章选用 2011 ~ 2014 年 A 股主板上市公司 4298 个观测样本。

第四节　政策干预效果的实证检验

一、统计分析

在观测样本中，国有控股上市公司占样本总量的 62%，其余 1633 个民营上市公司观测样本作为政策干预的对照组。考虑到作为对照组的民企与国企之间无论是公司规模、绩效还是股权集中度等特征变量均存在显著差异，直接对比难以满足双重差分中“共同支撑”（Common Support）要求，故我们依据这些特征变量，将民营上市公司与国有控股公司进行匹配。匹配前后两组样本间各特征变量差异结果如表 9 - 1 所示。

由表 9 - 1 可知，在进行倾向值得分匹配前，除股票超额回报率外，其余特征变量在民企和国企样本之间均存在显著差异。而经过匹配之后，两组之间所有特征变量的差异均不再显著。这表明，经过倾向值得分匹配后，处理组和对照组的观测样本分布变得更为均衡，满足双重差分模型的适用条件。

二、实证结果

为评价“八项规定”对管理在职消费的干预效果，本章利用 2012 年、2013 年的观测样本，对双重差分模型进行回归估计并得到相应的实证结果，如表 9 - 2 和表 9 - 3 所示。其中，表 9 - 2 从管理层在职消费及其增长率的角度考察“八项规定”的干预效果，表 9 - 3 从管理层在职消费占比及其增长率的角度考察“八项规定”的干预效果。为节约篇幅，表9－2和表9－3均略去了相关控制变量的回归估计结果。

表9－1　主要解释变量倾向值得分匹配前后差异比较

匹配指标	匹配前					匹配后				
	处理组	对照组	DIFF	t值	P值	处理组	对照组	DIFF	t值	P值
公司绩效	0.033	0.040	－0.007	1.91	0.0563 *	0.033	0.034	－0.001	0.27	0.7900
公司规模	0.133	0.128	0.005	6.62	0.0000 ***	0.133	0.132	0.000	0.60	0.5477
股权集中	0.406	0.319	0.087	8.54	0.0000 ***	0.402	0.403	－0.001	0.10	0.9193
财务杠杆	0.284	0.259	0.025	2.10	0.0356 **	0.282	0.287	－0.004	0.40	0.6907
成长性	3.893	5.843	－1.951	5.11	0.0000 ***	3.934	3.920	0.014	0.04	0.9643
超额回报	0.018	0.049	－0.030	1.33	0.1844	0.020	0.043	－0.023	1.02	0.3097

注：*** 表示在1%的水平上显著，** 表示在5%的水平上显著，* 表示在10%的水平上显著，DIFF为政策出台之前（或之后）处理组和对照组之间在职消费指标值的差异，其标准差是通过对政策干预虚拟变量的回归所得。

表9－2　“八项规定”干预管理层在职消费及其增长率的实证结果

	干预管理层在职消费的结果				干预管理层在职消费增长率的结果			
	总体	Q25	Q50	Q75	总体	Q25	Q50	Q75
	Ⅰ	Ⅱ	Ⅲ	Ⅳ	Ⅴ	Ⅵ	Ⅶ	Ⅷ
time	0.043 (0.080)	0.046 (0.137)	0.070 (0.139)	0.136 (0.194)	0.212 (0.136)	0.042 * (0.022)	0.0013 (0.030)	0.051 (0.043)
treated	0.344 *** (0.080)	0.200 * (0.115)	0.217 * (0.116)	0.365 ** (0.159)	0.152 (0.135)	0.073 *** (0.018)	0.026 (0.025)	0.030 (0.035)
time × *treated*	－0.121 (0.113)	－0.170 (0.164)	－0.144 (0.164)	－0.123 (0.224)	－0.464 ** (0.191)	－0.158 *** (0.026)	－0.121 *** (0.035)	－0.2 *** (0.050)
Obs	2135	2135	2135	2135	2135	2135	2135	2135
R^2	0.012	—	—	—	0.003	—	—	—

注：*Obs* 为样本数量，R^2 为拟合优度。***、**、* 依次表示1%、5%、10%的显著性水平。下同。

表9－3 “八项规定”干预管理层在职消费及其增长率的实证结果

	干预管理层在职消费占比的结果				干预管理层在职消费占比增长率的结果			
	总体	Q25	Q50	Q75	总体	Q25	Q50	Q75
	Ⅰ	Ⅱ	Ⅲ	Ⅳ	Ⅴ	Ⅵ	Ⅶ	Ⅷ
time	0.0003	0.0002	－0.0004	0.0008	－0.052	－0.028	－0.049*	－0.070
	(0.001)	(0.001)	(0.001)	(0.001)	(0.088)	(0.031)	(0.027)	(0.054)
treated	0.0005	0.001	0.001*	0.003**	0.061	0.041	0.018	－0.050
	(0.001)	(0.0004)	(0.001)	(0.001)	(0.088)	(0.026)	(0.023)	(0.045)
time × *treated*	－0.002	－0.001	－0.001	－0.002	－0.199*	－0.101***	－0.072**	－0.088*
	(0.001)	(0.001)	(0.001)	(0.002)	(0.125)	(0.036)	(0.032)	(0.063)
Obs	2135	2135	2135	2135	2134	2134	2134	2134
R^2	0.002				0.004			

（一）“八项规定”对管理层在职消费及其增长率干预的回归结果

表9－2第1列为主要回归变量的名称，第2列至第9列为相应的回归结果。其中，Ⅰ和Ⅴ为利用观测样本对式（9－1）进行回归估计的结果，其余为利用观测样本对式（9－2）进行回归估计的结果，分位数水平分别选择25%、50%和75%。相应的被解释变量分别为管理层在职消费和管理层在职消费增长率。

表9－2中回归结果Ⅰ显示，在其余变量不变的情况下，时间虚拟变量和政策干预虚拟变量交叉项（*time* × *treated*）的系数估计为－0.121，却在10%的水平上并不显著。但由回归结果Ⅴ可知，在其余变量不变的情况下，该交叉项的系数估计为－0.464，且在5%的水平上显著。这表明，当公司绩效、规模等影响在职消费水平的特征变量在政策出台前后的变化在国企和民企之间不存在显著差异时，“八项规定”政策并未能对国企管理层在职消费的绝对量水平产生显著干预效果，这与沈艺峰和李培功的研究结论相近。但本章实证进一步发现，“八项规定”政策通过显著遏制国企管理层在职消费水平的不断增长来发挥明显的干预效果。即使考虑不同的分位数水平，“八项规定”政策对国企管理层在职消费的这一作用依然得以保持，这由回归结果Ⅱ～Ⅳ和Ⅴ～Ⅷ的对比可知。回归结果Ⅴ～Ⅷ显示，对应25%→50%→75%的分位数水平，交叉项的回归系数估计依次为－0.158→－0.121→－0.2，且均在1%的水平上显著。这表明，对于在职消费增长率不同的样本，“八项规定”的这一遏制作用存在显著差异。政策出台前国企管理层在职消费增长率越高，“八项规定”所发挥的遏制效果越突出。

（二）“八项规定”对管理层在职消费占比及其增长率干预的回归结果

表9－3第1列为主要回归变量的名称，第2列至第9列为相应的回归结果。

其中，Ⅰ和Ⅴ为利用观测样本对式（9－1）进行回归估计的结果，其余为利用观测样本对式（9－2）进行回归估计的结果，相应的被解释变量分别为管理层在职消费占比和管理层在职消费占比增长率。

由表9－3中回归结果Ⅰ可知，在其余变量不变的情况下，时间虚拟变量和政策干预虚拟变量交叉项的系数估计为－0.002，但在10%的水平上并不显著。由回归结果Ⅴ可知，在其余变量不变的情况下，该交叉项的系数估计为－0.199，且在10%的水平上显著。这表明，当公司绩效、规模等影响在职消费水平的特征变量在政策出台前后的变化在国企和民企之间不存在显著差异时，“八项规定”政策未能对管理层在职消费在主营业务收入中的占比产生显著干预效果，但却显著遏制了国企管理层在职消费占比的进一步增长。即使在不同的分位数水平，该结论仍然得以保持，这由回归结果Ⅱ～Ⅳ和Ⅴ～Ⅷ可知。并且后者显示，对应25%→50%→75%的不同分位数水平，交叉项的回归系数估计依次为－0.101→－0.072→－0.088，其显著性水平依次为1%→5%→10%。这表明，对于在职消费占比增长率不同的样本，“八项规定”的这一遏制作用其显著性程度存在明显差异。政策出台前国企管理层在职消费占比增长越慢，“八项规定”所发挥的遏制效果越显著。该结论再次印证了管理层在职消费存在“棘轮效应”。

综上所述，“八项规定”尽管未能显著降低管理层在职消费的绝对量水平和对主营业务收入的侵占，但却有效遏制了这两项指标的不断增长。其原因可能来源于以下两个方面：一方面，考虑到在职消费的“棘轮效应”，政策难以立即抑制管理层在职消费绝对量水平，但由于后续政策和措施的有效跟进，政策通过遏制在职消费增长率来发挥积极的干预效果；另一方面，考虑到在职消费的效率属性，管理层在职消费占主营业务收入的比重并非越低越好，而是受到公司业务类型、成长阶段和激励机制等多重因素的影响。出于降低公司代理成本的需要，政策干预通过遏制在职消费占比的增长率，从而控制了在职消费对主营业务收入的侵占。

三、稳健性检验

为检验实证结果的稳健性，本章选择2012年、2014年的观测样本进行实证检验，以考察在该项政策实施后的第二年，政策是否依然具有类似的干预效果。稳健性检验的回归结果如表9－4所示，限于篇幅，此处仅报告时间虚拟变量和政策干预虚拟变量交叉项的回归结果。

表9－4中的回归结果显示，无论是在2012年和2013年，还是在2012年和2014年，“八项规定”政策干预回归系数估计除了具体数值和显著性程度略有改变外，其统计性质、符号均保持不变，由此证实了本章实证结果的稳健性及可靠

性。政策干预效果能够有效延续到政策实施后的第二年，这在很大程度上与“八项规定”政策有大量的跟进措施和有力的监督手段有着直接关系。

表 9－4　“八项规定”干预管理层在职消费及其增长率的稳健性检验结果

	干预管理层在职消费的结果				干预管理层在职消费增长率的结果			
	总体	Q25	Q50	Q75	总体	Q25	Q50	Q75
time × *treated*	-0.098	-0.124	-0.164	-0.165	-0.072**	-0.055*	-0.074**	-0.080*
	(0.12)	(0.19)	(0.16)	(0.21)	(0.033)	(0.036)	(0.032)	(0.032)
	干预管理层在职消费占比的结果				干预管理层在职消费占比增长率的结果			
	-0.001	-0.0001	0.001	0.001	-0.104*	-0.009**	-0.012*	-0.010
	(0.001)	(0.001)	(0.001)	(0.001)	(0.075)	(0.026)	(0.042)	(0.064)
Obs	1699	1699	1699	1699	1699	1699	1699	1699

第五节　主要结论及政策启示

借助“八项规定”出台的契机，本章基于政策干预效果评价的微观计量方法，构建了双重差分模型及其扩展模型。以此为基础，本章基于管理层在职消费及其增长率、管理层在职消费占比及其增长等视角，利用沪深 A 股市场 2012 年和 2013 年的观测样本进行实证检验。结果表明，“八项规定”尽管未能显著降低管理层在职消费的绝对量水平和对主营业务收入的侵占，但却有效遏制了这两项指标的进一步增长，并且证实政策干预效果能够有效延续到政策出台后的第二年。结果还表明，对于在职消费不同的分位数水平，“八项规定”的这一遏制作用存在显著差异。即对于在职消费绝对量增长越快的样本，政策发挥的遏制作用越突出。

因此，“八项规定”政策干预效果的实证结论表明：一方面，对政策效果的评价，不能仅由政策出台前后国企管理层在职消费绝对量下降与否一概而论，而应依据规范的微观计量方法加以科学评判；另一方面，我们需认识到在职消费所具有的“效率观”和“代理观”双重属性，不应再一味追求在职消费绝对量的下降，而是更为关注政策对在职消费增速的遏制，同时警惕管理层在职消费对主营业务收入的侵占。为将以上认识落实在对在职消费的干预性政策和后续措施上，本章提出如下政策建议：

一、尊重市场经济规律，提升在职消费的“使用效率”

由在职消费双重属性的界定可知，符合正常需要的管理层在职消费既是公司业务开展的基础，也是提升运营效率的保障。超额的在职消费才容易引起管理层与股东之间的代理冲突，且有损公司薪酬体系的公平、公正。因而，我们应客观认识管理层在职消费的双重属性，本着“扬长避短”和“惩恶扬善”的原则，逐步引导管理层在职消费尽可能发挥出积极作用。

二、规范公司管理层在职消费科目和规则，加强明细费用的信息披露规范

由于在职消费缺乏细化的会计披露科目和披露规范，其信息透明度相当低，屡屡为社会公众所“诟病”。为此，我们建议从两方面完善在职消费的信息披露制度。一是对在职消费科目进行规范和细化，强调对单笔支出数额较大或累计支出数额较大的费用予以附注说明。二是明确在职消费信息披露的强制性，即要求公司必须按月度或季度予以披露，强化管理和监督的动态化和实时性。

三、借助信息技术手段，加强管理层在职消费过程的跟踪和监督

作为隐性的消费形式，在职消费通常伴随着运营业务发生过程，且存在频率高、类型多、弹性大等特征。这些特征使其难以为外界所洞悉和监督，甚至成为管理层谋取私利的重要渠道。我们建议，在强化科目规范、信息披露及时的同时，通过信息技术升级实现消费过程“痕迹化”和“透明化”，严格控制现金支付方式和“体外循环”。在此基础上，利用大数据技术手段对不同类别的费用预算实行分类细化和“限额”管理，超过规定限额的支出项目要推行集中采购（招标）形式，提高支出过程的透明度和公开性。

四、加强外部监管，提高执行力度

在新兴转轨市场中，法律制度基础的薄弱不可避免地需要外部力量监管。鉴于国有控股上市公司的特殊性，外部监管力度往往直接决定了干预效果。因此，面临国有控股上市公司带有特定行政级别的“一把手”管理体制，借助强有力的外部监管力度以保障政策干预效果必不可少。例如，强化独立董事的第三方监督力量，鼓励机构投资者发挥监督优势和信息优势，强化商业银行作为债权人的约束作用。

五、加强党委机构对国有企业的监督，弥补股东有限干预权的缺陷

为进一步弥补股东干预权有限的缺陷，中央全面深化改革领导小组审议通过《关于在深化国有企业改革中坚持党的领导加强党的建设的若干意见》。该意见明确党管经济理念已经强化到微观领域的指导思想，提出“要把加强党的领导和完善公司治理统一起来，明确国有企业党组织在公司法人治理结构中的法定地位”。该意见的出台为下一步政策干预提供了有力的支撑，尤其是对数额巨大、难以监督的管理层在职消费将起到有效的治理作用。

参考文献

［1］Hart O，J Moore. A Theory of Debt Based on the Inalienability of Human Capital［J］. The Quarterly Journal of Economics，1994，109（4）：841－879.

［2］Hirsch F. Social Limits to Growth［M］. Cambridge：Harvard University Press，1976.

［3］Henderson M T，J C Spindler. Corporate Herein：A Defense of Perks，Executive Loans，and Conspicuous Consumption［R］. NBER Working Papers，2005.

［4］Rajan R，L Zingales. Power in a Theory of the Firm［J］. Quarterly Journal of Economics，1998，113（2）：387－432.

［5］Chen B，G S Smith，P L Swan. CEO Compensation and the Threat of Institutional Investor［R］. Working Paper，2009.

［6］Jensen M C，W H Meckling. Theory of the Firm：Managerial Behavior，Agency Costs and Ownership Structure［J］. Journal of Financial Economics，1976（3）：305－360.

［7］万华林．国外在职消费研究述评［J］．外国经济与管理，2007（9）：39－41.

［8］Fama E F. Agency Problems and the Theory of the Firm［J］. The Journal of Political Economy，1980，88（2）：288－307.

［9］赵文红，李垣．中国国企经营者“在职消费”行为探讨［J］．经济体制改革，1998（5）．

［10］颜剑英．经理行为的激励方式与国有企业激励机制的改革［J］．江苏大学学报（社会科学版），2002（4）．

［11］陈冬华，陈信元，万华林．国有企业中的薪酬管制与在职消费［J］．经济研究，2005（2）．

［12］卢锐，魏明海，黎文靖．管理层权力、在职消费与产权效率［J］．南

开管理评论，2008（5）.

［13］权小锋，吴世农，文芳．管理层权力、私有收益与薪酬操纵［J］．经济研究，2010（11）.

［14］Cai H，H Fang，L C Xu. Eat，Drink，Firms，Government：An Investigation of Corruption from Entertainment and Travel Costs of Chinese Firms［R］. NBER Working Paper No. 11592，2009.

［15］Yermack D. Flights of Fancy：Corporate Jets，CEO Perquisites，and Inferior Shareholder Returns［J］. Financial Economics，2006（80）：83－114.

［16］林毅夫，刘明兴，章奇．政策性负担与企业的预算软约束［J］．管理世界，2004（8）.

［17］Maskin E，J Tirole. Unforeseen Contingencies and Incomplete Contracts［J］. Review of Economic Studies，1999（66）：83－114.

［18］Pistor K，Ch Xu. Law Enforcement under Incomplete Law：Theory and Evidence from Financial Market Regulation［R］. Law and Economics of Columbia University Working Paper，2002.

［19］周黎安．晋升博弈中政府官员的激励和合作——兼论我国地方保护主义和重复建设问题长期存在的原因［J］．经济研究，2004（6）.

［20］李楠，乔榛．国有企业改制政策效果的实证分析——基于双重差分模型的估计［J］．数量经济技术经济研究，2010（2）.

［21］卫梦星．基于微观非实验数据的政策效应评估方法评价与比较［J］．西部论坛，2012（4）.

［22］Heckman J. Sample Selection Bias as a Specification Error［J］. Econometrica，1979（47）：153－161.

［23］Berger P G，E Ofek，D L Yermack. Managerial Entrenchment and Capital Structure Decisions［J］. Journal of Finance，1997（50）：1411－1438.

［24］陈胜蓝，卢锐．股权分置改革、盈余管理与高管薪酬业绩敏感性［J］．金融研究，2012（10）.

［25］沈艺峰，李培功．政府限薪令与国有企业高管薪酬、业绩和运气关系的研究［J］．中国工业经济，2010（11）.

［26］杨勤法．公司治理的司法介入［M］．北京：北京大学出版社，2008.

第十章　产品市场竞争、公司治理与高管绩效薪酬敏感度

导读：利用我国上市公司 2003 ~ 2010 年的大样本数据库，本章从产品市场竞争和公司治理两种视角，探讨了我国上市公司高管绩效薪酬敏感度的影响因素。本章发现，随着第一大股东持股比例增加及独立董事和监事会的人数增加，其高管绩效薪酬敏感度随之提高，从而证实了较高的公司治理水平有助于提升高管薪酬敏感度。本章还发现，处于产品市场竞争强度较高的公司，其高管绩效薪酬敏感度更高，且国有上市公司高管受到产品市场竞争强度的影响更大，由此支持了产品市场竞争有助于提高高管绩效薪酬敏感度、强化薪酬激励机制。

第一节　引言

长期以来，我国上市公司尚未建立合理的高管薪酬激励机制，主要体现在以下两个方面：①当高管薪酬大幅提升时，股东回报并未相应增加。2003 ~ 2010 年，我国上市公司高管平均薪酬从 18 万元增加至 33 万元，增幅高达 80%，而同期的普通股获利率（每股股利/每股市价）却从 0.9% 降至 0.5%。年薪 500 万元以上的公司高管更是屡见不鲜，有的高管年薪甚至超过 6000 万元，公司高管薪酬节节攀升。②公司绩效恶化时，高管薪酬也未能随之降低。即使是在全球金融危机肆虐的 2008 年，我国上市公司总资产收益率平均降低 27.9%，但公司高管的年平均薪酬却增加了 7.3%。如此巨大的反差引起了我国公众对公司高管薪酬的强烈质疑，也使得如何优化公司高管薪酬激励机制、提升高管绩效薪酬敏感度成为亟须解决的重要问题。

由于公司高管运气薪酬（Pay for Luck）及其他影响因素的存在，政府对高管薪酬的行政干预难以奏效（沈艺峰、李培功，2009）。因此，试图依靠政府优化高管薪酬激励机制很难实现。因监督成本高昂、持股分散和利益诉求很难达成

一致等因素，以散户为主体的广大小股东倾向于“搭便车”，同样也不能优化公司高管薪酬激励机制。为此，本章提出借助产品市场竞争、引进外部治理力量，以此提升高管薪酬敏感度及优化薪酬激励机制的思路，并利用我国2003～2010年的上市公司样本数据进行实证检验。本章发现，随着第一大股东持股比例增加及董事会和独立董事的人数增加，其高管绩效薪酬敏感度随之提高。这表明，较高的公司治理水平有助于提升高管薪酬敏感度，增加对高管薪酬激励的效果。本章还发现，处于产品市场竞争强度较高的公司，其高管绩效薪酬敏感度更高。由此可知，外部市场竞争强度的加大有助于强化其公司高管绩效薪酬敏感度。本章所得结论丰富了 Allen 和 Gale（1998）等已有研究，证实了公司治理和产品市场竞争对于提升高管绩效薪酬敏感度、优化高管薪酬激励机制的重要作用。

第二节 公司治理、产品竞争与薪酬敏感度

Jensen 和 Meckling（1976）认为，经理与股东的利益不一致及股东对经理监督成本的存在，使两者间存在代理问题。Grossman 和 Hart（1986）与 Rajan 和 Zingales（1998）在此基础上指出，高管与股东之间的合约不完全和高管所拥有人力资本的复杂性等，注定股东对高管的监督能力有限，致使薪酬激励成为降低两者之间代理成本的重要途径。就经典的委托代理理论而言，有效激励的重要条件之一就是确保薪酬机制的激励相容，即代理人既能从业绩提升中得到奖励，又必须受到业绩恶化的惩罚。因而，科学的激励约束机制必须能够实现正向薪酬敏感度，即：若公司业绩恶化，其高管薪酬应该下降；反之亦然。

对此，国外著名学者予以极大关注。Jensen 和 Murphy（1990）提出高管人员业绩薪酬敏感度过低，以至于不能对高管人员提供足够的激励。Abowd（1990）借助 1981～1986 年的 250 家美国大型公司的样本数据，证实了高管的业绩薪酬和薪酬敏感度均与未来业绩之间存在显著的正相关关系。Misbla 等（2000）在证实 Abowd（1990）主要结论的基础上，还发现高管业绩薪酬对低风险公司更加敏感。但控制了变量内生性，高管的业绩薪酬敏感度随着公司股票回报的方差增加而递减；同时，随着公司业绩风险的增大，高管业绩薪酬敏感度急剧下降且趋于零（Aggarwal and Samwick，1999；Palia，2001）。Ivan E. Brick、Oded Palmon 和 John Wald（2008）从“风险厌恶”视角进行研究，发现公司经理业绩薪酬敏感度随回报率提高而降低。

与此同时，国内学者利用我国上市公司样本数据，也对高管业绩薪酬敏感度

进行研究。张必武和石金涛（2005）研究表明，董事会的独立性、董事会中的两职合一与业绩薪酬敏感性显著正相关，而薪酬委员会设置与业绩薪酬敏感性并不存在显著的相关关系。周嘉南和黄登仕（2006）发现，高管业绩薪酬敏感性与公司风险间存在微弱的负相关性，且对增长机会大的公司来说，报酬业绩敏感度与风险之间存在正相关关系，反之亦然。支晓强和童盼（2007）证实，控股股东的所有权性质对投资现金流敏感度和公司高管业绩薪酬敏感度之间关系存在较大影响。陈震和张鸣（2008）发现，在控制公司规模、股权结构和公司成长性后，公司可以通过针对高管人员的责任来设计其薪酬，合理选择业绩薪酬敏感度。借鉴这些国内文献，本章提出如下假设 H1：

H1：在控制其他因素影响的情况下，公司高管绩效薪酬敏感度随公司治理水平改善而提高。

H1a：在控制其他因素影响的情况下，公司高管绩效薪酬敏感度随第一大股东持股比例增加而提升。

H1b：在控制其他因素影响的情况下，随着董事会、独立董事人数的增加，公司高管绩效薪酬敏感度随之增强。

公司高管行为不但受到公司内部治理机制的约束，同时也深受控制权市场、产品市场的影响。根据 Alchian（1950）和 Stigler（1958）的经济变迁进化论，产品市场竞争是获取经济效率的最强大的力量，企业迫于外部环境的压力将自觉完善生产经营，从而解决可能存在的信息与激励问题。因而从某种意义上来说，借助市场竞争就可以完全解决公司治理的问题。在此基础上，Hart（1983）通过构建隐藏信息模型，证实了市场竞争能够促使企业披露更多的信息从而降低公司高管偷懒的可能。Allen 和 Gale（1998）认为，如果管理者浪费资源，企业就不可能长期生存，所有利益相关者都会遭受损失，从而迫使公司高管薪酬敏感度得以提高。有鉴于此，本章提出如下假设 H2：

H2：在控制其他因素影响的情况下，公司高管绩效薪酬敏感度随产品市场竞争强度增大而提高。

第三节　薪酬绩效敏感度的研究设计

一、被解释变量选择

借鉴 Murphy（1985），本章选择高管薪酬与公司业绩之间的变动比率，以便度量高管业绩绩效敏感程度（pps），即：$pps=\frac{(tcp_t-tcp_{t-1})}{(roe_t-roe_{t-1})}$。其中，tcp 为高管薪酬为前三位董事薪酬之和，roe 为公司业绩为加权平均净资产收益率。若高管业绩薪酬敏感度大于零，则表明：公司绩效上升时，高管薪酬随之提高；公司绩效下降时，高管薪酬随之减少。由于这种正向敏感度正是大多数薪酬激励所期望达到的效果，故而本章仅考虑高管业绩薪酬敏感度大于零的样本公司。

参考国内外已有文献，本章选择以下指标作为解释变量。

二、解释变量选择

理论上衡量竞争程度的指标有需求的自价格弹性、交叉价格弹性和价格相关性等指标，但由于企业商品定价数据很难获得，我们只能选择相对容易获得的、间接的指标进行度量，测算产品市场竞争强度，即：赫芬达尔指数（HHI）和销售费用率。

（1）赫芬达尔指数（HHI）。该指数反映了市场集中度的综合指数，它的计算方法为：$HHI=\sum(x_{ij}/sum_j)^2$，其中，x_{ij}为第 j 个行业第 i 家公司收入指标，sum_j 为第 j 个行业收入总额。为便于计算，本章选择公司主营业务收入作为衡量指标，利用同一行业的上市公司近似计算行业市场集中度。该指数越小，说明该行业相对规模的企业越多，则行业内部竞争越激烈；反之亦然。

（2）销售费用率。即营业费用与主营业务收入比率，本章利用同一行业中上市公司销售费用率的均值近似计算该行业产品市场竞争强度。该指数越小，说明该行业企业的平均毛利润率越低，则行业内部竞争越激烈；反之亦然。

（3）实际控制人拥有控制权比例。公司股权结构越分散，股东对管理者的监管会越弱，从而自愿性信息披露质量降低。与其他衡量股权结构的指标相比，实际控制人所拥有的控制权比例考虑了股权合并、关联交易和交叉持股等因素，反映了上市公司实际控制人控制能力的高低，故本章用实际控制人所拥有的控制权比例来衡量公司的股权结构。刘芍佳等（2003）和王鹏（2008）都曾选择该指标作为股权结构的代理变量。

（4）董事会及外部董事治理。独立董事数量越多越有利于公司更充分地披露信息。因此，本章选择独立董事数量及董事长和总经理是否两职合一作为反映公司外部治理水平的解释变量。张晓岚等（2009）曾选择该指标作为董事会治理水平代理变量。此外，独立董事数量越多越有利于公司更充分地披露信息。两职合一会削弱董事会的监督功能，公司倾向于隐瞒对自身不利的信息。因此，本章参考崔学刚（2004）的方法，选择董事会、监事会以及独立董事人数及董事长和总经理是否两职合一作为反映公司外部治理水平的解释变量。

（5）制度背景。在一个健全的资本市场中，流通股股东对公司治理所起的作用是至关重要的，他们通过股票市场的价格信号和接管功能影响着公司价值。随着股份流通性的提高，流通股股东对信息披露的作用空间将相应增强。本章用流通股占总股本的比例来反映这一制度背景。叶建芳等（2009）也曾选择该指标来控制制度背景对信息披露质量的影响。

（6）其他控制变量。借鉴已有文献，本章选择公司规模、财务杠杆、公司成长性、实际控制人类型、公司所属行业、公司所属地区和数据所属年份作为解释变量，且用 Q 表示按上述顺序排列的变量组成的 6 维向量，如表 10 – 1 所示。

表 10 – 1　变量描述及计算方法

变量	定义	计算方法或来源
Tpps	高管薪酬敏感度	（本期薪酬 – 上期薪酬）/（本期资产收益率 – 上期资产收益率）
HHI	赫芬达尔指数	行业中各家企业主营业务收入所占比率的平方和
Gpro	销售费用率	（营业收入 – 营业成本）/营业收入，取行业均值
Topv	高管持股市值合计	高管持股数量 × 年收盘价
Ctr	实际控制人持股比例	合并一致行动人实际控制人持股比例
Outb	独立董事规模	独立董事人数
IsTwo	是否两职合一	若董事长和总经理两职合一，则取 1，否则为 0
Liquid	流通性	流通股占总股本的比例
Roa	总资产收益率	净利润/总资产
Size	公司规模	总资产自然对数
Grow	公司成长性	利用 TobinQ 值替代，来自国泰安数据库
Alev	财务杠杆率	应息债务/总资产
IsStat	实际控制人类型	若国有为 1，否则为 0。来自于 CCER 数据库
IsEast	公司所属地区	若归属东部地区为 1，否则为 0
IsYear	公司归属年份	若属于该年为 1，否则为 0。以 2003 年为基础对照年
IsInd	公司所属行业	若属于该行业为 1，否则为 0。以综合类为基础对照行业

三、计量模型

已有研究表明，除了可以观测得到的实际控制人持股比例、公司规模、市场风险等指标之外，还有诸多难以观察的或难以计量的遗漏变量影响高管薪酬敏感度。在这些遗漏变量中，有些是仅与企业个体有关而与时间无关，具有显著的个

体特征，如企业文化；有些与时间有关却与个体无关，如外部需求和会计政策。为此，我们利用面板数据分离出那些仅随个体变动和仅随时间变动的解释变量，建立包含个体效应与时间效应的面板数据模型，即式（10－1）。

$$Tpps_{it} = \beta_0 + \beta_1 Gpro_{it} + \beta_2 Ctr_{it} + \beta_3 Topv_{it} + \beta_4 Outb_{it} + \beta_5 IsTwo_{it} + \beta_6 Liquid_{it} + \alpha^T Q_{it} + a_i + \lambda_t + u_{it} \tag{10-1}$$

其中，a_i 为仅随个体而不随时间改变的因素，λ_t 为仅随时间而不随个体改变的因素，u_{it}为不可观测的随机扰动项。通过建立面板数据模型，我们能较好地缓解因变量遗漏而带来的内生性问题，提高回归结果的稳健性和可靠性。为了便于比较，我们还进行了横截面模型的回归估计。

四、样本筛选

本章选取 2003～2010 年我国沪深 A 股上市公司为样本，利用所建立的计量模型检验假设 H1～假设 H2 的真伪。由于每年被实施 ST 或取消 ST 的公司都不尽相同，如：＊ST 南方（000716）和＊ST 宝硕（600155）在 2009 年被 ST，但其在 2004～2006 年之间并未处于 ST 状态，故需要根据历年信息进行筛选。除了公司实际控制人类型来源于色诺芬（CCER）数据库及公司被 ST 的信息来自万德（Wind）数据库外，其他所有样本信息均来自国泰安（CSMAR）数据库。根据已有文献，本章按如下方式进行样本筛选：按年度获得 10728 个待选的样本公司，剔除隶属金融和保险业（证监会行业分类）的公司，剔除当年被 ST 和＊ST 的公司，剔除当年含 B 股或 H 股的 A 股上市公司，剔除净资产为负的公司及其他相关数据不全的公司，剔除高管绩效薪酬敏感度为负的公司。经上述筛选，本章得到 3978 个样本公司。本章采用 Stata10 对计量模型进行实证检验。

第四节　薪酬绩效敏感度的实证检验

一、统计分析

（一）样本特征

在样本公司中，94% 的样本公司（3726 家）存在实际控制人持股。实际控制人类型属于国家控股的有 2525 家，占样本总量的 63%；其余 37% 为民营控股。64%（2527 家）的公司高管持股；59%（2489 家）的公司董事长和总经理两职合一；80% 的公司董事会、监事会分别由 7～12 人和 3～5 人组成，98% 的公司独立董事有3~4位，仅少数样本没有独立董事或有4位以上独立董事。样本公司隶属东部地区有2243家，占样本总量的56%；其他分别属于中部和西部地区，分类标准参见樊纲和王小鲁（2001）。根据我国证券会的行业分类标准，在排除金融保险行业与情况复杂的综合类行业后，这3978个样本公司分布在十大行业，如表10－2所示。

表10－2 十大行业产品市场竞争度比较

行业	交通运输业	采掘业	房地产业	电力等	信息业	批发零售业	社会服务业	制造业	农业	建筑业
HHI	0.987	0.782	0.204	0.189	0.178	0.164	0.159	0.103	0.078	0.023
Gpro	0.658	0.532	0.287	0.258	0.249	0.209	0.201	0.198	0.187	0.137

从十大行业各自的HHI和Gpro的排位可以看出，这两种指标衡量的行业产品市场竞争度大体是一致的。所有行业的行业平均销售利润率为25%，依据这一标准，十大行业中属于产品市场竞争程度较高的行业有采掘业、交通运输业、房地产业、电力等，属于产品市场竞争程度较低的行业有农业、制造业、建筑业、信息业、批发零售业、社会服务业。

（二）统计描述

在此，我们对样本公司的相关变量进行统计描述，具体情况如表10－3所示。

表10－3 相关变量的统计描述

变量名称	均值	标准差	最小值	10分位数	25分位数	中位数	75分位数	90分位数	最大值
Tpps	22222.54	199151.60	0	85.08	486.41	2156.62	8208.85	26685.94	9400899.00
Topv	3079.08	31541.54	0	0	0	7.82	71.02	436.56	1062951.00
Ctr	0.36	0.18	0	0.15	0.24	0.36	0.50	0.60	0.92
Roa	0.04	0.10	－3.67	0.00	0.01	0.03	0.06	0.10	1.99
Size	12.32	1.04	9.53	11.10	11.60	12.22	12.92	13.67	17.61
Grow	0.39	0.45	－0.70	－0.06	0.05	0.26	0.63	1.04	2.70
Alev	0.24	0.16	0	0.02	0.11	0.23	0.35	0.44	0.99

由表10－3可知，不同公司的实际控制人持股的变动幅度大，6%的公司不存在实际控制人，绝大多数（10分位数至90分位数）存在实际控制人的公司其

实际控制人持股比例为 20% ~60%，而持股比例最高的前 10% 的公司其实际控制人持股由 60% 到全额持股不等。高管平均持股市值 3079 万元，但差异也很大，最高的甚至达到 106 亿元。

（三）相关性分析

下面我们对样本公司的主要相关变量进行相关性分析，所得结果如表 10 -4 所示。

表 10 -4 相关变量的相关性分析

	Tpps	*HHI*	*Gpro*	*Topv*	*Ctr*	*Board*	*Outb*	*Supb*	*Roa*	*Size*	*Grow*
HHI	0.02*	1									
Gpro	0.01*	0.73*	1								
Topv	0	0.03	0.03	1							
Ctr	0.02*	-0.01	-0.01	-0.03	1						
Board	0	0	0	0.02	0.01	1					
Outb	0.03*	-0.03	-0.03	0.04	0.01	0.81	1				
Supb	0	-0.03	-0.03	-0.03	0.05	0.41	0.33	1			
Roa	0	0.20*	0.20*	0.04*	0.08*	0.03	0.03	0.01	1		
Size	0.05	-0.09*	-0.09*	0.05*	0.23*	0.17*	0.20*	0.14*	0.11	1	
Grow	-0.02	0.22*	0.22*	0.08*	-0.13	-0.08	-0.02	-0.08	0.19	-0.18	1
Alev	0.03	-0.13	-0.13	-0.03	-0.05	0.04	0.05	0.03	-0.22	0.19	-0.24*

注：* 表示在 5% 的水平上显著。

由表 10 -4 主要变量的 Pearson 相关系数可知，高管绩效薪酬敏感度与 HHI 和 Gpro 这两个产品市场集中度的衡量指标均呈现出显著的正相关关系，与实际控制人持股、独立董事规模也是显著正相关的，而与董事会和监事会人数的正相关关系则并不显著。

二、回归结果

利用样本数据，本章对计量模型进行了估计，主要结果如表 10 -5 所示。该表第 1 ~3 列为线性模型的回归结果，第 5 ~7 列为基于 2003 ~2010 年数据的面板数据模型回归结果。其中，第 4 列和第 6 列分别为仅考虑个体异质性和考虑个体与时间特征的固定效应面板回归模型，第 5 列和第 7 列分别为仅考虑个体异质性和考虑个体与时间特征的随机效应面板回归模型。

表 10 -5　公司绩效与实际控制人持股比例的分组实证结果

	线性模型横截面数据估计结果			面板模型固定效应和随机效应估计结果			
	Ⅰ	Ⅱ	Ⅲ	Ⅳ	Ⅴ	Ⅵ	Ⅶ
Gpro	0. 420 * (0. 013)	0. 525 ** (0. 013)	0. 620 ** (0. 013)	1. 198 ** (0. 027)	0. 439 * (0. 014)	1. 353 *** (0. 027)	1. 267 *** (0. 027)
Board	0. 0426 (0. 026)	0. 0502 * (0. 027)	0. 0557 ** (0. 027)	-0. 0257 (0. 040)	0. 0319 (0. 028)	-0. 0255 (0. 040)	-0. 0255 (0. 040)
Outb	0. 0541 (0. 068)	0. 0357 (0. 069)	0. 0190 (0. 069)	0. 0123 (0. 094)	0. 0401 (0. 072)	0. 00866 (0. 095)	0. 00866 (0. 095)
Supb	0. 0157 (0. 025)	0. 0167 (0. 025)	0. 0151 (0. 026)	0. 0566 (0. 060)	0. 0192 (0. 030)	0. 0567 (0. 060)	0. 0567 (0. 060)
IsTwo	-0. 0426 (0. 062)	-0. 0502 * (0. 023)	-0. 0557 * (0. 023)	0. 0257 (0. 037)	-0. 0319 (0. 028)	0. 0273 (0. 020)	0. 0273 (0. 033)
Ctr	-0. 337 * (0. 19)	-0. 383 ** (0. 19)	-0. 233 (0. 20)	-0. 124 (0. 29)	-0. 231 (0. 21)	-0. 201 (0. 31)	-0. 201 (0. 31)
Topv	0. 0231 * (0. 013)	0. 0240 * (0. 013)	0. 0209 * (0. 013)	-0. 0257 (0. 027)	0. 0258 * (0. 014)	-0. 0322 (0. 027)	-0. 0322 (0. 027)
Roa	1. 259 *** (0. 36)	1. 281 *** (0. 36)	1. 381 *** (0. 36)	0. 779 ** (0. 39)	1. 028 *** (0. 34)	0. 752 * (0. 39)	0. 752 * (0. 39)
Size	0. 493 *** (0. 035)	0. 456 *** (0. 041)	0. 461 *** (0. 042)	0. 521 *** (0. 079)	0. 530 *** (0. 040)	0. 446 *** (0. 12)	0. 446 *** (0. 12)
Growth	-0. 124 (0. 077)	-0. 316 *** (0. 11)	-0. 319 *** (0. 11)	-0. 107 (0. 093)	-0. 136 * (0. 078)	-0. 351 ** (0. 15)	-0. 351 ** (0. 15)
ActiveLev	-0. 582 *** (0. 22)	-0. 615 *** (0. 22)	-0. 397 * (0. 23)	-0. 618 (0. 41)	-0. 758 *** (0. 25)	-0. 643 (0. 42)	-0. 643 (0. 42)
IsStat	0. 162 ** (0. 069)	0. 162 ** (0. 069)	0. 139 ** (0. 070)				
IsEast	0. 336 *** (0. 067)	0. 337 *** (0. 067)	0. 281 *** (0. 070)				

注：括号内为系数的标准差，*** 表示在 1% 的水平上显著，** 表示在 5% 的水平上显著，* 表示在 10% 的水平上显著。

（一）高管绩效薪酬敏感度与公司治理

表10－5回归结果Ⅰ显示，在其他解释变量不变的情况下，实际控制人持股比例（Ctr）回归系数为0.337，且均在5%的水平上显著。由此推断，随着大股东持股比例的提高，公司高管绩效薪酬敏感度随之加强，从而证实了假设H1a。同时，回归结果Ⅰ也显示，在其他解释变量不变的情况下，独立董事规模（Outb）和监事会规模（Supb）的回归系数分别为0.0541和0.0157，且均在5%的水平上显著。这表明，在我国上市公司中，独立董事和监事有助于提高公司高管绩效薪酬敏感度，激励公司高管更为努力地实现股东价值最大化，这与王跃堂（2006）、叶康涛等（2007）的相关结论一致，由此也证实了假设H1a和假设H1b。在公司运营过程中，众多影响公司绩效的因素是无法直接测量的，例如，企业文化、自主创新能力、市场策略、外部需求和会计政策等，故而难免遗漏某些重要的变量，并由此产生回归估计的内生性问题。面板数据具有针对同一样本多期观测的特征，可以消除其中仅随个体变化或仅随时间变化的不可观测变量，从而最大限度地减少因变量遗漏所带来的内生性偏误。故我们利用2003～2010年的样本数据对个体及时间固定效应的面板数据模型进行了估计，发现个体及时间固定效应异质性检验的P值为0，强烈拒绝了不存在个体固定效应的原假设，故而报告了回归结果Ⅳ～Ⅶ。该回归结果显示，在其他解释变量不变的情况下，即便是消除仅随时间变化及仅随个体变化的遗漏变量之后，大股东持股比例、独立董事规模及监事规模等回归系数及显著性仍基本保持不变，从而证实了上述结论的可靠性和一致性。

上述实证结果表明，大股东持股比例越高、独立董事和监事规模越大，越有助于提升公司高管绩效薪酬敏感度，增强对其激励的程度和效果，由此支持了假设H1。

（二）高管绩效薪酬敏感度与产品市场竞争强度

表10－5中回归结果Ⅰ显示，在其他解释变量不变的情况下，产品市场竞争强度（Gpro）的回归系数为0.42，且在10%的水平上显著。这表明，在控制其他因素保持不变的情况下，公司所面临的产品市场竞争每增加1个单位，其高管绩效薪酬敏感度将提高0.42个单位，从而证实了假设H2a。同时，回归结果Ⅰ还显示，在其他解释变量不变的情况下，产品市场竞争强度和实际控制人类性交叉项（Cros）的回归系数为－0.012，且在5%的水平上显著。由此可知，相对于国有上市公司而言，民营上市公司高管绩效薪酬敏感度变化更大。民营公司高管绩效薪酬对产品竞争强度更加敏感，由此证实了假设H2b。在借助面板数据模型消除其中仅随个体变化或仅随时间变化的不可观测变量之后，本章得到回归结果Ⅳ～Ⅶ。这些回归结果显示，在其他解释变量不变的情况下，产品市场竞争强度

及交叉项的回归系数和显著性依然保持不变，从而证实了前述结论的可靠性。故而，在产品竞争市场，面临竞争强度越大的公司，其高管绩效薪酬敏感度越高，且国有上市公司高管受到产品市场竞争强度的影响更大，即支持了假设H2。

此外，回归结果Ⅰ~Ⅲ显示，在控制其他解释变量不变的情况下，地区虚拟变量（IsEast）的回归系数均在5%的水平上显著为正。这表明，我国东部地区上市公司高管绩效薪酬敏感度普遍高于中西部地区，即东部地区高管平均受到强度更大的薪酬激励。回归结果Ⅰ~Ⅶ还显示，在控制其他解释变量不变的情况下，公司规模（Size）的回归系数均在1%的水平上显著为正。这表明，公司规模越大，其高管绩效薪酬敏感度越高。

三、稳健性检验

为了进一步检验公司绩效和实际控制人持股比例之间实证结论的稳健性，本章从三个方面进行实证检验。①用赫芬达尔指数代替销售费用率来测算产品市场竞争强度；②选择高管薪酬总额作为高管固定薪酬的代理变量及用销售费用率作为产品市场竞争强度的代理变量；③剔除实际控制人持股比例最低5%和最高5%的样本。这些实证结果表明，除回归系数的值略有改变外，其统计性质、符号均保持不变。限于篇幅，本章未报告稳健性检验的实证结果。

第五节　主要结论

自Jensen和Murphy（1990）发表以来，有关公司高管绩效薪酬敏感度的研究一直学术界关注的重要焦点之一。然而，由于法律体系、宏观环境和样本选择等差异，相关文献研究并未形成一致观点，以至于忽略了产品市场竞争在优化公司高管薪酬激励机制的重要作用。同时，产品市场竞争对优化薪酬激励机制的作用产生，必定离不开公司治理这一基础因素。为此，本章从产品市场竞争和公司治理的视角，利用我国上市公司2003~2010年的大样本数据库，探讨我国上市公司高管绩效薪酬敏感度的影响因素。

本章研究表明，较高的公司治理水平有助于提升高管薪酬敏感度，增加对高管薪酬激励的效果。随着第一大股东持股比例提高及独立董事和监事会人数增加，其高管绩效薪酬敏感度随之提升。这表明，较高的公司治理水平有助于提升高管薪酬敏感度，增加对高管薪酬激励的效果。同时，处于产品市场竞争强度较高的公司，其高管绩效薪酬敏感度更高，且国有上市公司高管受到产品市场竞争强度的影响更大。由此可知，产品市场竞争对于提升高管绩效薪酬敏感度、优化高管薪酬激励机制具有重要作用，从而丰富了 Allen 和 Gale（1998）等已有研究。由此可知，为不断提升公司绩效水平，提升公司治理水平和培育竞争性的产品市场环境是不可或缺的重要途径。

参考文献

［1］Allen F.，Gale D. Corporate Governance and Competition［R］. Working Paper，1998.

［2］Jensen，M. C.，Meckling，W. H. Theory of the Firm：Managerial Behavior，Agency Costs and Ownership Structure［J］. Journal of Financial Economics，1976（3）：7－14.

［3］Grossman，S. J.，Hart，O. D. The Costs and Benefits of Ownership：A Theory of Lateral and Vertical Integration［J］. Journal of Political Economy，1986（94）：691－719.

［4］Jensen，M. C.，Murphy，K. J. CEO Incentives It's not How Much You Pay，but How［J］. Harvard Business Review，1990，68（3）：138－149.

［5］John M. Abowd. Does Performance－Based Managerial Compensation Affect Corporate Perfomance［J］. Industrial and Labor Relations Review，1990（1）：7－9.

［6］Rajesh K. Aggarwal，Andrew A. Samwick. The other Side of the Trade off：The Impact of Risk on Executive Compensation［J］. The Journal of Political Economy，1999（107）：65－107.

［7］Darius Palia. The Endogeneity of Managerial Compensation in Firm Valuation：A Solution［J］. The Review of Financial Studies Fall，2001（1）：11－14.

［8］Ivan E. Brick，Oded Palmon，John Wald. Too Much Pay Performance Sensitivity？［R］. Working Paper，2008.

［9］张必武，石金涛．董事会特征、高管薪酬与薪绩敏感性——中国上市公司的经验分析［J］．管理科学，2005（6）．

［10］支晓强，童盼．管理层业绩报酬敏感度、内部现金流与企业投资行为［J］．会计研究，2007（1）．

［11］周嘉南，黄登仕．上市公司高级管理层报酬业绩敏感度与风险之间关系的实证检验［J］．会计研究，2006（4）．

［12］陈震，张鸣．业绩指标、业绩风险与高管人员报酬的敏感性［J］．会计研究，2008（9）．

[13] Alchian, A. Uncertainty, Evolution, and Economic Theory [J]. Journal of Political Economy, 1950, 58 (1): 211-221.

[14] Stigler, G. The Economies of Scale [J]. Journal of Law and Economics, 1958, 1 (1): 54-71.

[15] Hart, O. The Market as an Incentive Mechanism [J]. Bell Journal of Economics, 1983, 14 (2): 366-382.

第十一章　证券投资基金是否关注公司高管的企业家精神[①]

导读：企业家使经济资源的效率由低转高，企业家精神则是企业家特殊技能的集合，特别是创新、商业冒险和承受压力等能力的综合。基于企业家精神的复杂性、创新性和不可直接获得性，专业的投资者理应重视这种企业家精神，最直接的表现就是给予具备企业家精神的高管更高的薪酬。作为我国证券市场最重要的专业投资者，证券投资基金对上市公司具有最强烈的监督动力和较强的监督能力，是发扬和光大企业家精神的决定性力量。本章利用2005～2009年的样本数据，检验了中国上市公司高管薪酬水平与基金持股之间的关系。研究表明：与基金未持股的公司相比，基金持股的公司高管薪酬水平较高；基金持股比例越高，高管薪酬水平越高。此外，本章对基金持股集中度进行了研究，并且证明了同一公司持股基金之间具有天然的联盟关系，即高管薪酬水平与基金持股比例存在正相关关系，而与基金持股集中度没有显著的正相关关系。

第一节　公司治理与企业家精神

法国经济学家 Richard Cantillon 首次提出，企业家精神是企业家特殊技能（包括精神和技巧）的集合，特别是创新、商业冒险和承受压力等能力的综合。熊彼特（Schumpeter）认为资本主义的“灵魂”就是企业家精神，其核心就是创新。Drucker（1985）通过深入剖析大量的企业案例，证实了企业家精神在商业运营、科技进步和社会发展等的关键作用。即便在美国司法实践中，“司法不介入商业判断”的原则作为基本信条，深为法官所恪守，这也证实商业运营的复杂

① 本章主体内容系李忠海与张涤新合作的工作论文，感谢合作者张涤新教授。

性，以及法律对企业家精神的尊重与支持。企业家精神是高管具有的独特素质，一旦得到充分释放，将给公司和社会带来巨大的回报。然而，Rajan 和 Zingales（1998）指出，作为人力资本的高管所具有的企业家精神并不能随外部力量的监督、控制和转移，而直接用于最大化公司价值。由此，本章认为：基于企业精神的复杂性、创新性和不可直接获得性，专业的投资者理应重视企业家精神的激励，以便其为社会和股东创造更多的价值。那么，现阶段谁最可能担当这种专业投资者的代表呢?

纵观近年涌现的诸多投资者，证券投资基金（以下简称基金）最有可能成为专业投资者的代表。从发展速度和整体规模来看，作为我国证券市场最具有代表性的机构投资者之一，基金近年来发展迅速，1998 年，我国证券市场持股市值只有 2.4 亿元，占流通股总市值的比例不到 0.04%；2005 年，基金持股市值达到 0.169 万亿元，占流通股总市值的 17.5%；2009 年，基金持股市值为 1.88 万亿元，占流通股总市值的 12.6%，占其持股公司总流通市值的 30% 以上。无论是投资广度还是参与深度，我国基金都表现出强劲的势头和持续的动力。就人力资源结构而言，基金所具有的优势也是其他个人投资者和法人投资者难以比拟的。《2008 年中国证券投资基金业年报》显示：第一，从年龄分布看，最有创造能力的 30 ~40 岁年龄段占 40%，最具有活力的 30 岁以下占 49%；第二，就学历层次而言，51% 以上拥有硕士学历，含 4% 的博士；第三，从基金公司高级管理员学历层次来看，博士占 22%，硕士占 65%，两者合计 87%；第四，即使在基金经理层面，博士仍占到 13%，硕士占 79%，合计 92%。与其他投资者相比，基金有着专业的投资组合能力、优秀的信息收集能力和雄厚的社会关系网络，最有能力准确地参与公司治理，监督公司行为。由此产生的问题是：蓬勃兴起的基金是否重视所持股公司高管的企业家精神，以及在多大程度上重视。

由于企业家精神不能直接度量，更不能参与市场交易，故很难获得直接的观测数据，只有利用间接指标。从理论上来说，越是富有企业家精神的公司高管，越应获得更高的薪酬补偿（Executive Compensation）。为此，本章选用高管薪酬作为企业家精神的代理指标。接下来，本章以高管薪酬作为企业家精神的代理指标，利用我国证券市场 2005 ~2009 年的样本数据，检验基金是否重视所持股公司高管的企业家精神，以及重视程度有多大。

第二节　机构持股、公司治理与企业家精神

在股份制的组织框架中，股东大会作为公司最高权力机构，享有公司重大决策的决定权。鉴于协调成本巨大、商业运营专业性和商业机密保密性等，全体股东不可能直接承担公司的日常运营和管理，而是将其委托给所聘请的高管负责，由此形成股东与高管之间的委托代理关系。高管的私人收益与股东利益并非总是保持一致，有时甚至会侵害股东利益，从而产生了第一类代理问题。Jensen 和 Meckling（1976）认为，正是这类代理问题的存在，使得股东和高管都会事先采取自我保护和防御的措施，由此带来较高的代理成本和效率损失，从而降低了公司价值。为了缓解代理问题，提高对高管的监督水平是股东所采取的重要方式之一。例如，提高信息披露水平、允许股东审阅财务报表和更换审计机构等。由于监督行为本身的实施成本，监督能力并不可能无限度提升公司价值。

Jensen 和 Murphy（1988）发现，由于代理问题的存在，决策者并没有足够的激励设计和执行有效率的合同和报酬制度。类似的文献还有 Murphy（1985）、Jensen 和 Murphy（1990a）、Jensen 和 Murph（1990b）等。随着机构投资者规模扩大和影响力增强，学术界关注其对高管薪酬的作用机制，得出结论略有不同。Cosh 和 Hughes（1997）认为，机构投资者并不会降低高管薪酬水平，也不会提升高管薪酬敏感性。David、Kochhar 和 Levitas（1998）发现，只有压力抵制型机构投资者存在才能降低高管薪酬水平，另外两者类型并没有类似的作用。Clay（2000）证实，机构投资者的存在在提高了高管薪酬敏感性的同时，也提高了高管薪酬水平。Black（1997）认为，机构投资者对公司具有更强的监督能力和动机，该理论已被一些实证研究所证实。Hartzell 和 Starks（2003）发现，高管薪酬/绩效敏感度与机构持股集中度正相关，高管薪酬与机构持股负相关。Almazan、Hartzell 和 Starks（2005）研究表明，高管薪酬/绩效敏感度随机构持股集中度增加而增加，且高管薪酬水平随之而下降；当监督成本增加时，这两种效应将会减弱。

近年来，国内学者对我国上市公司的高管薪酬做了一些有意义的研究。李增泉（2000）发现，高管薪酬与企业绩效无关，而与企业规模相关且具有明显的地区差异。魏刚（2000）发现，高管薪酬与经营业绩不存在显著的正相关关系，与企业规模显著正相关。杜胜利和翟艳玲（2005）得出，总经理报酬与公司规模、公司绩效、内部所有权等之间均正相关。杜兴强和王丽华（2007）研究发现，高管层薪酬与公司绩效及股东财富前后两期变化正相关。王彩萍（2005）发现，我国机构投资者尚未能发挥“用脚投票”的功能，没能影响高管薪酬水平。从2005年以来的基金数据来看，该文的结论很可能来自于其选择的2003~2004年样本数据。上述研究文献表明，国内外的学者们沿袭代理理论框架，侧重研究了高管薪酬与公司规模、公司绩效等因素之间的关系，忽视了对企业家精神的关注。

按照Jensen和Meckling（1976）分析框架，对股东而言，高管所从事的经营活动是静态、线性和重复性的劳动行为，由此推断出监督能力和激励水平的替代关系。然而，在现实中，由于企业家精神的存在，高管的劳动不可能是简单重复的，其努力程度与薪酬也不可能是线性的，因此对企业家的监督和激励不可能是静态的。Drucker（1985）的案例分析、Easterbrook和Daniel（1996）的“司法不介入商业”论断，以及Rajan和Zingales（1998）的人力资本研究等无不证实了企业家精神的存在及其复杂性、动态性和难以转移性。鉴于Jensen和Meckling（1976）分析框架存在上述缺陷，对高管薪酬研究必须从动态的角度出发，重新审视企业家精神和高管薪酬。已有研究表明，商业运营是一种高度复杂的、瞬息万变的和毁灭式的创造性劳动，而这种创造性劳动正是企业家精神。由此推断：机构投资者的专业水准和监督能力越高，对提高公司高管薪酬的支持力度越大。故有如下假设：

H1：与没有基金持股的公司相比，基金持股的公司高管具有更高的薪酬水平。

H2：在基金持股的公司中，基金持股比例越高，对应公司的高管薪酬水平越高。

1998年，我国市场仅有6家基金管理公司和6只基金；2005年，这一数字分别为53家和218只；2008年，这一数字改写为61家和439只。我国基金的快速发展，催生基金行业的激烈竞争，激烈的竞争环境迫使基金充分利用“用手投票”，或“用脚投票”的方式来最大化自身的投资回报率。与一般投资者相比，基金更加理性，能够长期跟踪公司行为，科学运用价值投资，因而基金之间容易采取联合行动。由此可得如下假设：

H3：高管薪酬水平与基金持股集中度无关。

第三节　研究设计

一、变量选择

（1）高管薪酬（Comp）。高管薪酬包括货币薪酬和股权激励，含高管持股、

股票期权及相关福利等。根据已有研究和数据的可得性，本章以公司年报中现金薪酬最高的前三位董事薪酬之和作为代理指标，并取其对数。

（2）基金持股。为检验基金持股对高管薪酬的影响，本章选择基金合计持股比例（Fund）和基金持股集中度（Structure）作为指标，这里，基金持股集中度是指公司前十大股东中基金持股占所有基金持股之和的比例，其值越大，基金持股越集中。

（3）公司规模（Size）。公司规模越大，越容易受到政府关注和扶持。规模越大的国有上市公司，越需要配置更高的级别，支付更高的高管报酬。本章选择总资产作为公司规模的代理变量，并将其对数化。

（4）第一大股东持股比例（FirH）。根据代理理论，第一大股东持股比例越高，越有利于其监督高管行为，抑制高管薪酬水平提高。

（5）公司绩效（Per）。根据激励理论，公司的绩效越高，高管薪酬也越高。本章选择全面摊薄的净资产收益率作为其代理指标。

（6）多元化程度（Multi）。在其他条件雷同的条件下，公司多元化程度越高，其对高管专业技能水平的要求越高，对高管的薪酬支付越高。本章利用主营业务销售额，计算了公司主营业务的赫芬达尔指数（H），即 Multi = 1 - H。

为控制其他因素的影响，本章还选择了公司成长性、高管持股、实际控制人类型、行业类型和公司所在地等作为控制变量，如表 11 - 1 所示。

表 11 - 1　变量名称与定义

变量	定义（计算方法）	变量	定义（计算方法）
Comp	前三高管薪酬合计（万元）	Size	公司总资产（万元）
Fund	基金持股比例合计	Multi	公司多元化程度
TopFund	前十大股东中基金持股合计	Grow	公司成长性
Structure	基金持股集中度	Lev	杠杆率
IsFund	是否存在基金持股	Owner	实际控制人类型
FirH	第一大股东持股比例	Industry	公司所属行业类型
Per	摊薄净资产收益率	Place	公司所在地

资料来源：作者整理。

二、计量模型

如无特别申明：ε_i 表示系统的随机误差，且在对应解释变量给定的条件下，

$\varepsilon_i \sim N(0, \sigma^2)$，$\sigma > 0$。$\sum_{k=6}^{m}\beta_k Ctk_k$ 表示公司成长性（Grow）、实际控制人类型（Owner）、公司所属行业类型（Industry）和公司所在地（Place）等控制变量对高管薪酬（Comp）的影响。

1. 假设 1 的模型设定

$$Comp_i = \beta_0 + \beta_1 IsFund_i + \beta_2 FirH_i + \beta_3 Size_i + \beta_4 Per_i + \beta_5 Multi_i + \sum_{k=6}^{m}\beta_k Ctk_k + \varepsilon_i \quad (11-1)$$

2. 假设 2 的模型设定

$$Comp_i = \beta_0 + \beta_1 Fund_i + \beta_2 FirH_i + \beta_3 Size_i + \beta_4 Per_i + \beta_5 Multi_i + \sum_{k=6}^{m}\beta_k Ctk_k + \varepsilon_i \quad (11-2)$$

3. 假设 3 的模型设定

$$Comp_i = \beta_0 + \beta_1 Structure_i + \beta_2 FirH_i + \beta_3 Size_i + \beta_4 Per_i + \beta_5 Multi_i + \sum_{k=6}^{m}\beta_k Ctk_k + \varepsilon_i \quad (11-3)$$

三、样本选择与数据来源

根据清华金融研究数据标准，本章以 2005～2009 年沪深 A 股主板上市公司为样本，所有样本数据来自 Wind 资讯金融数据库。为得到成长较为稳定和处于正常运营状态的样本公司，本章按如下过程筛选：根据证监会行业分类，剔除隶属金融和保险业的公司，剔除 ST 和 * ST 的公司，剔除含 B 股和 H 股的公司，剔除净资产为负的公司，将扣除非经常性损益后亏损的公司剔除，剔除应息债务为零的公司及相关数据不全的公司。

第四节　实证检验

为了确保样本选择的代表性，本章从样本公司分布和行业分布两个方面做了统计描述，具体结果如表 11－2 和表 11－3 所示。由此可知，本章样本选择均达到样本容量和样本发散程度的要求。以 2009 年为例，第一大股东持股比例超过 50%的共 174 家，占 26%。存在基金持股的有 579 家，占 87%；前十大股东中有基金持股 475 家，占 71%。东部地区为 380 家，占 57%；中部地区为 146 家，占22%；西部地区为142家，占21%。中央国企为134家，占20%；地方国企为347家，占52%；民营企业为187家，占28%。

一、描述性统计

（一）样本公司分布

表11－2　2005～2009年样本分布特征　　单位：家

年份		2005	2006	2007	2008	2009
样本观测值		730	637	810	741	668
股权结构	第一大股东持股	277	152	188	195	175
基金持股	基金持股合计	700	596	552	494	579
	Top股东基金持股	346	333	477	445	475
地区分布	东部地区	422	357	457	414	380
	中部地区	166	145	192	172	146
	西部地区	142	135	161	155	142
控制人分布	中央国企	163	136	172	157	134
	地方国企	373	320	411	373	347
	民营企业	194	181	227	211	187

（二）行业分布（以2009年为例）

表11－3　样本公司的行业分布　　单位：家

行业名称	数量	行业名称	数量	行业名称	数量
采掘业	25	交通运输、仓储业	34	石油、化学	55
传播与文化产业	9	金属、非金属	55	食品、饮料	29
电力、煤气及水	39	木材、家具	3	信息技术业	33
电子	10	农、林、牧、渔业	16	医药、生物制品	48
房地产业	65	批发和零售贸易	58	造纸、印刷	11
纺织、服装、皮毛	20	其他制造业	7	综合类	32
机械、设备、仪表	83	社会服务业	20	建筑业	16

二、计量结果

利用2005～2009年的样本数据，本章分别对假设H1～假设H3进行了检验，如表11 -4 所示。从行来看，表 11 -4 第 1 行为年份，“2005” 表示根据 2005 年的样本数据获得的回归结果，以此类推；第 2 行为回归方程序号，其中：“（1）”表示假设 H1 的回归结果，以此类推；第 3 行以下为回归结果。由列观察，第 1 列为自变量名称，第 2 列以右为回归结果。比如，为了考察 2009 年的回归结果，可先找到 2009 年对应的 3 列，然后根据序号，查找对应假设的回归结果，其他类同。接下来，本章以 2009 年为例，参考 2005 ~2008 年的实证结果，对表 11 -4 的主要内容进行解释。

在 2009 年，假设 H1 对应的回归结果显示，基金持股虚拟变量（IsFund）的回归系数为 0. 26，且 t 值在 0. 05 的置信水平下显著，表明基金持股公司的高管薪酬高于非基金持股公司的 26%。这一结果在 2005 ~2008 年也得到支持，由表 11 -3 第 3 ~4 行可知。它证实了：在中国，基金持股有利于提高公司的高管薪酬，企业家精神得到基金的充分肯定。在其他解释变量中，第一大股东持股比例（FirH）的回归系数符号小于 0，表明公司第一大股东持股比例越高，高管薪酬水平越低，对高管薪酬有抑制作用。由于该系数仅为 -0. 01，股权集中度对高管薪酬的抑制作用相对较低，这一结果与 2005 ~2008 年的结论保持一致。公司规模（Size）及多元化程度（Multi）回归系数分别为 0. 211 和 0. 214，表明这两个指标对高管薪酬的正向作用较强，这与我国已有研究的结论相一致。由公司绩效（Per）的回归系数为 0. 011，可知公司绩效越高，高管层薪酬水平也越高。与 2009 年相比，2005 ~2008 年回归结果显示，我国高管薪酬受到公司规模、多元化程度和公司绩效的影响程度正逐渐增强，表明上市公司高管薪酬正趋于市场化。从 t 值看，财务杠杆几乎不对公司薪酬有任何影响，这表明高额的应息债务对高管薪酬水平没有约束，而这又与经典的自由现金流假设相悖。此外，实际控制人类型、公司所属地区对高管薪酬均有显著影响，由表 11 -3 的回归结果可以得知。例如，按实际控制人类型，中国高管薪酬水平依次表现为：民营企业最高，但地方国有企业与之差别并不甚大，而中央国有企业最低；按公司所属地区分布，我国高管薪酬水平依次为：东部地区最高，中部地区次之，但西部地区与之相差无几。

从假设 H2 的实证结果来看，基金持股比例之和（Fund）的回归系数符号为正，表明基金持股比例越高，高管薪酬水平越高，且基金持股公司的高管薪酬比非基金持股公司平均高 1. 7%，进一步证实了基金对企业家精神的肯定。这一结论同样得到 2005 ~2008 年样本数据的支持，基本维持在 1% ~2% 的水平。除上述解释变量外，其余解释变量均与假设 H1 一致。

假设 H3 的回归结果显示，在控制基金合计持股比例的基础上，比如：基金合计持股比例为 10% 以上，得到基金持股集中度（Structure）t 值仅为 0. 8，其对

表 11 -4　基金持股与企业家精神的分年度回归结果

年份	2005			2006			2007			2008			2009		
变量名称	(1)	(2)	(3)	(1)	(2)	(3)	(1)	(2)	(3)	(1)	(2)	(3)	(1)	(2)	(3)
IsFund	0.21			0.54			0.17			0.15			0.26		
	-1.53			(4.43) *			(2.56) **			(2.2) **			(2.84) *		
Fund		0.02			0.01			0.02			0.01			0.02	
		(3.37) *			(2.23) **			(4.08) *			(2.55) **			(4.0) *	
Structure			-0.35			-0.02			-0.36			-0.36			-0.15
			-1.64			-0.11			(1.99) **			(2.0) **			-0.80
FirH	-0.01	0.01	0.01	-0.01	-0.01	-0.01	-0.01	-0.01	-0.01	-0.01	-0.01	-0.01	-0.01	-0.01	-0.01
	(2.54) **	(1.94) ***	-1.13	(2.94) *	(2.23) **	(1.87) *	(4.43) *	(3.01) *	(2.32) **	(4.07) *	(3.4) *	(3.68) *	(3.72) *	(2.12) **	(3.77) *
Size	0.25	0.21	0.16	0.32	0.23	0.25	0.32	0.27	0.21	0.29	0.22	0.19	0.21	0.15	0.19
	(6.54) *	(5.02) *	(2.72) *	(7.71) *	(5.36) *	(4.18) *	(8.68) *	(5.7) *	(3.98) *	(7.31) *	(4.68) *	(3.56) *	(4.71) *	(3.04) *	(3.13) *
Per	0.02	0.02	0.03	0.00	0.02	0.02	0.01	0.00	0.01	0.00	0.01	0.02	0.01	0.01	0.02
	(4.23) *	(3.65) *	(3.93) *	(2.74) *	(3.9) *	(2.9) *	(1.77) ***	-1.15	(1.75) ***	-0.34	(2.67) *	(3.43) *	(2.54) **	(1.77) **	(2.11) **
Multi	0.00	0.00	0.00	-0.14	-0.08	-0.28	0.00	0.00	0.00	0.00	0.00	0.00	0.21	0.27	0.27
	-0.31	-0.30	-0.33	-1.16	-0.66	-1.47	-0.60	-0.44	-0.28	-0.13	-0.28	-0.50	-1.59	(1.84) **	-1.64
IsEast	0.35	0.35	0.44	0.27	0.28	0.27	0.35	0.39	0.40	0.30	0.31	0.34	0.29	0.27	0.24
	(4.74) *	(4.58) *	(3.47) *	(3.49) *	(3.57) *	(2.32) **	(4.84) *	(4.47) *	(4.0) *	(3.91) *	(3.12) *	(3.15) *	(3.8) *	(3.17) *	(2.53) **
IsCenter	-0.26	-0.24	-0.40	-0.33	-0.29	-0.53	-0.29	-0.33	-0.37	-0.38	-0.34	-0.29	-0.28	-0.20	-0.29
	(3.14) *	(2.81) *	(3.17) *	(3.51) *	(3.17) *	(4.05) *	(3.36) *	(3.13) *	(3.3) *	(4.08) *	(3.0) *	(2.5) **	(2.99) *	(1.91) **	(2.43) **
R - sq	0.24	0.25	0.24	0.26	0.26	0.27	0.25	0.25	0.23	0.20	0.23	0.25	0.22	0.21	0.22
F 值	6.74	7.71	3.90	11.60	6.79	5.12	10.17	6.43	4.97	6.42	18.96	21.77	5.88	5.16	4.53

注：括号内为 t 检验值，* 表示在 1% 的水平上显著，** 表示在 5% 的水平上显著，*** 表示在 10% 的水平上显著。

公司高管薪酬水平的影响并不显著，这一结果得到2005年、2006年的支持。故可知，随着基金逐渐走向成熟，我国基金的高度理性使其建立了自然的联盟关系。由此形成了对高管薪酬水平的共识，即基金持股集中度与高管薪酬水平无关。除上述解释变量外，其余解释变量与假设H1同样保持一致。

三、稳健性测试

本章利用2005～2009年跨度5年的截面数据，得到稳定和一致的结论，主要解释变量除了在数值上有所不同外，其他指标基本保持一致。此外，本章还从两方面进行稳健性测试，结果也支持了本章的假设。

一方面，本章检验第一股东持股比例对高管薪酬水平的抑制作用时，选择了股权集中度指数（Cr5）作为代理变量，所得结论与本章假设仍然一致。类似地，本章选择公司薪酬前三名的经理薪酬之和替换薪酬前三名的高管薪酬之和，所得结论仍然不变。为检验基金持股比例之和是否影响公司高管薪酬，本章选择前十大股东中的基金持股比例之和作为解释变量，结论与本章假设同样不变。

另一方面，本章按公司规模排序，剔除总资产在前5%和后5%的样本公司，将余下的608家公司作为新样本。利用这些样本，对假设H1～假设H3进行检验。结果发现：除了回归系数略有改变之外，各主要变量的统计性质、符号均与上文中的结论一致。从以上分析可知本章的结论具有稳健性。

第五节　主要结论

按照代理理论的分析框架，对高管的监督能力越强，其薪酬水平越低。但这一观点既忽略了人力资本不可转移性（Rajan and Zingales，1998），又忽略了企业家精神对公司发展的重要性（Drucker，1985）。从企业家精神创新性、不可直接获得性及复杂性出发，本章的研究突破了代理理论中静态、线性和重复性劳动行为的假定。利用2005～2009年沪深股市主板A股上市公司数据，本章发现，专业的投资者不能仅仅局限于通过监督方式约束公司高管的行为，还应该给予富有企业家精神且卓有成效的高管以更高的薪酬激励。本章实证结果表明：与非基金持股公司相比，基金持股公司的高管薪酬水平较高；基金持股比例越高，高管薪酬水平越高。同时，同一公司持股基金之间容易形成自然的联盟关系，即高管薪酬与基金持股集中度无关。由此可知，高管薪酬水平与基金持股比例存在正相关关系，而与基金持股集中度没有显著的正相关关系，即与其他投资者相比，基金对企业家精神更为重视，更倾向于利用薪酬激励公司高管。为了发扬和光大企业家精神，我国应提高对企业高管薪酬的激励水平，借此鼓励高管的企业家精神，在我国营造更多的创新型企业。

参考文献

[1] Black, B. Agents Watching Agents: The Promise of Institutional Investor Voice [J] . UCLA Law Review, 1992 (39): 811 -893.

[2] Jensen, Michael C. , William H. Meckling. Theory of the Firm: Managerial Behavior, Agency Costs and Ownership Structure [J] . Journal of Financial Economics, 1976 (3): 305 -360.

[3] Jensen, Michael C. , Kevin J. Murphy. Performance Pay and Top Management Incentive [J] . Journal of Political Economy, 1990, 98 (2): 254 -284.

[4] Jensen, Michael C. , Kevin J. Murphy. CEO Incentives: Its Not How Much You Pay, But How [J] . Harward Business Review, 1990 (3): 138 -153.

[5] Jensen, Michael C. , Kevin J. Murphy. Compensation and Incentives: Practice vs. Theory [J] . Journal of Finance, 1988 (3): 593 -616.

[6] Rose, N. , A. Shepard. Firm Diversification and CEO Compensation: Managerial Ability or Executive Entrenchment? [J] . Rand Journal of Economics, 1997, 28 (3): 489 -514.

[7] Core, J. , W. Guay, R. Thomas. Is U. S. CEO Compensation Inefficient Pay without Performance? [J] . Michigan Law Review, 2004 (103): 1141 -1185.

[8] Chhaochharia, V. , Y. Grinstein. CEO Compensation and Board Structure [J] . The Journal of Finance, 2009 (1): 231 -261.

[9] Garvey, G. , T. Milbourn. Asymmetric Benchmarking in Compensation: Executives are Rewarded for Good Luck but not Penalized for Bad [J] . Journal of Financial Economics, 2006 (82): 197 -225.

[10] Almazan, A. , J. Hartzell, L. Starks. Active Institutional Shareholders and Costs of Monitoring: Evidence from Executive Compensation [J] . Financial Management, 2005, 34 (4): 5 -34.

[11] Hartzell, J. , L. Starks. Institutional Investors and Executive Compensation [J] . The Journal of Finance, 2003 (6): 2351 -2373.

[12] Bebchuk, L. , J. Fried. Executive Compensation as an Agency Problem [J]. Journal of Economic Perspectives, 2003, 17 (3): 71 -92.

[13] Drucker, Peter Ferdinand. Innovation and Entrepreneurship Practice and

Principles [J] . Michiga Law Review, 1985 (1): 7 –9.

[14] Rajan Zingales. The Influence of the Financial Revolution on the Nature of Firms [J] . Journal of Financial Econics, 1990 (1): 1 –4.

[15] Easterbrook, Frank H. , Fischel, Daniel R. Economic Structure of Corporate Law [M] . Harvard University Press, 1996.

[16] Clay, Darin. The Effects of Institutional Investment on CEO Compensation [R] . Working Paper, University of Southern California, 2000.

[17] Cosh A. , Hughes A. Executive Renumeration, Executive Dismissal and Institutional Shareholdings [J] . International Journal of Industrial Organization, 1997 (15): 469 –492.

[18] David P. , Kochhar R. , Levitas E. The Effect of Institutional Investor on the Level and Mix of CEO Compensation [J] . Academy of Management Journal, 1998 (2): 200 –208.

[19] 方军雄. 我国上市公司高管的薪酬存在粘性吗? [J] . 经济研究, 2009 (3) .

[20] 王克敏, 王志超. 高管控制权、报酬与盈余管理 [J] . 管理世界, 2007 (7) .

[21] 孔翔, 陈炜. 我国上市公司应选择什么样的股权结构? ——上市公司股权结构与经营绩效关系研究 [R] . 深圳证券交易所综合研究所研究报告, 2005 (10) .

[22] 辛清泉, 林斌, 王彦超. 政府控制、经理薪酬与资本投资 [J] . 经济研究, 2007 (8) .

[23] 徐莉萍, 辛宇, 陈工孟. 股权集中度和股权制衡及其对公司经营绩效的影响 [J] . 经济研究, 2006 (1) .

[24] 中国证券业协会. 中国证券投资基金业年报 [M] . 北京: 中国金融出版社, 2008.

[25] 胡汝银. 中国资本市场的发展与变迁 [M] . 上海: 格致出版社, 2008.

[26] 张军. 中国企业的转型道路 [M] . 上海: 格致出版社, 2008.

第十二章　基金持股是否对高管薪酬激励有优化作用①

导读：基于中国沪深A股市场上市公司2003～2013年的样本数据，本章探讨了证券投资基金对其持股公司管理层薪酬激励机制的优化作用。本章发现，基金持股有助于提升管理层薪酬，从而证实了基金持股对管理层薪酬的直接激励作用；基金持股抑制了公司绩效对管理层薪酬的过度激励，进而解释了管理层薪酬与公司绩效之间倒"U"型关系的生成机制。同时，基金持股对管理层薪酬的直接激励及其对于管理层薪酬所存在的过度激励问题的抑制作用均具有"偏U型"特征。本章丰富了Hartzell和Starks（2003）等相关研究，证实了基金持股有助于优化我国上市公司的管理层薪酬激励机制。

第一节　引言

长期以来，中国上市公司尚未建立合理的管理层薪酬激励机制，主要体现在两个方面：①当管理层薪酬大幅提升时，股东回报并未相应增加。2003～2013年，我国上市公司管理层平均薪酬从18万元增加至33万元，增幅高达80%，而同期的普通股获利率（每股股利/每股市价）却从0.9%降至0.5%。年薪500万元以上的公司管理层更是屡见不鲜，有的管理层年薪甚至超过6000万元。②当公司绩效恶化时，管理层薪酬并未随之降低。即使在全球金融危机肆虐的2008年，我国上市公司总资产收益率平均降低27.9%，但公司管理层的年平均薪酬却增加了7.3%。这里，本章所指的管理层薪酬由现金收入与津贴之和组成，不包括股票期权等或有权益收入。如此巨大的反差引起了我国公众对公司管理层薪酬

① 本章主体内容系李忠海与张涤新合作的工作论文，感谢合作者张涤新教授。

的强烈质疑，如何优化公司管理层薪酬激励机制，已成为完善我国公司治理亟须解决的重要问题。由于公司管理层运气薪酬（Pay for Luck）及其他影响因素的存在，政府对管理层薪酬的行政干预难以奏效（沈艺峰、李培功，2010）。因此，试图依靠政府来优化管理层薪酬激励机制很难实现。La Porta 等（1997）研究表明，在新兴市场国家，由于法律制度基础和监管措施不健全，更容易诱发大股东利用控制权以多种方式攫取中小股东利益，包括资产侵占、关联交易和违规担保等，这使得大股东无须努力提升公司价值即能获利。因而，大股东也难以承担起优化公司管理层薪酬激励机制的重任。由于监督成本高昂、持股分散和利益诉求很难达成一致等因素，以散户为主体的广大小股东倾向于“搭便车”，同样无力优化公司管理层薪酬激励机制。有鉴于此，我们不禁要问：能否借助以证券投资基金（简称基金，下同）为代表的机构投资者所拥有的规模、信息和人才等优势，鼓励其积极参与上市公司重大决策、履行监督职能，从而降低代理成本、优化我国上市公司管理层薪酬激励机制？

国内已有文献侧重研究了机构投资者对其所持股公司的会计绩效、市场价值和公司治理水平等方面的影响（李维安、李滨，2008）。这些研究表明，机构投资者至少通过两种途径参与公司治理，即：公司治理的内部机制来参与公司重大决策，或公司控制权市场的争夺来参与公司治理。由于我国控制权市场仍处于初级阶段，接下来我们主要关注机构投资者通过公司治理的内部机制参与公司重大决策。与个人投资者相比，机构通常具有更为雄厚的资金优势、人才优势和信息优势。因而，机构利用自身资金优势、人才优势和信息优势，机构投资者倾向于成为积极股东，直接参加股东大会，向上市公司提出议案。同时，较大的持股比例使机构投资者在股东大会上拥有较多的表决权或者推选自身的董事、监事等，为其维护自身权益提供保障。从我国近年来发生的典型事例来看，以基金为代表的机构投资者的确参与了公司治理。2002 年发生的中兴通讯 H 股发行搁浅事件，2005 年双汇集团 MBO 收购抵制事件，以及 2010 年的神火股份发行可转债暂停事件改变了公司原来的投融资决策，这些均归功于以基金为代表的机构投资者利用公司章程和《公司法》中对股东权益的保护条款，参与了公司重大决策的结果。在实证研究方面，王彩萍（2007）利用 2003 年及之前的样本数据，研究了机构投资者持股对公司管理层薪酬的作用机制，否认了机构持股对优化持股公司管理层薪酬激励机制的作用。由于该结论主要基于 2003 年之前基金发展尚处于初级阶段的样本数据，故其结论有一定局限性。为此，本章选择了基金处于 2003 ~ 2013 年这一较快发展阶段的样本数据，利用面板数据模型和分位数回归模型进行实证检验，证实了我国基金有助于优化其持股公司的管理层薪酬激励机制。本章所得结论丰富了 Hartzell 和 Starks（2003）、Almazan 等（2005）、Chen 等

（2009）等已有研究，证实了基金持股有助于优化持股公司管理层薪酬激励机制，肯定了基金在改善我国上市公司外部治理中的有益作用。

第二节　机构持股、管理层激励与过度激励

Jensen 和 Meckling（1976）认为，经理与股东的利益不一致及股东对经理监督成本的存在，使两者间存在代理问题。Grossman 和 Hart（1986）、Rajan 和 Zingales（1998）在此基础上指出，管理层与股东之间的合约不完全和管理层所拥有人力资本的复杂性等，注定股东对管理层的监督能力有限，致使薪酬激励成为降低两者之间代理成本的重要途径。以我国上市公司为例，2003 年总资产收益率平均为 0.022，公司前三位董事薪酬之和平均为 55.79 万元；2006 年分别为 0.027 和 66.04 万元，2013 年分别为 0.04 和 99.85 万元。这表明，我国上市公司管理层薪酬随公司绩效的增加而递增，这也得到国内外重要文献的支持（Lambert 和 Larcker，1987；Janakiraman 等，1992；辛清泉、谭伟强，2009）。尽管如此，这些文献并未排除公司绩效与管理层薪酬之间非线性关系的存在性。Bergstresser 和 Philippon（2006）发现，如果管理层薪酬与公司绩效仅存在线性关系，这将诱使公司管理层因过度关注短期激励而进行盈余操纵、提高短期绩效水平。考虑到这些因素，本章在上述文献的基础上，探索管理层薪酬与公司绩效之间的非线性关系，并对其展开实证研究。据此，本章提出如下假设（H1）：

H1：在控制其他解释变量不变的情况下，管理层薪酬随公司绩效的增加而提升，但提升速度呈下降趋势，即管理层薪酬与公司绩效之间存在非线性关系。

委托代理理论表明，管理层薪酬是对公司管理层的一种激励约束机制，对公司业绩具有至关重要的影响，这不能不引起持股基金对它的关注。基金甚至利用其规模、信息、人才和研发等优势，倾向于成为积极股东，直接参加股东大会及向上市公司提出议案。同时，较大的持股比例使基金在股东会上拥有较多的表决权或者更多的机会推选维护自身利益的董事、监事等，为其维护自身权益提供保障。在实际运作中，基金可能选择如下“途径或手段实现对管理层薪酬激励的影响”。一方面，通过其持股优势，直接介入或间接影响董事会决策或监事会监督，维护自身权益，这是“用手投票”的表现；另一方面，通过自身拥有的话语权优势和市场影响力，如研究报告信息披露、下调公司业绩的评估、抛售其持股公司股票等“用脚投票”的方式，影响其持股公司重大决策和管理层薪酬激励机制。根据上述理由，作为持股规模最大的机构投资者之一，基金完全有动力、有

能力参与上市公司治理，以及影响其持股公司的管理层薪酬。与此同时，Drucker（1985）的案例分析、Easterbrook 和 Daniel（1996）关于“司法不介入商业”的论断，以及 Rajan 和 Zingales（1998）的人力资本理论等均证实了管理层劳动的复杂性、创新性、动态性和难以转移性。一般来说，薪酬是劳动者付出劳动所给予的补偿或报酬。对于公司管理层来说，其薪酬是公司对管理层所提供复杂、创新的劳动报酬。但与公司普通工人的计件工资不同，公司管理层的薪酬很难按照生产数量或产品质量等简单量化指标加以评价，更难以单纯降低成本的角度限制公司管理层薪酬。因此，具有专业投资经验的基金更倾向于通过薪酬激励促使管理层为公司提供这种创造性的复杂劳动，而非简单地抑制管理层薪酬提高以降低薪金成本。持股基金的积极参与有助于履行监督职能、降低其持股公司与股东之间的代理成本，从而实现持股公司绩效的提升。故而，本章提出如下假设（H2）：

H2：在控制其他解释变量不变的情况下，公司管理层薪酬水平随其持股基金比例增加而提升。

管理层薪酬水平在一定程度上反映了公司对管理层的激励强度，因而基金可能以管理层薪酬水平作为决策持股水平的参考指标之一。由于管理层薪酬和基金持股之间可能存在联立性，这可能会导致因内生性带来的回归估计偏误。为此，我们选择换手率、上期基金平均持股比例、本期基金平均持股比例为基金平均持股比例的潜在工具变量，这也得到已有研究的支持（叶建芳等，2009）。除了可观察到的基金平均持股比例、实际控制人持股比例、公司规模、市场风险等变量外，还有诸多难以观察或难以计量的因素影响管理层薪酬激励，这同样会导致内生性的存在。故而，我们利用面板数据分离出那些仅随公司个体变动的因素，借此消除因遗漏变量带来的内生性问题。

尽管管理层薪酬理应随公司绩效改善而增加，但这种激励模式显然不能无限制持续，否则将诱发上市公司管理层过度追求短期利益的行为，不利于公司长期的可持续发展。统计数据显示，2003~2013 年，我国管理层持股总和在 0.1% 以上的仅有 1923 个观测样本，约占总样本的 12%。加上我国股票市场股票价格指数波动较大，股权激励的效果被弱化，其更多只是作为现金报酬的补充。在此种情况下，基金持股是否有助于抑制绩效激励的短期性，从而优化薪酬激励机制呢？Black（1992）认为，机构投资者一般会比普通中小投资者更有动机、有能力监督其持股公司，限制公司管理层薪酬的提高。Hartzell 和 Starks（2003）与 Almazan 等（2005）发现，管理层薪酬对公司绩效的敏感度与机构持股集中度正相关，管理层薪酬与机构持股负相关，该结论从机构持股集中度的视角证实了机构投资者持股有助于优化管理层薪酬激励机制。与之不同，Janakiraman 等（2009）研究表明，一方面，机构投资者持股增强了公司管理层薪酬对公司绩效的敏感性，这种敏感性随管理层持股比例的减少而提高；另一方面，公司管理层薪酬与其持股比例负相关，且这种负相关程度随其持股比例减少而增加。Zheng（2010）发现，短期持股或积极交易的机构投资者增强了公司管理层期权激励对公司绩效的敏感性，长期持股的机构投资者对此不起作用，这表明机构投资者的投资风格也能影响到公司管理层的薪酬激励。但同时，管理层薪酬的结构和激励强度也受机构投资者投资风格的影响，这得到 Shin（2008）的证实。Chen 等（2009）得出，机构投资者的退出威胁（Threat of Exit）强化了管理层对薪酬（Bonus Pay）激励的依赖性，且薪酬越高，越有助于激励管理层努力工作。Ettore 等（2010）发现，与外国机构投资者相比，母国机构投资者对其持股公司 CEO 薪酬与公司绩效的敏感性影响更大。由此推测，机构投资者的确能够履行监督职能、降低代理成本，优化公司管理层的薪酬激励机制，提升薪酬激励效果。据此，本章提出如下假设（H3）：

H3：基金持股比例越高，其抑制公司绩效对管理层薪酬过度激励的作用就越强。

统计数据显示，在 5% 的分位数水平上，公司管理层对应薪酬分位点为 44.73 万元；在 25% 的分位数水平上，相应数值为 94.92 万元；在 75% 的分位数水平上，其对应值达到 284.36 万元；而到了 95% 的分位数水平，该值为 615.01 万元。这表明，基金持股公司的管理层薪酬差异较大，且其分布不对称。由此，我们要问：随着管理层薪酬水平的提高，持股基金的间接激励作用及其抑制公司绩效对管理层薪酬的过度激励作用程度是否保持一致。即：与其薪酬处于较低水平的管理层相比，处于较高薪酬水平的管理层是否更可能被公司持股基金的激励作用所影响。比如，持股基金对处于较高薪酬水平的管理层薪酬激励优化作用可能要大于（或小于）处于较低薪酬水平的管理层，从而呈现出在不同薪酬水平，其持股基金对管理层薪酬激励优化作用的不同，即表现出所谓的“异质性”。故而，本章提出如下假设（H4）：

H4：随着管理层薪酬所处的分位数不同，持股基金对公司管理层薪酬激励的优化作用存在“异质性”特征。

第三节　管理层激励的研究设计

一、变量选择

本章用公司管理层薪酬作为被解释变量。管理层薪酬作为公司管理层所得的劳动补偿，其构成较为复杂，包括现金收入、津贴及股票期权等。受限于我国数据的可得性，本章将管理层薪酬界定为现金收入与津贴之和，并用前三位董事薪酬之和作为管理层薪酬的代理变量。解释变量按如下方式选择：

（1）基金持股比例。由于上市公司年报中所公布仅为该年第四季度末的机构投资者持股比例，难以全面反映该年机构持续持股的情况。按照《证券投资基金信息披露内容与格式准则》提出的信息披露要求，本章对半年报和年报中披露的机构投资者持股比例进行平均，以此衡量机构年度持股状态，尽可能平滑因机构持股时间长短不一带来的问题。该指标数值越大，表明机构在该年度平均持有该公司股份的比例越高。

（2）基金平均持股比例与公司绩效的交叉项。为检验基金持股能否抑制公司绩效对管理层薪酬的过度激励，本章引入基金平均持股比例与公司绩效的交叉项。若交叉项的回归系数显著为负，表明基金持股有助于抑制公司绩效对管理层薪酬的过度激励。

（3）公司绩效。由于我国股票市场价格发现功能尚不充分且市场投机气氛较为浓厚，以市场价格为基础的托宾值（Tobin Q）指标难以反映上市公司价值（黄磊，2009）。为此，本章选择总资产收益率作为衡量公司绩效的主要指标，它能够反映公司总资产运营状况。辛清泉和谭伟强（2009）也曾选择该变量衡量公司绩效。

（4）实际控制人拥有控制权比例。与其他衡量股权结构的指标相比，实际控制人所拥有的控制权比例考虑了股权合并、关联交易和交叉持股等因素，并反映了上市公司实际控制人控制能力的高低，故本章用实际控制人所拥有的控制权比例来衡量公司的股权结构。刘芍佳等（2003）曾选择该指标作为股权结构的代理变量。

（5）其他变量。本章选择公司规模、财务杠杆、公司成长性、市场风险、实际控制人类型、公司所属行业、公司所属地区和数据所属年份作为控制变量，且用 Q 表示按上述顺序排列的变量组成的 8 维向量。

（6）随机干扰。用 ε 表示模型中不可观测的随机扰动项，且在解释变量及控制变量给定的条件下，其条件期望为 0，方差有界。

所有变量定义如表 12 -1 所示。

二、计量模型设定

（一）管理层薪酬与公司绩效倒“U”型关系的检验模型

本章引入公司绩效的二次项，用以检验管理层薪酬与公司绩效之间是否存在非线性的倒“U”型关系。若该二次项的回归系数显著小于零，表明两者之间存

表 12-1　变量名称与定义

变量	定义（来源）	变量	定义（来源）
Tcp	最高前三董事薪酬之和，并取自然对数	*Fund*	基金平均持股比例
LFund	前一期基金持股平均比例	*TurnOver*	公司年度平均换手率
Roa	总资产收益率，即净利润/公司总资产	*Cvr*	实际控制人拥有的控制权比例
Size	公司规模，取总资产自然对数	*Fund * Roa*	基金平均持股比例与公司绩效的交叉项
Growth	营业收入增长率	*Lev*	财务杠杆
IsEast	地区虚拟变量，属于东部取 1，否则取 0	*Risk*	市场风险，取公司年度贝塔系数
IsYear	年度虚拟变量，属于该年取 1，否则取 0	*IsState*	实际控制人虚拟变量，国有控股取 1，否则取 0

在倒“U”型关系。其中，$\alpha=(\alpha_1,\ \cdots,\ \alpha_8)^T$ 和 $\beta_i(0\leqslant i\leqslant 4)$，表示未知参数。考虑如下回归模型：

$$Tcp=\beta_0+\beta_1 Roa+\beta_2 Roa^2+\beta_3 Fund+\beta_4 Cvr+\alpha^T Q+\varepsilon \tag{12-1}$$

（二）基金持股对管理层薪酬间接激励的模型设定

根据假设 H3 的分析，我们建立如下计量模型用以探索管理层薪酬与基金持股之间的关系，即式（12-2）和式（12-3）。在式（12-2）的回归估计中，本章引入换手率（*TurnOver*）和上期基金平均持股比例（*LFund*）作为基金平均持股比例的工具变量。

$$Tcp=\beta_0+\beta_1 Roa+\beta_2 Fund+\beta_3 Cvr+\alpha^T Q+\varepsilon \tag{12-2}$$

$$Fund=\beta_0+\beta_1 Tcp+\beta_2 Roa+\beta_3 Cvr+\beta_4 LFund+\beta_5 TurnOver+\alpha^T Q+u \tag{12-3}$$

（三）基金持股抑制公司绩效对管理层过度薪酬激励的计量模型

如果借助模型 1，本章证实了管理层薪酬与公司绩效之间可能的倒“U”型关系。该关系表明：在公司绩效对管理层薪酬的直接激励中，可能存在某些因素抑制了管理层薪酬对公司绩效的依赖。遗憾的是，模型 1 难以解释是哪些因素产生了这种抑制作用。为探索这种倒“U”型关系的生成机制，本章在原有模型的基础上分别引入实际控制人控制权比例与公司绩效的交叉项（$Cvr\times Roa$）及基金平均持股比例与公司绩效的交叉项（$Fund\times Roa$）。于是得到如下模型：

$$Tcp=\beta_0+\beta_1 Roa+\beta_2 Cvr+\beta_3 Cvr\times Roa+\alpha^T Q+\varepsilon \tag{12-4}$$

$$Tcp = \beta_0 + \beta_1 Roa + \beta_2 Fund + \beta_3 Fund \times Roa + \alpha^T Q + \varepsilon \tag{12-5}$$

（四）管理层薪酬激励的分位数回归模型

随着管理层薪酬的提高，持股基金的激励效应和抑制作用是否存在差异。分位数回归方法为我们提供了变量之间多层次关系比较的研究范式，以便观察到变量之间更为细致的相关关系。根据这一分析，本章建立如下分位数回归模型：

$$Tcp_q(x) = \beta_{q,0} + \beta_{q,1} Roa + \beta_{q,2} Fund + \beta_{q,3} Fund \times Roa + \beta_{q,4} Cvr + \alpha^T Q + \varepsilon \tag{12-6}$$

其中，x 表示上式中所有解释变量及控制变量组成的向量，$Tcp_q(x)$ 为给定 x 和分位数水平 q 的条件下，公司管理层薪酬的“条件分位数函数”，$q \in (0, 1)$。

三、数据来源与样本选择

除了公司实际控制人类型来源于色诺芬（CCER）数据库，本章使用的其他信息来自万德（Wind）数据库。借鉴已有文献，本章按如下方式进行样本筛选：按年度获得沪深主板 A 股 11096 个待选的观测样本，按证监会行业分类剔除隶属金融、保险、信托等行业的观测样本，剔除当年被 ST 和 * ST 的观测样本，剔除当年含 B 股或 H 股的观测样本，剔除净资产为负的观测样本，剔除主营业务发生重大改变的观测样本，剔除净资产收益率高于 1 或低于 -1 的观测样本及其他相关数据不全的观测样本。经上述筛选，本章得到 7303 个公司—年度观测样本。本章采用 Stata12 对计量模型（1）~模型(4）进行分析和实证检验。

第四节　机构持股与管理层激励的实证检验

一、描述性统计

（一）样本分布特征

在选定的 7303 个观测样本中，基金持股公司有 6159 个，占 84%。在基金持股的公司中，持股比例超过 1% 的有 4087 个观测样本，占 66%；持股比例超过 5% 的有 2862 个，占 40%；持股比例超过 10% 的有 1823 个，占 30%。样本公司隶属东部地区的有 4302 个观测样本，占样本总量的 59%。样本公司的实际控制人类型属于国家控股的有 4162 个观测样本，占样本总量的 57%；其余 43% 为民营控股、外资控股和集体控股等其他类型，见 CCER 的分类标准。根据我国证监会的行业分类标准，这 7302 个样本公司分布在 21 个行业。

（二）统计描述

在此，我们对样本公司的相关变量进行统计描述，具体情况如表 12－2 所示。

表 12－2　相关变量的统计描述

变量	均值	中位数	标准差	最小值	最大值
Tcp	4.06	4.11	0.87	－4.46	6.21
Roa	0.05	0.04	0.04	0.00	0.82
Fund	0.07	0.02	0.11	0.00	0.68
Cvr	0.37	0.36	0.18	0.00	1.00
Size	21.49	21.40	1.00	18.50	26.71
Lev	0.49	0.50	0.21	0.01	6.35
Risk	1.01	1.04	0.21	－3.36	2.90
Growth	0.34	0.18	1.58	－0.98	74.47

由表 12－2 可知，无论是公司实际控制人，还是持股基金，其持股比例变化幅度都较大。例如，基金合计持股占流通 A 股的比例最高达到 68%，最低则为 0。

（三）相关变量的相关性描述

下面我们对样本公司的主要变量进行相关性分析，所得结果如表 12－3 所示。

表 12－3　相关变量的相关性分析

	Tcp	*Fund*	*Roa*	*Cvr*	*Size*	*Lev*	*Growth*
Fund	0.3 *	1					
Roa	0.26 *	0.44 *	1				
Cvr	－0.02 *	0.11 *	0.11 *	1			
Size	0.32 *	0.31 *	0.02 *	0.21 *	1		
Lev	0.02	－0.04 *	－0.23 *	－0.01	0.28 *	1	
Growth	0.01	0.02	0.07 *	0.04 *	0.02	0.04 *	1
Risk	－0.06	－0.29 *	－0.25 *	－0.08 *	－0.09 *	0	－0.11 *

注：* 表示相关系数的显著性水平达到了 5%。

由表 12 -3 可知，管理层薪酬与基金平均持股比例显著正相关，管理层薪酬与实际控制人所拥有的控制权比例显著负相关。此外，管理层薪酬分别与公司绩效和公司规模显著正相关。

二、计量结果

根据所筛选出的样本数据，本章对计量模型 1 ~ 模型 3 进行回归估计，其结果如表 12 -4 所示。第 1 列为变量名称，第 2 ~ 10 列分别为计量模型 1 ~ 模型 3 对应的实证结果，标注为 Ⅰ ~ Ⅷ。其中，Ⅰ、Ⅱ 对应模型 1 回归结果，分别为式（12 -1）基于最小二乘法（OLS）和基于面板数据固定效应模型的回归结果。Ⅲ、Ⅳ和Ⅴ均对应模型 2，分别为式（12 -2）基于 OLS、基于工具变量回归模型及式(12 -3）基于面板数据固定效应模型的回归结果。Ⅵ对应模型 2 中考察实际控制人持股比例和公司绩效交叉项（*Cvr* × *Roa*）时，基于式（12 -4）的估计结果，Ⅶ和Ⅷ对应模型 3 中考察基金平均持股比例和公司绩效交叉项（*Fund* × *Roa*）时，分别为式（12 -5）基于 OLS 和基于面板数据固定效应模型的回归结果。

表 12 -4　计量模型 1 ~ 模型 3 的实证结果

	模型 1		模型 2			模型 3		
	Ⅰ	Ⅱ	Ⅲ	Ⅳ	Ⅴ	Ⅵ	Ⅶ	Ⅷ
Fund			0.758*** (0.15)	0.742*** (0.13)	0.477*** (0.10)		1.106*** (0.28)	0.677*** (0.17)
Cvr × Roa						-0.022 (0.021)		
Fund × Roa							-4.907* (2.81)	-2.748* (1.71)
Roa	7.380*** (1.20)	5.257*** (0.58)	4.240*** (0.63)	4.257*** (0.36)	2.277*** (0.41)	5.929*** (0.91)	4.931*** (0.72)	2.659*** (0.51)
RoaSq	-12.54** (4.64)	-13.76*** (1.98)						
Cvr	-0.535*** (0.094)	-0.0905 (0.072)	-0.524*** (0.10)	-0.524*** (0.056)	-0.0409 (0.087)	-0.416** (0.18)	-0.529*** (0.11)	-0.0451 (0.087)
Size	0.238*** (0.028)	0.228*** (0.035)	0.171*** (0.027)	0.171*** (0.012)	0.181*** (0.039)	0.190*** (0.027)	0.170*** (0.027)	0.181*** (0.039)
Lev	0.207 (0.14)	-0.0830 (0.068)	0.354** (0.13)	0.354*** (0.066)	-0.0149 (0.12)	0.373** (0.14)	0.357** (0.13)	-0.00610 (0.12)

续表

	模型 1		模型 2			模型 3		
	Ⅰ	Ⅱ	Ⅲ	Ⅳ	Ⅴ	Ⅵ	Ⅶ	Ⅷ
IsState	-0.0917** (0.041)		-0.110** (0.045)	-0.110*** (0.020)		-0.115** (0.044)	-0.109** (0.044)	
IsEast	0.376*** (0.042)		0.384*** (0.045)	0.384*** (0.019)		0.380*** (0.046)	0.382*** (0.046)	
F-test		9.16			7.54			6.82
H-test		0.001			0.005			0.00
虚拟变	控制年度虚拟变量							
量控制	控制行业虚拟变量							
R^2	0.31	0.36	0.30	0.30	0.35	0.29	0.30	0.35

注：括号内为系数估计的稳健性标准差，*** 表示在 1% 的水平上显著，** 表示在 5% 的水平上显著，* 表示在 10% 的水平上显著；*F-test* 固定效应模型的个体效应联合检验；*H-test* 面板数据固定效应模型和随机效应模型的 Hausman 检验结果 P 值；R^2 为回归模型的拟和优度。

（一）公司管理层薪酬直接激励效应的倒“U”型特征

回归结果 I 显示，在其他变量不变的情况下，公司绩效及其二次项的回归系数分别为 7.38 和 -12.54，均在 1% 的水平上显著。这表明管理层薪酬与公司绩效显著正相关，与其二次项显著负相关，即管理层薪酬与公司绩效之间的确存在倒“U”型的关系。出于缓解因变量遗漏所带来内生性的需要，本章还建立了面板数据模型并进行估计。限于篇幅，表 12-4 仅报告固定效应模型中的个体效应的联合 F 检验结果（*F-test*）和 Hausman 检验结果（*H-test*），具体可参见回归结果Ⅱ。基本过程如下：为确认面板模型比截面模型更合适，我们面板数据的固定效应模型和随机效应模型分别进行了个体效应的联合 F 检验和 Breusch-Pagan 检验。这表明，无论是固定效应面板数据模型还是随机效应，面板数据模型均优于混合截面模型。接下来，我们就选择面板数据固定效应模型或随机效应模型进行 Hausman 检验，发现其 P 值小于 0.01。显然，即使在 1% 的水平上，我们也不能接受不可观测的公司个体特征与公司所属地区、实际控制人类型及其他解释变量不相关的原假设。由此可知，固定效应数据模型要比随机效应数据模型更合适。因而，本章接下来主要对固定效应面板数据模型进行分析（下同）。因此，回归结果Ⅱ显示，在控制诸多仅随个体或仅随时间改变的遗漏变量之后，管理层薪酬与公司绩效之间的倒“U”型关系依然存在。这种倒“U”型关系表明，管理层薪酬随公司绩效改善而增加的边际效应递减，故而证实了本章假设 H1。也就是说，对于绩效水平偏低的公司（如 Roa 仅为 10% 分位数水平的 0.01），管理层薪酬的偏效应约为 5.12，即此时公司绩效提升 1 单位则管理层薪酬随之增加 5 个单位；而对于高绩效公司（如 Roa 为 90% 分位数水平的 0.1），该偏效应降至 3.881，即此时公司绩效 1 单位的提升仅能带来管理层薪酬 3.881 单位的增加。这种倒“U”型关系暗含了在薪酬激励机制中，可能存在某些因素抑制了公司绩效对于管理层薪酬的过度激励。为此，本章将借助模型 3 和模型 4，进一步研究这种抑制作用的可能产生机理。

（二）基金持股对公司管理层薪酬的间接激励效应

回归结果Ⅲ显示，在其他变量不变的情况下，基金平均持股比例回归系数为 0.76，且在 1% 的水平上显著为正，这证实了基金平均持股比例对管理层薪酬的正向激励作用。为了缓解可能存在的内生性问题及证实该结论的稳健性，本章分别对联立方程模型和面板数据模型进行了估计，得到回归结果Ⅳ和Ⅴ。回归结果Ⅳ的 DWH 检验的 P 值为 0.84，这表明不能拒绝所有变量外生的原假设。即在考察管理层薪酬的影响因素时，基金持股并非内生，即我们无须考虑管理层薪酬和基金持股之间的联立性问题。为缓解遗漏变量带来的内生性问题，本章还估计了面板数据模型，得到面板数据固定效应模型回归结果Ⅴ（检验过程同上）。该结果显示，在其他变量不变的情况下，基金持股回归系数为 0.48，且在 1% 的水平上显著为正。显然，这一结果也证实了基金平均持股比例对管理层薪酬的正向激励作用。由此可知，基金并没有将所持股公司的管理层薪酬简单地视为成本支出而加以限制，而是会借助薪酬来对公司管理层实施激励，将其作为基金“积极行为”的一种有效措施，从而证实了假设 H2。

（三）基金持股抑制公司绩效对管理层薪酬的过度激励作用

为探索在管理层薪酬与公司绩效之间倒“U”型关系中所存在的抑制作用究竟由哪些力量引致，本章分别研究了公司实际控制人和持股基金，并通过分别引入这两者与公司绩效的交叉项，对这一间接作用机制进行了实证检验，得到回归结果Ⅵ、Ⅶ和Ⅷ。回归结果Ⅵ显示，在其他变量不变的情况下，实际控制人持股比例和公司绩效交叉项（$Cvr \times Roa$）的回归系数为 -0.02，但在 10% 的水平上并不显著。故而，本章排除了实际控制人会抑制公司绩效对管理层薪酬过度激励的可能。回归结果Ⅶ则显示，在其他变量不变的情况下，基金平均持股比例和公司绩效交叉项（$Fund \times Roa$）的回归系数在 10% 的水平上显著为负。这表明基金持股对于公司绩效与管理层薪酬之间的刺激关系表现出一定的抑制作用。为缓解遗漏变量带来的内生性问题，本章还估计了面板数据模型，得到面板数据固定效应模型回归结果Ⅷ（检验过程同上）。该结果显示，在剔除变量遗漏后，对应交叉项的回归系数依然在 10% 的水平上显著为负，这表明基金持股的确能够抑制

公司绩效对管理层薪酬的过度激励。由回归结果Ⅷ可知，公司绩效对管理层薪酬的偏效应为$\partial Tcp/\partial Roa = 2.66 - 2.75Fund$，即公司绩效对管理层薪酬的激励效果不仅取决于基金持股多少，而且受基金平均持股比例的负向影响。例如，对给定基金平均持股比例的90%分位数水平，其分位点是0.25，则基金对管理层薪酬的抑制作用程度为$-2.75 \times 0.25 = -0.69$。这足以说明，基金持股使得公司绩效对管理层薪酬的激励水平从2.66降低至1.97，且降幅随基金平均持股比例的增加而增加。这表明，随着基金平均持股比例增加，公司绩效对管理层薪酬将倾向于逐步回归到相对理性的激励水平，从而证实了假设H3。然而，由于我国基金平均持股比例仍然不高，使得这种优化作用尚有较大的提升空间。

（四）基金持股与管理层薪酬激励之间的"偏U型"关系

为检验在不同的公司管理层薪酬水平下，基金持股对公司管理层业绩薪酬的过度激励是否存在异质性，本章对模型4进行了估计，所得结果如表12-5所示。其中，表12-5中第2~6列为分位数回归模型4的实证结果，选取的分位数水平分别为10%、25%、50%、75%和90%。

表12-5 计量模型4的分位数回归结果

自变量	q=10%	q=25%	q=50%	q=75%	q=90%
Roa	4.358*** (0.76)	4.602*** (0.60)	5.383*** (0.53)	5.878*** (0.50)	6.512*** (0.58)
Fund	1.088*** (0.29)	0.950*** (0.23)	1.197*** (0.20)	1.184*** (0.17)	1.270*** (0.19)
Fund×Roa	-3.854 (2.63)	-3.134 (2.83)	-5.887*** (2.20)	-7.560*** (1.91)	-9.822*** (2.03)
Cvr	-0.451*** (0.090)	-0.530*** (0.083)	-0.646*** (0.067)	-0.512*** (0.069)	-0.528*** (0.087)
Size	0.151*** (0.018)	0.154*** (0.018)	0.177*** (0.013)	0.187*** (0.017)	0.215*** (0.016)
Lev	0.194* (0.12)	0.434*** (0.11)	0.453*** (0.082)	0.386*** (0.079)	0.285*** (0.086)
IsState	-0.162*** (0.034)	-0.104*** (0.029)	-0.0717*** (0.026)	-0.104*** (0.025)	-0.116*** (0.028)

续表

自变量	q = 10%	q = 25%	q = 50%	q = 75%	q = 90%
IsEast	0.396*** (0.031)	0.447*** (0.029)	0.403*** (0.025)	0.349*** (0.024)	0.314*** (0.030)
虚拟变	控制年度虚拟变量				
量控制	控制行业虚拟变量				

注：括号内为系数估计的标准差，*** 表示在 1% 的水平上显著，** 表示在 5% 的水平上显著，* 表示在 10% 的水平上显著；q = 10% ~ q = 90% 对应的列依次代表 q 取 10% ~90% 分位数水平时对应的回归结果。

由表 12 –5 第 4 行可知，随着公司管理层薪酬的分位数水平依 10%→50%→90% 的顺序提高，基金平均持股比例（*Fund*）的回归系数按 1.09→1.20→1.27 的顺序呈现出先抑后扬的变化趋势。这表明基金平均持股比例对公司管理层薪酬条件分布两端的影响要大于对其中部的影响，且右端影响大于左端影响。也就是说，基金平均持股比例的提高对较低和较高的公司管理层薪酬影响均较大，且它对较高的公司管理层薪酬影响更大，这使两者之间的关系表现出左低右高的“偏 U 型”特征。表 12 –5 第 3 行显示，基金平均持股比例回归系数估计的标准差也呈现出先抑后扬的变化趋势，表明基金平均持股比例对处于中等水平的管理层薪酬估计较为准确，而对其两端的估计精度较低。表 12 –5 第 4 行显示，基金平均持股比例和公司绩效交叉项的回归系数显著为负，证实了基金持股具有抑制公司绩效对管理层薪酬的过度激励的作用。

另外，对管理层薪酬的不同分位数水平对应的分位数回归模型，在管理层薪酬条件分布两端对应的回归系数绝对值大于其在中部的值，且右端对应的绝对值大于左端。由此可知，当公司管理层薪酬较低和较高时，基金持股对其抑制作用较为突出，且对后者的抑制作用更大，即基金持股与公司管理层薪酬之间呈现出左低右高的“偏 U 型”特征。例如，给定基金平均持股比例 0.25，在管理层薪酬 90% 的分位数水平上，基金对其持股公司管理层薪酬的抑制作用为 $-9.8 \times 0.25 = -2.45$；在管理层薪酬 50% 的分位数水平上，其抑制作用为 $-5.9 \times 0.25 = -1.5$，这远低于管理层薪酬 90% 分位数水平上的 -2.45。这表明，随着管理层薪酬所处分位数水平越高，管理层薪酬越高，基金持股抑制公司绩效对管理层薪酬过度激励的作用越大。因此，随着管理层薪酬水平逐渐提高，基金持股对管理层薪酬直接激励的抑制作用具有“偏 U 型”特征，从而证实了假设 H4，即基金持股对公司管理层业绩薪酬过度激励的抑制作用存在“异质性”特征。

三、稳健性检验

为检验实证结论的稳健性，本章分四种情况进行实证检验。情况 1，选择薪酬位居前三的管理层薪酬之和作为管理层薪酬的代理变量。情况 2，分别剔除管理层薪酬最低 5% 和最高 5% 的样本。情况 3，应用 Efron（1979）提出的自助法（Bootstrap Method）进行再抽样。情况 4，分别利用剔除非常损益后的净利润回报率和净资产收益率代替总资产收益率进行检验。实证结果表明，除回归系数的值略有改变外，其统计性质、符号均保持不变。由此证实了本章计量模型具有稳健性，故本章的结论具有可靠性。限于篇幅，本章未报告相关稳健性检验结果。

第五节　主要结论与政策建议

随着我国上市公司整体规模的扩大，基金已成为证券市场重要的机构投资者。本章利用我国上市公司 2003 ~ 2013 年的观测样本进行实证检验，证实了基金对其所持股公司管理层薪酬激励机制具有优化作用。具体而言，这种优化作用体现在两个方面：①基金持股有助于提升管理层薪酬，证实了基金持股对管理层薪酬的间接激励作用。这表明持股基金对公司管理层薪酬激励的支持，也是对管理层复杂性和创新性劳动的肯定。②基金持股抑制了公司绩效对管理层薪酬的过度激励，并解释了管理层薪酬与公司绩效之间倒“U”型关系的生成机制，这反映出持股基金对公司管理层过度关注短期绩效的校正。本章还发现，基金持股对管理层薪酬的间接激励及其对于管理层薪酬的过度激励的抑制作用均具有“偏 U 型”特征，从而揭示了基金持股对公司管理层薪酬激励机制的优化具有“异质性”行为特征。因而，本章证实了基金对其持股公司管理层薪酬激励具有优化作用，这为我国今后发展以基金为代表的机构投资者提供了理论支持。然而，基金参与公司治理过程并非一帆风顺，其中存在因机制不健全带来的诸多障碍。为了尽快克服基金参与公司外部治理的制度性困难，更好地发挥基金的监督优势、降低代理成本，本章提出如下建议。

一、降低机构投资者的准入门槛，鼓励其充分竞争

基金监督动机是其有效参与外部治理的前提，也是其履行监督职能的基础。而它的产生离不开行业的激烈竞争，这种竞争又必须以足够数量的机构投资者为基础。因此，降低机构投资者的准入门槛，鼓励其参与竞争，有利于增强基金的

监督动机。与此同时，强化基金的清盘等退出机制，以退出机制约束其不良行为。

二、规范上市公司决策和信息披露机制，夯实基金履行监督职能的基础

如果上市公司缺乏规范的决策机制，外部投资者就很难参与公司决策，更无法履行监督职能。为了促进基金履行监督职能，有必要更加规范上市公司的决策机制，包括股东大会议事规则、小股东代理投票机制和重大决策信息披露等。在这方面，以美国为代表的成熟市场比较成功，机构“话语权”优势较明显，使机构投资者能够充分发挥监督职能，这些成功经验值得我国借鉴。

三、优化基金管理人激励机制，进一步巩固基金的人才优势

与其他投资者相比，基金的人才优势最为突出，但其激励机制相对不足，致使基金行业出现人才流失，甚至影响到其健康发展。因此，有必要完善基金管理人的激励机制，改革现有基金管理费提取制度，建立管理费额度与基金投资效益挂钩的联动机制，从而更好地保护投资者利益。

四、遵循基金业的运行规律，发展公司型基金

由于现有法律制度的约束，我国基金均为契约型基金，在金融全球化的今天，难以应对更为激烈的行业竞争。相比之下，公司型基金具有现代的公司法人治理结构，有利于保护中小投资者利益，建立更为灵活的薪酬激励机制，这已为国外成熟资本市场中基金发展的经验所证实。比如，1998 年 12 月 1 日，契约型基金最为发达的日本通过实施《金融体系改革法》引入公司型基金并获得成功，这同样值得我国借鉴。

参考文献

[1] 黄磊，王化成，裘益政．Tobin Q 反映了企业价值吗？［J］．南开管理评论，2009（1）．

[2] 李维安，李滨．机构投资者介入公司治理效果的实证研究［J］．南开管理评论，2008（1）．

[3] 刘凤委，孙铮，李增泉．政府干预、行业竞争与薪酬契约［J］．管理世界，2007（9）．

[4] 刘芍佳，孙霈，刘乃全．终极产权论、股权结构及公司绩效［J］．经济研究，2003（4）．

[5] 沈艺峰，李培功．政府限薪令与国有企业管理层薪酬、业绩和运气关系

的研究［J］．中国工业经济，2010（11）．

［6］王彩萍．机构投资者与公司治理关系研究［M］．北京：经济科学出版社，2007.

［7］辛清泉，谭伟强．市场化改革、企业业绩与国有企业经理薪酬［J］．经济研究，2009（11）．

［8］叶建芳，李丹蒙，丁琼．真实环境下机构投资者持股与公司透明度研究［J］．财经研究，2009（1）．

［9］Almazan，A.，J. Hartzell，L. Starks. Active Institutional Shareholders and Costs of Monitoring：Evidence from Executive Compensation［J］．Financial Management，2005，34（4）：5－34.

［10］Bergstresser，D. B.，T. Philippon. CEO Incentives and Earnings Management［J］．Journal of Financial Economics，2006（80）：511－529.

［11］Black，B. Watching Agents：The Promise of Institutional Investor Voice［J］．UCLA Law Review，1992，39（2）：811－893.

［12］Chen，B.，G. S. Smith，P. L. Swan. CEO Compensation and the Threat of Institutional Investor［R］．Working Paper，2009，http：// www. firn. net. au/ContentPages/800064037. pdf.

［13］Drucker，P. F. Innovation and Entrepreneurship：Practice and Principles［M］．New York：Harper & Row，1985.

［14］Easterbrook，F. H.，D. R. Fischel. The Economic Structure of Corporate Law［M］．Harvard：Harvard University Press，1996.

［15］Efron，B. Bootstrap Methods：Another Look at the Jackknife［J］．The Annals of Statistics，1979，7（1）：1－26.

［16］Ettore，C.，H. Gonenc，N. Ozkan. CEO Compensation，Family Control，and Institutional Investors［R］．Working Paper，2010，http：//papers. ssrn. com/sol3/papers. cfm? abstract_ id＝1695317.

［17］Grossman，S. J.，O. D. Hart. The Costs and Benefits of Ownership：A Theory of Lateral and Vertical Integration［J］．Journal of Political Economy，1986，94（4）：691－719.

［18］Hartzell，J.，L. Starks. Institutional Investors and Executive Compensation［J］．The Journal of Finance，2003，58（6）：2351－2373.

［19］Janakiraman，S.，R. Lambert，D. Larcker. An Empirical Investigation of the Relative Performance Evaluation Hypothesis［J］．Journal of Accounting Research，1992（30）：53－69.

[20] Jensen, M. C. , W. H. Meckling. Theory of the Firm: Managerial Behavior, Agency Costs and Ownership Structure [J] . Journal of Financial Economics, 1976 (3): 305 -360.

[21] La Porta, R. , F. Lopez - de - Silanes , A. Shleifer, R. W. Vishny. Legal Determinants of External Finance [J] . Journal of Finance, 1997, 52 (3): 1131 - 1150.

第十三章 研究结论与政策建议

第一节 主要研究结论

作为我国学术界和实务界关注的重要难题，国有企业改革至今尚未形成逻辑自洽的理论支撑。其根本原因在于，既有文献对国有企业角色定位的认识难以突破。①张维迎（1995）、林毅夫等（1997）等将国有企业定位为普通民事主体，集中围绕如何提升国有企业效率进行研究。由于这些文献忽视国有企业的“特殊性”，且过于强调经济效益指标，使其难以解释新中国成立初期国有企业的长期存在。②金碚（2010）指出，国有企业兼具普通民事主体和国家赋予特殊功能定位的“双重属性”，且必须接受双重绩效评价，即：经营效率评价与所有者利益（国家和人民意志）评价。由于国有企业特殊功能定位的动态性，该文难以给出不同双重绩效标准的权重和指标，使得“双重绩效评价”缺乏灵活性和操作性，使其难以解释1978年以来的国有企业改革。

有鉴于此，本书基于比较经济制度视角，深入剖析国有企业组织特征和角色定位动态性。按照斯科特和戴维斯（2011）的定义，“组织是意图需求具体目标并且结构形式化程度较高的社会结构集合体”，国有企业是出于国家发展目标或利益诉求建立、参与市场交易的经济组织。随着国家发展目标或利益诉求的改变，国有企业角色定位及组织形式相应进行调整。作为特殊的企业组织形式，国有企业同样难以“免俗”、亟待通过多种途径缓解代理问题，其中“内部人控制”现象尤为明显和突出（马连福等，2012）。不同于普通民事主体身份的私营企业，国有企业及其诞生有着独特、复杂、多元的背景和基础，亟须推进新一轮国有企业改革、推动国有企业及国有资本做强做大。

2015年8月，中共中央、国务院发布《关于深化国有企业改革的指导意见》，明确提出“分类推进国有企业改革”及商业类国有企业和公益类国有企业的改革方向。这表明，直接采用普通企业标准来衡量和评价国有企业改革可能并不合适，亟须将国有企业置于更加广阔的维度进行考察、构建与其“双重属性”相适应的自洽性逻辑。有鉴于此，本书基于委托代理理论的分析框架，立足于国有企业的功能定位演进和双重属性定位，以减少政府直接干预、缓解代理冲突、改善公司绩效为目标，侧重围绕以下三方面的内容进行研究和展开：①如何立足于经济发展的新旧动能转换，构建国有企业分类改革的自洽性理论逻辑。②如何从比较经济制度视角出发，揭示“双重博弈”框架下管理层激励分化的微观机制，实证检验薪酬、股权、晋升等激励的效果差异。③如何围绕国有企业角色定位及组织形式的差异，构建与管理层个体所在行业、序列和区域及身份特征等相匹配的工具组合及激励机制，完善新旧动能转换下国有企业目标导向的管理层激励体系。为此，本书基于既有研究文献成果，侧重围绕以上挑战或研究视角进行了较为有意义的探索和尝试，得到了一些研究结论或观点。

第二节　政策建议

本书基于比较经济制度视角，深入剖析国有企业组织特征和角色定位动态性。按照斯科特和戴维斯（2011）的定义，“组织是意图需求具体目标并且结构形式化程度较高的社会结构集合体”，国有企业则是出于国家发展目标或利益诉求建立、参与市场交易的经济组织。随着国家发展目标或利益诉求的改变，国有企业角色定位及组织形式相应进行调整。作为特殊的企业组织形式，国有企业同样难以“免俗”、亟待通过多种途径缓解代理问题问题，其中“内部人控制”现象尤为明显和突出（马连福等，2012）。有鉴于此，本书基于“实行与社会主义市场经济相适应的企业薪酬分配制度”的分析起点，梳理了管理层激励的理论逻辑及主要实证研究。以此为基础，本章侧重围绕国有企业的分类管理、管理层激励的“双轨制”设计、在职消费的监督等诸多方面，提出推进新一轮国企改革及优化管理层激励的九大政策建议。

一、优化关键绩效指标，依据定位实行差异化管理

随着国有企业“渐进式”改革的推进，国有企业所处行业、承担职能、发展阶段和战略定位等均存在较大差异，这在客观上要求对其进行分类、实行差异化的管理模式。对商业类国有企业，应以经营业绩指标为核心，兼顾国有资产保

值增值、市场竞争能力和承担特殊任务等辅助性指标。对公益类国有企业，应着力平衡经济投入、产品（服务）质量和运营效率。就绩效评价而言，对商业类国有企业的经营业绩评价，可以参照上市公司的主流指标，即以净资产收益率和净利润增长率的加权平均数为主导构建核心指标，且这两项指标占经营业绩指标的权重较大。

二、明确薪酬总额基准，优化薪酬结构和发放机制

国家委派人员具有公务人员和企业管理层双重身份，其货币薪酬总额和发放应综合公务人员待遇和企业激励特性、兼顾效率与公平。

一是依据国有企业所处的分类及行业属性，以上限或区间的形式确定不同化的货币薪酬总额及结构。对主业处于充分竞争行业和领域的，委派人员薪酬总额不应超过员工平均收入的5~7倍，且不得高于该地区同级公务人员的3~5倍。其中，基本工资占比不高于20%，短期绩效不超过30%，长期绩效不低于50%。

二是对主业关系国家安全的，委派人员薪酬总额不应超过员工平均收入的2~4倍，且不得高于该地区同级公务人员的2~3倍。其中，基本工资占比不高于30%，短期绩效不超过30%，长期绩效不低于40%。

三是对属于公益类国有企业的，委派人员薪酬总额不应超过员工平均收入的1~3倍，且不得高于该地区同级公务人员的1~2倍。其中，基本工资占比不超过40%，短期绩效不高于30%，长期绩效不低于30%。

四是基本工资逐月发放，短期绩效依据年度绩效考核结果按年发放，长期绩效依据年度累计绩效考核结果于任期结束后发放。

三、加强国有企业关键职位管控，完善委派人员晋升激励机制

为加强党或政府人事管控、发挥政治晋升激励的优势，党或政府部门在加强董事长、总经理、财务总监等关键职位管控的同时，完善委派人员晋升激励机制。

一是对处于绝对控股地位的，确保国家委派董事长和财务总监；对处于相对控股地位的，确保国家委派董事长；对处于参股地位的，确保国家委派财务总监。

二是对主业处于关系国家安全的或公益类国有企业的，国家确保委派董事长、总经理和财务总监等关键职位。

三是在坚持以上原则的基础上，引导国有企业根据实际业务需要向社会开放管理层岗位，引进具有较高专业素养和丰富管理经验的职业经理人员。

四是对主业处于关系国家安全的或公益类国有企业的，应适当提高管理层晋

升概率和晋升激励力度。

四、试点“双轨制”的激励模式，优化管理层的遴选、聘用和流通机制

在新一轮国有企业改革进程中，国家委派人员和职业经理长期并存不可避免，对其利益诉求差别设计“双轨制”的激励模式。

一是委派人员薪酬总额由国有股东统筹确定，职业经理依据市场行情确定，以便为国有企业吸引优秀的、合适的外部人才。

二是建立“绿色通道”和流动机制，允许委派人员和外聘职业经理的相互转换。对符合国有股东需要的外聘职业经理，允许其转变为国家委派人员。对自愿转岗的委派人员，允许其转由公司聘用的职业经理，但需经国家股东批准并按有关规定执行。

三是建立国家委派人员的职业经理培训机制，提升其专业能力、业务素质和管理水平，为国有企业委派人员成长打造专业化的通道。

四是打造全国性委派人员数据库，培育国资系统经营管理人员、引导其向职业经理方向成长，推动国有企业系统内部人员的跨地区、跨行业交流。

五、依据行业类型和规模，慎用股权激励模式

在我国证券市场，股票价格除自身受到诸多难以控制的不确定性影响，再加上法律体系不健全、监管体系不完善，使其波动幅度大、波动频率高。在此情况下，股票价格作为公司基本面的指示指标严重失真，作为管理层激励的感知价值缺乏稳定的预期。为此，国有企业应审慎推进以股票价格为核心的绩效激励模式。除在人才资本和技术要素贡献占比较高的转制科研院所、高新技术企业、科技服务型企业开展员工（核心骨干）持股试点外，其他规模较大、业务多元、成长性不高的资金密集型国有控股企业短期内不宜实施股票及股票期权激励模式，尤其是具有一定垄断性（含自然垄断）的商业类和公益类国有企业应严格禁止股票及股票期权股权激励模式。对国有股东参股的企业，委派人员应报经批准后，方可接受股票及股票期权的激励模式。

六、健全“立体化”的防范和监控体系，保障管理层效率性在职消费、抑制自利性在职消费

基于在职消费的效率性和自利性双重特征，国资管理部门有必要从多个维度建立管理层在职消费的防范和监控体系，以便缓解在职消费对货币薪酬或政治晋升激励的替代机制，增强在职消费的效率性、优化管理层激励效果。

一是对在职消费科目进行规范和细化，强调对单笔支出数额较大或累计支出

数额较大的费用予以附注说明。

二是明确在职消费信息披露的强制性，即要求公司必须按月度或季度予以披露，强化管理和监督的动态化和实时性。

三是通过信息技术升级实现消费过程“痕迹化”和“透明化”，严格控制现金支付方式和“体外循环”。

四是利用大数据技术手段对不同类别的费用预算实行分类细化和“限额”管理，对超过规定限额的支出项目推行集中采购（招标）等公开操作形式。

五是加强党委机构对国有企业管理层的监督，逐步建立在职消费的第三方审计、不定期抽查、定期检查等制度体系。

七、加强在职消费的信息披露质量，削弱管理层利用在职消费谋取自身利益的潜在空间

与显性薪酬相比，在职消费具有较强的隐蔽性，且不易被监督和管理。这在一定程度上促使管理层选择偏低的负债比率，以便降低财务风险、维护自身利益。但在财务管理实践中，在职消费并没有作为规定的会计科目加以列示，已有文献更多的是通过“支付其他与经营活动有关的现金”或“管理费用”等科目的相关明细加以推断。这两个科目的相关明细并不统一，其相关信息披露也不是强制性，使得超过60%以上的国有控股公司没有动力披露该项信息，从而加大了在职消费实际数据获得和外部监督的难度。在我国现有监督手段尚不完善的背景下，我们建议加强在职消费的信息披露质量，明确“办公费、差旅费、业务招待费、通讯费、出国培训费、董事会费、小车费和会议费”等费用的披露规则，以便于政府主管部门审计和监督。

八、继续推动证券投资基金发展，引导其发挥积极的监督作用

(1) 规范上市公司决策和信息披露机制，夯实基金履行监督职能的基础。为促进基金履行监督职能，有必要更加规范上市公司的决策机制，包括：股东大会议事规则、小股东代理投票机制和重大决策信息披露等。

(2) 优化基金管理人激励机制，进一步巩固基金的人才优势。改革现有基金管理费提取制度，建立管理费额度与基金投资效益挂钩的联动机制，从而更好地保护投资者利益。

(3) 遵循基金业的运行规律，发展公司型基金。与我国主流的契约型基金相比，公司型基金具有现代的公司法人治理结构，有利于保护中小投资者利益，建立更为灵活的薪酬激励机制，这已为国外成熟资本市场中基金发展的经验所证实。比如，1998 年 12 月 1 日，契约型基金最为发达的日本通过实施《金融体系

改革法》引入公司型基金并获得成功，这同样值得我国借鉴。

九、构建多元化、立体化监督体系，强化目标管理与过程监督并行

（1）加强外部监管，提高执行力度。面临国有控股上市公司带有特定行政级别的“一把手”管理体制，借助强有力的外部监管力度以保障政策干预效果必不可少。例如，强化独立董事的第三方监督力量，鼓励机构投资者发挥监督优势和信息优势，强化商业银行作为债权人的约束作用。

（2）加强党委机构对国有企业的监督，弥补股东有限干预权的缺陷。为进一步弥补股东干预权有限的缺陷，中央全面深化改革领导小组审议通过《关于在深化国有企业改革中坚持党的领导加强党的建设的若干意见》。该意见明确党管经济理念已经强化到微观领域的指导思想，提出“要把加强党的领导和完善公司治理统一起来，明确国有企业党组织在公司法人治理结构中的法定地位”。

附录一　政策干预评估中的微观计量基本方法简介

第一节　政策干预效果评估及其应用

政策效果评估包含了宏观层面的评估和微观层面的评估，前者常用成本—收益分析、成本—效果分析、成本—效用分析等方法，而对政策效果微观层面的评估则需借助现代微观计量方法，对某一政策的具体实施效果进行评估。

政策评估依据评估的时间，可以区分为政策出台之前的事前评估（Prospective Evaluation）和政策出台之后的事后评估（Retrospective Evaluation）。事前评估侧重于依据历史数据和可比经验，对政策可能造成的干预效果进行预测；事后评估则侧重于利用政策出台前后被干预对象的样本数据评价政策的干预效果。目前，微观计量方法已经成为政策评估尤其是事后政策效果评估中最为常用的研究工具。

美国早在20世纪40年代就已经把政策评估纳入公共政策制定过程中，作为重要的程序和必不可少的步骤。我国政府在科学发展观的指导之下，逐步强化对政策出台的规范。党的十八大提出，建立重大事项社会稳定风险评估机制。

通过政策效果评估，可以回答以下问题：政策是否有效？政策影响有多大？应该继续实施或停止？因而政策评估至少具备以下两点实践价值：一是有利于公共政策制定的科学化（Evdience - based Policy Making）；二是有利于稀缺资源的有效配置。

政策评估方法已广泛应用于不同社会学科，包括对于劳动经济学方面的教育程度对收入水平的影响、对于教育经济学方面的课外补习对学生成绩的影响，等等。例如，周黎安等（2005）运用双重差分模型就农村税费改革对农民收入增长所产生的影响进行了评价；李楠等（2010）利用中国工业行业数据，利用双重差分模型对国有企业改革的绩效进行了评估。

第二节 反事实、平均处理效应与政策干预评价

一、反事实问题与政策干预效果评价

因果推断问题（Causal Inference Problem）简单来说就是鸡生蛋还是蛋生鸡的判断问题。政策评估中的因果推断问题即要判断政策干预与所观察到的结果是否存在因果关系。例如，观察到干预政策出台后国企管理层在职消费水平下降，并不能就此断定“政策有效抑制了国企管理层在职消费水平”。事后评估该项政策干预效果的天真做法，是将受到政策干预的国企在政策出台前后的被干预结果直接比对。

这是由于在社会学的政策评估中存在的一大难题“反事实”（Counterfactual Problem），即我们不可能在同一时间点上观察到同一个体同时处于两种状态（受政策干预和不受政策干预）。在政策评估时，通常把受到政策干预的对象称为处理组（Treated Group），而把没有受到政策直接干预的对象称为对照组（Comparison Group）或控制组（Control Group）。为了在事后评估一项政策的干预效果，根据因果推断逻辑，应该比较在政策出台后处理组如果未受干预与受干预的结果变量，或是比较对照组如果受干预与未受干预的结果变量。但由于反事实问题的存在，我们无法观察到政策出台后处理组不受政策干预的状态，或者无法观察到政策出台后控制组受政策干预的状态。

在社会学的实证检验中，相关关系未必一定意味着因果关系。尽管设计很好的随机试验有助于建立因果关系，但随机试验并不是讨论因果关系的唯一途径。尤其是社会学中的随机试验案例少之又少，基于观测数据的因果推断应用更加普遍。例如，我国政府出台干预国有企业管理层报酬（货币薪酬与在职消费），利用观测数据对该项政策予以评价是反思政策干预效果及拟定下一步政策的经验证据与理论基础。其中，政府出台干预政策是原因，$D=1$ 表示受到干预，$D=0$ 表示未受到干预；管理层报酬(Y)是原因的结果，$Y^t(u)$表示如果公司 u 受到干预时因变量的值，$Y^c(u)$表示同一个体 u 没有受到干预时因变量的值。那么，政策干预原因对于个体 u 的效应为 $Y^t(u)-Y^c(u)$。这是统计推断模型中因果关系最基本的表达形式。

然而，在同一次政策实施过程中，我们不可能观察到同一国有企业受到干预和不受到干预的结果，即：$Y^t(u)$和$Y^c(u)$，故也无法观察到政策对个体u的干预效果。换句话说，对某个确定的国有企业，实际观察中存在着一个反事实的结果（Counterfactual Effect）。我们要么观察到国有企业u受到干预的数据$Y^t(u)$，要么观察到国有企业u没有受到干预的数据$Y^c(u)$，但无法同时观察到$Y^t(u)$和$Y^c(u)$这两个数据。在没有假设的前提下，我们不可能在个体层面上进行政策干预的效果评估（因果推断）。因此，如何处理“反事实”问题就成为政策效果评估的关键。

二、反事实问题、拟自然实验与平均处理效应

科学方法实质上是使用同质性假设来解决反事实问题，这在自然科学实验和我们的日常生活中经常用到，其中主要有两种情况：一种是时间稳定性和因果关系短暂性；另一种是解决反事实问题的科学方法是假设个体同质性。在社会科学研究中，我们不能接受科学方法所要求的假设。首先，不同公司个体是会随着时间发生变化的，即$Y^t(u)$的值随着时间变化。其次，受到政策干预的公司个体可能在将来仍然具有记忆功能，其所带来的影响将延续至公司存续的过程。故而，为解决“反事实”问题所做的时间稳定性和因果关系短暂性等假设，在大多数社会科学的实证研究中均难以满足，这在实证公司金融领域也不例外。为此，我们考虑借助统计方法来处理反事实问题，尤其是现实当中偶然出现的“拟自然实验”所带来的研究契机。

假设总体为N，政策干预（P）对总体的处理效应（$Treatment$）是其作用公司个体上的差异$Y^t(u)-Y^c(u)$的期望值，即$Treatment=E[Y^t(u)-Y^c(u)]$。根据数学期望的性质，我们可以得到：$Treatment=E[Y^t(u)-Y^c(u)]=E[Y^t(u)]-E[Y^c(u)]$。这表明，通过统计估计$E[Y^t(u)]$和$E[Y^c(u)]$可以得到政策干预对总体的平均效应$Treatment$。在拟自然实验中，利用国有企业受到政策干预的客观事实，可以得到$E[Y^t(u)]$；与之相对应，其他未受到政策干预的民营企业，可以得到$E[Y^c(u)]$。因此，由于“反事实”问题的客观存在，尽管统计方法无法得到干预对某个公司个体的处理效应$Y^t(u)-Y^c(u)$，但却通过适当的前提假设估计出政策干预对总体（或某一子总体）的平均处理效应。

借助规范性表述，在社会科学的拟自然实验中，受到政策干预的个体集合被称为处理组（干预组），未受到政策干预的个体集合被称为对照组（控制组）。接下来，以我国政府出台的“八项规定”为例，我们简要说明建立政策干预微观计量模型的基本模式。

首先，我们把全体上市公司划分为两个部分，即国有企业和民营公司。其

中，受到政策干预($D=1$)的上市公司，即国有控股上市公司；未受到政策干预($D=1$)的上市公司，即民营上市公司。q 为民营公司在公司总体中的比例。$E(Y_1^t)=E(Y^t|D=1)$表示受到政策干预的国有企业管理层平均报酬，$E(Y_1^c)=E(Y^c|D=1)$表示若国有企业未受到干预的国有企业管理层平均报酬。$E(Y_0^c)=E(Y^c|D=0)$表示未受到政策干预的民营上市公司管理层平均报酬，$E(Y_0^t)=E(Y^t|D=0)$表示民营上市公司如果受到政策干预的管理层平均报酬。根据总期望规则(Total Expectation Rule)，政策干预对公司管理层报酬的平均处理效应为：

$$
\begin{aligned}
Treatment &= E(Y^t - Y^c) \\
&= E(Y_1^t - Y_1^c)(1-q) + E(Y_0^t - Y_0^c)q \\
&= E(Y_1^t - Y_0^c) - E(Y_1^c - Y_0^c) - (\delta_1 - \delta_0)q \qquad (1)
\end{aligned}
$$

其中，$\delta_1=E(Y_1^t-Y_1^c)$，$\delta_0=E(Y_0^t-Y_0^c)$。

由式(1)可知，政策干预对公司管理层的平均处理效应可以分解为 $E(Y_1^t-Y_0^c)$、$E(Y_1^c-Y_0^c)$和$(\delta_1-\delta_0)q$。其中，$E(Y_1^t-Y_0^c)$是国有公司和民营公司管理层的平均报酬之间比较。由式(1)可知，违反随机性的简单比较其实包含两种偏误：$E(Y_1^c-Y_0^c)$和$(\delta_1-\delta_0)q$。在此情况下，如果假设 $E(Y_1^c)=E(Y_0^c)$，得到的估计值就会有偏误，这种偏误被称为处理前异质性偏误（Pretreatment Heterogeneity Bias）。如果直接假设 $\delta_1=\delta_0$，同样也将得到类似的有偏估计，这种偏误被称为处理效应异质性偏误（Treatment – effect Heterogeneity Bias）。

只有在上述两种偏误都不存在的情况下，我们才可以用 $E(Y_1^t-Y_0^c)$ 代替 $E(Y^t-Y^c)$。那么在什么情况下这两种偏误才不存在呢？我们可以利用随机指派（Random Assignment）的方法，即把个体随机分到两个组里，从而保证这两组个体不仅在没有受到干预之前相等，而且处理效应也相等。可以看出，随机指派能够解决处理前异质性偏误和处理效应异质性偏误的双重问题。

三、反事实问题、样本匹配与平均处置效应

匹配方法是利用非实验数据进行政策评估时常用的方法。匹配的目的非常简单，就是要找出足够的可观测变量，找到与实验组个体足够相近的个体作为控制组，二者结果的不同完全取决于是否接受政策干预。这样，如果每个实验组个体都可以找到一个或多个与其具有相同协变量且未参与项目的控制组个体相匹配，那么实验组的每个个体的处置效应就可以计算，平均处置效应也可相应地计算出来。

计量经济学方法依托于数据，不同来源的数据具有不同的特征。在微观经济政策评估领域，常处理的数据类型主要有以下几种：截面数据（Cross – section

Data）、纵向数据（Longitudinal Data）和重复截面数据（Repeated Cross－section Data）。依托非实验数据进行政策评估时，必须根据数据特征选择恰当的评估方法。数据结构在某种程度上决定了方法的选择，而数据质量则关乎实证结果的可靠性和正确性。由于随机受控实验在实际中较少遇到，本章将着重探讨拟自然实验方法及样本匹配及其相互结合的方法及其应用。

第三节 基于观察数据的三种政策评估方法

在政策干预效果评估过程中，我们几乎不可能得到“实验数据”。面对大量的非实验数据，如何根据数据特征选择合适的计量方法成为实证检验政策干预效果的关键。在微观计量经济学领域，工具变量法（Instrumental Variable）、断点回归（Regression Discontinuity Design）、双重差分（Difference in Difference）和倾向值匹配（Propensity Score Matching）等计量方法常常被用来进行政策评估（卫梦星，2012）。在综合比较这些方法适用条件的基础上，我们结合实际需要，主要探讨了双重差分法、倾向值得分匹配法和多期面板法（两期面板法）的使用条件、局限性及其统计检验。

一、两期面板法

令 y_{it} 为结果变量，并令 $prog_{it}$ 为项目参与虚拟变量。最简单的非观测效应模型为：

$$y_{it} = \beta_0 + \delta_0 d2_t + \beta_1 prog_{it} + a_i + u_{it} \tag{2}$$

如果项目参与仅发生在第二个时期，那么在差分方程中 β_1 的 OLS 估计量就有一个非常简单的表达式：

$$\hat{\beta}_1 = \Delta\bar{y}_{treat} - \Delta\bar{y}_{control} \tag{3}$$

即我们计算处理组和对照组在这两个时期的平均变化，然后取两者之差便是 $\hat{\beta}_1$。这是对两个混合界面而言，方程（2）所描述的倍差估计量面板数据翻版。有了面板数据，便潜在具有一个重要优势。我们可以对于同样的截面单位取 y 在不同时期的差分，由此得以控制个人、企业或城市特有的效应，如同式（3）中的模型所表述的那样。控制随时间而变化的因素，不会改写任何重要内容。我们只需取这些变量的差分，连同 $\Delta prog$ 一起把它们包括进来，这样就可以控制那些可能与项目选拔相关且随时间而变化的变量。

借助该模型，我们允许个体异质性特征存在，包括不随时间改变的不可观测因素。在回归估计中，我们先进行差分以剔除个体异质性因素，再辅以同方差条件的满足或异方差的修正，便可得到该模型的无偏估计及其统计推断，从而增强本章实证结果的稳健性和可靠性。

二、双重差分法

当某些外生事件——常常是政府的政策改变——改变了个人、家庭、企业或城市运行的环境时，便产生了自然实验。一个自然实验总有一个不受政策变化影响的对照组和一个被认为受政策变化影响的处理组，它不同于真实实验。在真实实验中，处理组和对照组是随机而明确地抽取；而在自然实验中，对照组和实验组均来自某个具体的政策变化。为了控制好对照组和处理组之间的系统差异，我们需要两个年份的数据：一个在政策改变以前，一个在政策改变以后。于是，我们的样本就按照使用目的划分为四组：变化前的对照组、变化后的对照组、变化前的处理组和变化后的处理组。对照组成为 C，处理组成为 T，并令处理组 T 中观测的 dT 等于 1，否则等于 0；再令 d2 为第 2 个（政策改变后）时期的虚拟变量，我们感兴趣的方程便是：

$$y = \beta_0 + \delta_0 d2 + \beta_1 dT + \delta_1 d2 \cdot dT + others \tag{4}$$

其中，y 为我们关注的结果变量，$\hat{\delta}_1$ 度量了政策效应。若回归方程中没有其他因素，$\hat{\delta}_1$ 就是倍差估计量：

$$\hat{\delta}_1 = (\bar{y}_{2,T} - \bar{y}_{2,C}) - (\bar{y}_{1,T} - \bar{y}_{1,C}) \tag{5}$$

其中，字母上方的一横表示平均，第一个下标表示年，第二个下标表示组。一般被差估计量的结构如附表 1 – 1 所示。

附表 1 – 1　DID 方法的基本原理

	政策变化前	政策变化后	Difference
Treatment	$\beta_0 + \beta_1$	$\beta_0 + \beta_1 + \beta_2 + \beta_3$	$\Delta Y_t = \beta_2 + \beta_3$
Control	β_0	$\beta_0 + \beta_2$	$\Delta Y_c = \beta_2$
Difference	—	—	$\Delta\Delta Y = \Delta Y_t - Y_c = \beta_3$

附表 1 – 1 显示，参数 δ_1[①] 有两种估计方法：①在每个时期计算处理组与控制组的平均值之差，然后再将不同时期的上述差值进行差分，完全就像方程

① 因度量了对 y 的平均结果“处理”或政策效应，有时也被称为平均处理效应（Average Treatment Effect）。

（5）那样；②分别计算处理组和估计组不同时期的平均值变化，然后再将这些变化进行差分，这就意味着我们无非是求 $\hat{\delta}_1=(\bar{y}_{2,T}-\bar{y}_{1,T})-(\bar{y}_{2,C}-\bar{y}_{1,C})$。通过简单的重新整理可见，$\hat{\delta}_1$ 当然不会依赖于我们进行差分的方式。我们在方程（4）中增加解释变量（以便控制被抽样的总体在这两个时期可能有系统变化）时，δ_1 的 OLS 估计值不再具有方程（5）那种简单形式，但有类似的含义。DID 方法允许不可观测因素的存在，而且允许不可观测因素对个体是否接受干预的决策产生影响，从而放松了政策评估的条件，使得政策评估的应用更接近于经济现实，因而应用更广。

与此同时，研究者在应用中也应该充分认识到 DID 方法的局限性。①数据要求更加苛刻。DID 方法以面板数据模型为基础，不仅需要横截面单位的数据，还需要研究个体的时间序列数据，特别是政策实施前的数据。②个体时点效应未得到控制。DID 要求在政策未实施时，实验组和控制组的结果变量随时间变化的路径平行，这一假设并没有考虑个体时点效应的影响。如果项目实施前后，实验组和控制组个体行为的结果变量并不平行，传统 DID 方法就会出现系统性误差。③未考虑个体所处的环境对个体的不同影响。DID 方法假定环境因素的冲击对处于相同环境中的个体会产生相同的影响，但实际中实验组和控制组个体可能因为某些不可观测因素的影响，使得其在面临相同的环境因素的冲击时做出不同的反应，此时 DID 的应用就会出现问题。

针对以上问题，国外学者对其进行两方面扩展。一方面，考虑 DID 中未控制的因素，从而进一步放松其应用条件；另一方面，将 DID 与 Matching 等其他政策评估方法结合起来，构建新统计量，如 Heckman 等（1997）将 Matching 与 DID 方法结合起来应用，不仅能大大降低选择偏差，且结果更为可信。但不容忽视的是，条件 DID 仍要满足“共同支撑域”假定。

三、倾向值得分匹配法

倾向值得分匹配法是一种非实验方法，是对于一些没有采用或不方便采用实验方法区分实验组和控制组的数据采用的一种近似实验的方法。该方法假定，控制协变量之后，具有相同特征的个体对政策具有相同的反应。换句话说，不可观测因素不影响个体是否接受政策干预的决策，选择仅仅发生在可观测变量上。因此，对每一个实验组个体而言，可以根据可观测特征为其选择一个控制组个体构成反事实。

作为非参数方法，倾向值得分匹配法不需要对可观测因素的条件均值函数和不可观测因素的概率分布进行假设，因而相比参数方法具有优势。但是，该方法也有局限性，主要表现为以下几点：

第一，极强的前提假设。该方法应用必须满足共同支撑域假定，这两个假定合起来称为“强可忽略性”假定。一旦违背这一假定，平均处置效应的估计就会出现偏误。

第二，不能为所有的实验组个体找到控制组个体。匹配方法仅能为处在共同支撑域上的个体找到合适的对照个体。如果对于不同个体而言，处置效应是同质的，那么共同支撑域的假定不会对政策效应的大小造成影响；反之，如果处置效应是不同质的，共同支撑域的假定使得某些实验组个体很难找到“反事实”，处置效应无法识别。换句话说，如果匹配过程损失了大量的观察值，处置效应的估计量就仅在共同支撑域上具有一致性特征。在异质性响应中，如果实验组个体的处置效应差别很大，估计出的平均处置效应就不能代表政策的平均回报。

第三，数据量要求极大。该方法往往应用于截面数据，为了保证条件独立假设成立，需要尽可能多地收集协变量信息，将混杂因素分离出来。同时，为了保证能找到与实验组个体特征最为接近的控制组，研究者也需要收集大量的个体数据，以保证结果的精度。综上所述，倾向值得分匹配法应用必须满足很强的假设前提，并且要具有相当的数据量。如果研究者认为无法验证强可忽略性假定，手中的数据样本又不够大，就必须选用其他的政策评估方法。

附录二　改革开放四十年来的国企改革大事记

1978 年

12 月 18 ~ 22 日　中共十一届三中全会举行。邓小平在全会前召开的中央工作会议闭幕会上作《解放思想，实事求是，团结一致向前看》的总结讲话，这篇讲话实际上是全会的主题报告。全会批判了“两个凡是”的错误方针，充分肯定了必须完整地、准确地掌握毛泽东思想的科学体系，高度评价关于实践是检验真理的唯一标准问题的讨论；果断地停止使用“以阶级斗争为纲”的口号，作出把党和国家的工作中心转移到经济建设上来、实行改革开放的历史性决策；决定健全党的民主集中制，加强党的领导机构，成立中央纪律检查委员会，选举陈云为中央纪委第一书记。全会标志着中国共产党重新确立了马克思主义的思想路线、政治路线和组织路线，实现了新中国成立以来党的历史上具有深远意义的伟大转折，开启了我国改革开放和社会主义现代化建设历史新时期。

1979 年

1 月 17 日　邓小平接见胡厥文、胡子昂、荣毅仁、古耕虞、周叔弢等工商界领导人，听取他们对搞好经济建设的意见建议。指出，现在搞建设，门路要多一点，可以利用外国的资金和技术，华侨、华裔也可以回来办工厂。要发挥原工商业者的作用，有真才实学的人应该使用起来，能干的人就当干部，要落实对他们的政策。总之，钱要用起来，人要用起来。

4 月 5 ~ 28 日　中共中央召开工作会议，决定对国民经济实行调整、改革、整顿、提高的方针。

7 月 15 日　中共中央、国务院批转广东省委、福建省委关于对外经济活动实行特殊政策和灵活措施的两个报告，同意在深圳、珠海、汕头和厦门试办出口特区。1980 年 5 月 16 日，中共中央、国务院批转《广东、福建两省会议纪要》，正式将出口特区改称为经济特区。

1980 年

5 月 18 日　我国向太平洋预定海域发射的第一枚运载火箭获得圆满成功。

9 月 2 日　国务院批转国家经委《关于扩大企业自主权试点工作情况和今后意见的报告》，要求从 1981 年起把扩大企业自主权的工作在国营工业企业中全面推开。

9 月 10 日　五届全国人大三次会议通过《中华人民共和国中外合资经营企业所得税法》《中华人民共和国个人所得税法》。

1981 年

10 月 17 日　中共中央、国务院作出《关于广开门路，搞活经济，解决城镇就业问题的若干决定》。指出，在社会主义公有制经济占优势的根本前提下，实行多种经济形式和多种经营方式长期并存，是我党的一项战略决策。

1982 年

1 月 2 日　中共中央、国务院作出《关于国营工业企业进行全面整顿的决定》。指出，要使企业的经济利益与企业生产经营成果好坏直接联系，把责、权、利三者统一起来。

10 月 12 日　我国首次以潜艇从水下向预定海上目标区发射运载火箭获得成功。

1983 年

4 月 24 日　国务院批转财政部制定的《关于国营企业利改税试行办法》，将国营企业原来给国家上缴利润的办法，改为按国家规定的税种和税率向国家缴纳税金。

10 月 12 日　中共中央、国务院发出《关于实行政社分开建立乡政府的通知》。此后，建立乡、镇政府和各种合作经济形式的工作在全国展开，人民公社体制废除。

1984 年

4 月 8 日　我国首次成功发射试验通信卫星“东方红 2 号”。我国成为世界上第五个掌握卫星通信能力的国家。

5 月 4 日　中共中央、国务院批转《沿海部分城市座谈会纪要》，决定进一步开放天津、上海、大连、秦皇岛、烟台、青岛、连云港、南通、宁波、温州、福州、广州、湛江和北海14个沿海港口城市，并提出逐步兴办经济技术开发区。

5月10日　国务院印发《关于进一步扩大国营工业企业自主权的暂行规定》。

10月20日　中共十二届三中全会通过《关于经济体制改革的决定》，规定以城市为重点的经济体制改革的任务、性质和各项方针政策；提出社会主义经济是公有制基础上的有计划的商品经济。

1985年

5月23日~6月6日　中央军委召开扩大会议。邓小平在会上宣布：中国人民解放军减少员额100万。会议作出军队建设指导思想实行战略性转变的重大决策。

1986年

7月12日　国务院发布《国营企业实行劳动合同制暂行规定》《国营企业招用工人暂行规定》《国营企业辞退违纪职工暂行规定》和《国营企业职工待业保险暂行规定》。这是新中国成立以来劳动制度的一次重大改革。

12月2日　六届全国人大常委会第十八次会议通过《中华人民共和国企业破产法（试行）》。

12月5日　国务院作出《关于深化企业改革增强企业活力的若干规定》。指出，全民所有制小型企业可积极试行租赁、承包经营，全民所有制大中型企业要实行多种形式的经营责任制，各地可以选择少数有条件的全民所有制大中型企业进行股份制试点。

1987年

石家庄造纸厂厂长马胜利成为改革典型，被称为“企业承包第一人”。

1988年

9月14~27日　我国自行研制的导弹核潜艇在东海海域进行水下发射运载火箭试验并取得成功。

1989年

国营企业遭遇“三角债”困扰。

1990 年

9 月 1 日　中国大陆兴建最早的高速公路——沈大高速公路（沈阳至大连）正式通车。截至 2017 年底，全国高速公路通车里程达 13.65 万千米。

11 月 26 日　新中国成立以来在中国大陆开业的第一家证券交易所——上海证券交易所正式成立。12 月 19 日，上海证券交易所正式开业。1991 年 7 月 3 日，深圳证券交易所正式开业。

1991 年

12 月 15 日　我国第一座自行设计、自行建造的核电站——秦山核电站并网发电。

1992 年

7 月 23 日　为了推动全民所有制工业企业（以下简称企业）进入市场，增强企业活力，提高企业经济效益，国务院特别制定《全民所有制工业企业转换经营机制条例》。

1993 年

11 月 14 日　中共十四届三中全会通过《关于建立社会主义市场经济体制若干问题的决定》，勾画了社会主义市场经济体制的基本框架。指出，社会主义市场经济体制是同社会主义基本制度结合在一起的，建立社会主义市场经济体制，就是要使市场在国家宏观调控下对资源配置起基础性作用。

1994 年

10 月 25 日　国务院发出《关于在若干城市试行国有企业破产有关问题的通知》。

11 月 2 ~4 日　国务院召开全国建立现代企业制度试点工作会议，确定在企业开展以“产权清晰、权责明确、政企分开、管理科学”为特征的现代企业制度试点工作。

1995 年

9 月 28 日　中共十四届五中全会通过《关于制定国民经济和社会发展“九五”计划和 2010 年远景目标的建议》。提出，实行经济体制从传统的计划经济体制向社会主义市场经济体制转变，经济增长方式从粗放型向集约型转变这两个具

有全局意义的根本性转变。1996 年 3 月 17 日，八届全国人大四次会议批准《中华人民共和国国民经济和社会发展“九五”计划和 2010 年远景目标纲要》。

1997 年

9 月 12 ~18 日　中国共产党第十五次全国代表大会举行。大会通过的报告《高举邓小平理论伟大旗帜，把建设有中国特色社会主义事业全面推向二十一世纪》，着重阐述了邓小平理论的历史地位和指导意义；提出党在社会主义初级阶段的基本纲领，明确公有制为主体、多种所有制经济共同发展是我国社会主义初级阶段的一项基本经济制度；强调依法治国，建设社会主义法治国家；明确我国改革开放和现代化建设跨世纪发展的宏伟目标。指出，展望下世纪，我们的目标是，第一个十年实现国民生产总值比 2000 年翻一番，使人民的小康生活更加宽裕，形成比较完善的社会主义市场经济体制；再经过十年的努力，到建党一百年时，使国民经济更加发展，各项制度更加完善；到世纪中叶建国一百年时，基本实现现代化，建成富强民主文明的社会主义国家。大会通过关于《中国共产党章程修正案》的决议，把邓小平理论同马克思列宁主义、毛泽东思想一道确立为党的指导思想并载入党章。

11 月 8 日　长江三峡水利枢纽工程成功实现大江截流。2012 年 7 月 4 日，三峡工程最后一台 70 万千瓦巨型机组正式交付投产。

1998 年

6 月 9 日　中共中央、国务院发出《关于切实做好国有企业下岗职工基本生活保障和再就业工作的通知》。

1999 年

6 月 17 日　江泽民在西安主持召开国有企业改革和发展座谈会时讲话指出，实施西部大开发，是一项振兴中华的宏伟战略任务。2000 年 10 月 26 日，国务院发出《关于实施西部大开发若干政策措施的通知》。

9 月 22 日　中共十五届四中全会通过《关于国有企业改革和发展若干重大问题的决定》。指出，要从战略上调整国有经济布局，推进国有企业战略性改组，建立和完善现代企业制度，加强和改善企业管理，提高国有经济的控制力，使国有经济在关系国民经济命脉的重要行业和关键领域占支配地位。

2000 年

11 月 8 日　贵州省洪家渡水电站、引子渡水电站、乌江渡水电站扩机工程同时开工建设，我国西电东送工程全面启动。

2001 年

2 月 9 日　国务院作出《关于 2000 年度国家科学技术奖励的决定》。自 2000 年起设立国家最高科学技术奖。

2 月 27 日　博鳌亚洲论坛成立大会在海南博鳌举行。2002 年 4 月 12 ~ 13 日，博鳌亚洲论坛首届年会举行。

6 月 29 日　青藏铁路开工典礼在青海格尔木和西藏拉萨同时举行。2006 年 7 月 1 日，青藏铁路全线建成通车。

11 月 10 日　在卡塔尔首都多哈举行的世界贸易组织第四届部长级会议以全体协商一致的方式，审议并通过中国加入世界贸易组织的决定。12 月 11 日，中国正式成为世界贸易组织成员，中国对外开放进入新的阶段。

2002 年

7 月 4 日　西气东输一线工程（新疆轮南至上海）开工典礼举行。此后又建设了西气东输二线工程、三线工程。

12 月 27 日　南水北调工程开工典礼在北京人民大会堂和江苏省、山东省施工现场同时举行。2013 年 11 月 15 日，南水北调东线一期工程正式通水运行。

2003 年

2 月 24 ~ 26 日　中共十六届二中全会举行。全会通过《关于深化行政管理体制和机构改革的意见》。3 月 10 日，十届全国人大一次会议批准根据这个意见形成的《国务院机构改革方案》。

10 月 5 日　中共中央、国务院印发《关于实施东北地区等老工业基地振兴战略的若干意见》。

10 月 14 日　中共十六届三中全会通过《关于完善社会主义市场经济体制若干问题的决定》。指出，完善社会主义市场经济体制的主要任务是：完善公有制为主体、多种所有制经济共同发展的基本经济制度，建立有利于逐步改变城乡二元经济结构的体制，形成促进区域经济协调发展的机制，建设统一开放竞争有序的现代市场体系，完善宏观调控体系、行政管理体制和经济法律制度，健全就业、收入分配和社会保障制度，建立促进经济社会可持续发展的机制。

10 月 15 ~ 16 日　神舟五号载人飞船成功升空并安全返回，首次载人航天飞行获得圆满成功。中国成为世界上第三个独立掌握载人航天技术的国家。

12 月 30 日　南水北调中线工程正式启动。2014 年 12 月 12 日，南水北调中

线一期工程正式通水。

2004 年

6 月 29 日　推进股份制改革，完善公司法人治理结构，加快建立现代企业制度，适应新的国有资产管理体制的要求，依法规范地行使出资人权利，国资委决定选择部分中央企业进行建立和完善国有独资公司董事会试点工作，发布《关于中央企业建立和完善国有独资公司董事会试点工作的通知》。

2005 年

2 月 19 日　国务院印发《关于鼓励支持和引导个体私营等非公有制经济发展的若干意见》，从放宽非公有制经济市场准入、加大对非公有制经济的财税金融支持等方面提出 36 项政策措施。

2006 年

1 月 27 日　为深化国有控股上市公司（境外）（以下简称上市公司）薪酬制度改革，构建上市公司中长期激励机制，充分调动上市公司高级管理人员和科技人员的积极性，指导和规范上市公司拟订和实施股权激励计划，国资委和财政部联合印发《国有控股上市公司（境外）实施股权激励试行办法》。

2 月 13 日　国务院印发《关于加快振兴装备制造业的若干意见》。指出，大力振兴装备制造业，是树立和落实科学发展观，走新型工业化道路，实现国民经济可持续发展的战略举措。

3 月 3 日　国资委颁布《国有独资公司董事会试点企业职工董事管理办法（试行）》，旨在推进中央企业完善公司法人治理结构，充分发挥职工董事在董事会中的作用。

5 月 9 日　为指导国有控股上市公司（境内）规范实施股权激励制度，建立健全激励与约束相结合的中长期激励机制，进一步完善公司法人治理结构，国资委印发《国有控股上市公司（境内）实施股权激励试行办法》。

8 月 27 日　十届全国人大常委会第二十三次会议通过《中华人民共和国企业破产法》。

2007 年

4 月 14 日　我国成功发射第一颗北斗二号导航卫星，正式开始独立自主建设我国第二代卫星导航系统。2017 年 11 月 5 日，北斗三号第一、二颗组网卫星以“一箭双星”方式成功发射，标志着北斗卫星导航系统全球组网的开始。这是和美国全球定位系统（GPS）、俄罗斯格洛纳斯系统、欧洲伽利略系统并列的全球卫星导航系统。

2008 年

5 月 12 日　四川汶川发生里氏 8.0 级特大地震。在党中央、国务院和中央军委坚强领导下，我国组织开展了历史上救援速度最快、动员范围最广、投入力量最大的抗震救灾斗争，夺取了抗震救灾斗争的重大胜利。10 月 8 日，胡锦涛在全国抗震救灾总结表彰大会上的讲话中阐述了抗震救灾精神。

8 月 1 日　我国第一条拥有完全自主知识产权、具有世界一流水平的高速铁路——京津城际铁路通车运营。截至 2017 年底，我国高速铁路营业里程达到 2.5 万千米。

9 月 27 日　神舟七号载人飞船实施宇航员空间出舱活动。我国成为世界上第三个独立掌握空间出舱技术的国家。

9 月　由 2007 年美国次贷危机引发的国际金融危机全面爆发。这次危机是美国 20 世纪 30 年代“大萧条”以来最为严重的一次金融危机，对国际金融秩序造成极大的冲击和破坏。

10 月 7 日，中共中央政治局常委会会议专题听取有关国际金融危机情况和应采取应对措施的汇报。11 月 5 日，国务院召开常务会议，研究部署进一步扩大内需促进经济平稳较快增长的措施。12 月 8 ~ 10 日，中央经济工作会议提出，必须把扩大内需作为保增长的根本途径，把加快发展方式转变和结构调整作为保增长的主攻方向，把深化重点领域和关键环节改革、提高对外开放水平作为保增长的强大动力，把改善民生作为保增长的出发点和落脚点。

10 月 21 日　由于上市公司外部市场环境和内部运行机制尚不健全，公司治理结构有待完善，股权激励制度尚处于试点阶段，为进一步规范实施股权激励，国资委和财政部联合发布《关于规范国有控股上市公司实施股权激励制度有关问题的通知》。

10 月 28 日　中华人民共和国第十一届全国人民代表大会常务委员会第五次会议通过了《中华人民共和国企业国有资产法》，并自 2009 年 5 月 1 日起施行，这是我国第一部关于企业国有资产管理的法律，该法律的实施将深化国有资产监管，促进国有资产保值增值。

11 月　为应对全球金融危机严重冲击，中央推出 4 万亿元投资的经济刺激计划，主要用于保障性住房，教育、卫生、文化等民生工程建设，节能环保和生态建设，技术改造与科技创新，农田水利、铁路、高速公路、机场等重点基础设施建设和地震灾后恢复重建。中央企业和地方国有企业成为执行相关投资项目的

主力。

2009 年

4 月　山西省政府出台《煤炭产业调整和振兴规划》，提出以国有大型煤炭企业集团为主体，推进煤炭产业整合，加快企业兼并重组和淘汰落后产能，培育大型企业集团，推进大基地建设，提高产业集中度、产业水平和安全生产保障能力等计划。

6 月 5 日　中国铝业公司确认，力拓集团董事会已撤销对该年 2 月 12 日宣布的 195 亿美元交易的推荐，并向中铝支付 1.95 亿美元的“分手费”，至此中国铝业注资入股力拓集团的计划宣告失败。

9 月　国务院国有资产监督管理委员会下发《关于进一步加强地方国有资产监管工作的若干意见》的通知，要求规范各级政府国有资产监管工作的职责权限，推进政企分开，落实出资人三项主要职责，加快推进地方国企的公司制股份制改革，完善法人治理结构，进一步规范和加强地方国有资产监管工作。

10 月 16 日　国资委印发《关于进一步加强中央企业全员业绩考核工作的指导意见》，旨在全面推进中央企业经营业绩考核工作上水平、更规范、更精准，确保国有资产保值增值责任层层得到落实。

2010 年

1 月起　国务院国有资产监督管理委员会修订后公布的《中央企业负责人经营业绩考核暂行办法》开始实施。新考核办法继续坚持了目标管理和考核指标“少而精”“分类考核”“短板考核”“对标考核”等六年来考核工作实践证明行之有效的做法，也延续了以往业绩考核办法的许多做法，新考核办法的主要变化是年度经营业绩考核基本指标中的利润总额指标保持不变，以经济增加值（EVA）取代原有的净资产收益率成为业绩考核的核心指标，全面推行经济增加值考核和全员业绩考核。

8 月　国务院发布《关于促进企业兼并重组的意见》，提出要通过促进企业兼并重组，加快国有经济布局和结构的战略性调整，以汽车、钢铁、水泥、机械制造、电解铝、稀土等行业为重点，推动优势企业实施强强联合、跨地区兼并重组，提高产业集中度，促进规模化、集约化经营，推动产业结构优化升级等意见。

8 月　由 16 家中央企业组成的中央企业电动车产业联盟在北京宣告成立。该联盟的主要任务是整合中央企业资源，建立推动电动车产业整体发展的开放技术平台，统一产业技术标准，共同研发电动车新技术、新产品、新方案、新模式，共享技术成果，促进我国电动车的应用普及与市场发展。

2010 年　有 11 家中央企业控股公司首次公开发布股票上市，各地通过推动企业整体上市、增资扩股、资产注入等方式，提高国有资本证券化率。截至 2010 年底，全国各级国资委监管企业所控股的境内外上市公司达 1038 家。

2011 年

3 月 30 日　为加强对地方国有资产监管工作的指导和监督，保障地方国有资产监管工作规范有序进行，国资委发布《地方国有资产监管工作指导监督办法》。

6 月　国务院国有资产监督管理委员会发布《中央企业境外国有资产监督管理暂行办法》和《中央企业境外国有产权管理暂行办法》。对中央企业境外国有资产、产权管理提出了较为具体的规范要求。

9 月　国务院国有资产监督管理委员会印发《中央企业“十二五”和谐发展战略实施纲要》，提出大力推进“五个建设”，即诚信央企建设、绿色央企建设、平安央企建设、活力央企建设、责任央企建设。

11 月　国务院对中国石油天然气集团公司再辽宁省大连市的所属企业发生的“7·16”输油管道爆炸火灾等 4 起事故的调查处理报告作出批复，认定这 4 起事故均为责任事故。其中，大连中石油国际储运有限公司 2010 年“7·16”输油管道爆炸火灾事故是一起特别重大责任事故。依照有关法律法规，对 4 起事故涉及的 64 名事故责任人分别给予党纪、政纪处分。14 名涉嫌犯罪的责任人被移送司法机关依法追究刑事责任。2010 年 7 月 16 日，位于辽宁省大连市保税区的大连中石油国际储运有限公司原油库输油管道发生爆炸，引发大火并造成大量原油泄漏，导致部分原油、管道和设备烧损，另有部分泄漏原油流入附近海域造成污染。事故造成作业人员 1 人轻伤、1 人失踪，在灭火过程中，消防战士 1 人牺牲、1 人重伤。据统计，事故造成的直接财产损失为 22330.19 万元。

2011 年底　累计有 75 家中央企业发布了社会责任报告或可持续发展报告。自 2008 年国资委发布《关于中央企业履行社会责任的指导意见》以来，中央企业不断建立健全企业社会责任管理体系，在履行社会责任方面做出表率。

2011 年　通过公开招聘、竞争上岗等方式选拔的国有企业经营管理人才达到 59.5 万人。2003 年以来，国资委和中组部先后拿出 141 个中央企业高管职位面向全球公开招聘。国资委积极推动中央企业深化人事制度改革，加大竞争性选拔力度，通过公开招聘、竞争上岗等方式选拔的各级企业经营管理人才从 2004 年的 33 万人增加到 2011 年的 59.5 万人。

2011 年底　全国国有及国有控股企业（不含金融类企业）14.47 万家，资产

总额85.37万亿元，所有者权益29.17万亿元。2011年，全国国有企业实现营业收入39.25万亿元，实现利润总额2.58万亿元，上缴税金3.45万亿元，分别约占全社会工商企业的35%、43%和40%。

2011年底　中央企业境外资产总额3.1万亿元，营业收入3.5万亿元，实现净利润1034.5亿元，分别占全部中央企业的11%、16.9%和11.3%。我国国有企业“走出去”的步伐不断加快，国际化经营能力明显增强。

2012年

1月12日　为建立健全中央企业防治“小金库”长效机制，规范有关业务管理，国资委印发《加强中央企业有关业务管理防治“小金库”若干规定》，要求中央企业及其各级独资、控股子企业以“小金库”专项治理工作为契机，坚持综合治理、纠建并举、注重预防的原则，从深化改革、完善制度、加强监督、注重教育等方面入手，进一步加强有关业务管理，完善内控制度，规范会计核算，强化审计监督，建立和完善防治“小金库”的长效机制。

1月27日　为进一步加大全员业绩考核工作力度，切实加强和改进中央企业负责人副职业绩考核，促进业绩考核工作上水平，使其更加规范、有效，国资委印发了《关于进一步加强中央企业负责人副职业绩考核工作的指导意见》。

4月　国务院国有资产监督管理委员会发布《中央企业境外投资监督管理暂行办法》，《办法》对中央企业境外投资的规划、原则、报国资委备案、投资计划、禁止境外非主业投资、决策程序、境外资产产权管理等做了规定，对于促进中央企业开展国际化经营、引导和规范中央企业境外投资活动具有积极作用。

6月18日、24日　神舟九号载人飞船与天宫一号目标飞行器先后成功进行自动交会对接和航天员手控交会对接。

6月27日　蛟龙号载人潜水器最大下潜深度达到7062米。我国海底载人科学研究和资源勘探能力达到国际领先水平。

7月2日　中共中央、国务院印发《关于深化科技体制改革加快国家创新体系建设的意见》。指出，促进科技与经济的紧密结合，建立企业主导产业技术研发创新的体制机制。

8月17日　中共中央组织部等11个部门联合发出通知，启动国家高层次人才特殊支持计划。

9月25日　中国第一艘航空母舰辽宁舰正式交付海军。

10月24日　第十一届全国人民代表大会常务委员会第二十九次会议对国有企业改革发展情况进行专题审议，国务院国有资产监督管理委员会主任王勇作《国务院关于国有企业改革与发展工作情况的报告》，分析了国有企业改革发展情况和国有企业改革发展存在的问题，提出了进一步推进国有企业改革发展的工作思路与措施。

11 月 8 日　中国共产党第十八次全国代表大会召开。胡锦涛同志在党的十八大报告中继续强调，要毫不动摇地巩固和发展公有制经济，推行公有制多种实现形式，深化国有企业改革，完善各类国有资产管理体制，推动国有资本更多投向关系国家安全和国民经济命脉的重要行业和关键领域，不断增强国有经济的活力、控制力、影响力。

11 月 15 日　中共十八届一中全会选举习近平为中央委员会总书记，决定习近平为中央军委主席，批准王岐山为中央纪委书记。

11 月 29 日　习近平在国家博物馆参观《复兴之路》展览时指出，实现中华民族伟大复兴，就是中华民族近代以来最伟大的梦想。改革开放以来，我们总结历史经验，不断艰辛探索，终于找到了实现中华民族伟大复兴的正确道路。这条道路就是中国特色社会主义。现在，我们比历史上任何时期都更接近中华民族伟大复兴的目标，比历史上任何时期都更有信心、有能力实现这个目标。

12 月 7 ~ 11 日　习近平在广东考察工作期间讲话指出，我国改革已经进入攻坚期和深水区，我们必须以更大的政治勇气和智慧，不失时机深化重要领域改革。要坚持改革开放正确方向，敢于啃硬骨头，敢于涉险滩，既勇于冲破思想观念的障碍，又勇于突破利益固化的藩篱。

2012 年　我国进入世界《财富》500 强的中央企业达到 42 家，比 2003 年国资委成立之初的 6 家有了较大幅度的增加。

2013 年

1 月 26 日　我国自主研制的运 -20 大型运输机首次试飞取得圆满成功。2016 年 7 月 6 日，运 -20 大型运输机正式列装空军航空兵部队。

2 月 26 日，中海油完成收购加拿大尼克森公司的交易。收购尼克森的普通股和优先股的总对价约为 151 亿美元。这是中国企业成功完成的最大一笔海外并购。尼克森分布在加拿大西部、英国北海、墨西哥湾和尼日利亚海域等全球最主要产区的资产中包含了常规油气、油砂以及页岩气资源，是对中海油现有资产的良好补充，同时也使中海油全球化布局得以增强。

3 月 17 日　习近平在十二届全国人大一次会议闭幕会上讲话指出，实现中华民族伟大复兴的中国梦，就是要实现国家富强、民族振兴、人民幸福。实现中国梦，必须走中国道路、弘扬中国精神、凝聚中国力量。

3 月　党的十八届二中全会和十二届全国人大一次会议审议通过了《国务院机构改革和职能转变方案》，决定撤销铁道部，成立中国铁路总公司。铁路实行政企分开。将铁道部拟定铁路发展规划和政策的行政职责划入交通运输部；组建国家铁路局，由交通运输部管理，承担铁道部的其他行政职责；组建中国铁路总公司，承担铁道部的企业职责；不再保留铁道部。

9 月 7 日、10 月 3 日　习近平分别在哈萨克斯坦纳扎尔巴耶夫大学、印度尼西亚国会发表演讲，先后提出共同建设“丝绸之路经济带”与“21 世纪海上丝绸之路”，即“一带一路”倡议。

11 月 12 日　中共十八届三中全会通过《关于全面深化改革若干重大问题的决定》。指出，全面深化改革的总目标是完善和发展中国特色社会主义制度，推进国家治理体系和治理能力现代化。经济体制改革的核心问题是处理好政府和市场的关系，使市场在资源配置中起决定性作用和更好发挥政府作用。

12 月 14 日　嫦娥三号着陆月球虹湾区域。15 日，嫦娥三号着陆器和巡视器“玉兔”号月球车互拍成像。我国探月工程第二步战略目标圆满完成，成为世界上第三个月球软着陆和巡视探测的国家。

2014 年

12 月 18 日　我国第一座钠冷快中子反应堆——中国实验快堆首次实现满功率稳定运行 72 小时，标志着我国全面掌握快堆这一第四代核电技术的设计、建造、调试运行等核心技术。

2015 年

5 月 6 日　我国自主创新、拥有完整自主知识产权的第三代核电技术“华龙一号”首堆示范工程正式落户福清核电并开工建设。

5 月 13 日　国务院印发《关于推进国际产能和装备制造合作的指导意见》。指出，要充分发挥企业市场主体作用，坚持以市场为导向，按照商业原则和国际惯例，积极开展国际产能和装备制造合作。

6 月 11 日　国务院印发《关于大力推进大众创业万众创新若干政策措施的意见》。2016 年、2017 年，国务院办公厅确定了两批共 120 个双创示范基地。

8 月 24 日　中共中央、国务院印发《关于深化国有企业改革的指导意见》。此后，陆续出台有关加强国有企业党的建设、国有企业分类改革、发展混合所有制经济、完善国资监管体制、防止国有资产流失、完善法人治理结构等多个配套文件。

11 月 10 日　习近平在中央财经领导小组会议上讲话指出，要着力加强供给侧结构性改革。

12 月 18 日　习近平在中央经济工作会议上强调，推进供给侧结构性改革，是适应和引领经济发展新常态的重大创新。要实行宏观政策要稳、产业政策要准、微观政策要活、改革政策要实、社会政策要托底的总体思路，着力加强结构性改革，在适度扩大总需求的同时，去产能、去库存、去杠杆、降成本、补短板，推动我国社会生产力水平整体改善。

11 月 29 日　中共中央、国务院作出《关于打赢脱贫攻坚战的决定》。2016 年 4 月 23 日，中共中央办公厅、国务院办公厅印发《关于建立贫困退出机制的意见》，明确贫困人口、贫困村、贫困县在 2020 年以前有序退出的标准和要求。

12 月 17 日　我国成功发射暗物质粒子探测卫星“悟空”，在太空中开展高能电子及高能伽马射线探测任务，探寻暗物质存在的证据。

12 月 29 日　国务院国资委、财政部、国家发展改革委联合发布《关于国有企业功能界定与分类的指导意见》，明确将国有企业界定为商业类和公益类，提出分类推进改革、分类促进发展、分类实施监管和分类定责考核。意见提出，立足国有资本的战略定位和发展目标，结合不同国企在经济社会发展中的作用、现状和发展需要，根据主营业务和核心业务范围，将国企界定为商业类和公益类。未来，这两类国企业在改革、发展、监管和考核等方面都将会有不同的政策。

2016 年

8 月 16 日　我国成功发射世界首颗量子科学实验卫星“墨子号”。2017 年 6 月、8 月，“墨子号”卫星先后在国际上首次成功实现千公里级卫星和地面之间的量子纠缠分发、量子密钥分发和量子隐形传态。

8 月 24 日　国资委、财政部联合印发了《关于完善中央企业功能分类考核的实施方案》，明确了不同类型国有企业的经营责任，按照企业的功能和业务特点确定了差异化的考核导向和内容。

9 月 25 日　具有我国自主知识产权的世界最大单口径巨型射电望远镜——500 米口径球面射电望远镜（FAST）在贵州平塘落成启动。

10 月 10 日　习近平在全国国有企业党的建设工作会议上讲话指出，要坚持党对国有企业的领导不动摇，坚定不移把国有企业做强做优做大。

10 月 31 日　国资委发布《关于做好中央科技型企业股权和分红激励工作的通知》，旨在加快实施国家创新驱动发展战略，健全完善有利于中央企业自主创新和科技成果转化的中长期激励机制。

11 月 1 日　中国自主研制的新一代隐身战斗机歼 –20 首次公开亮相参加中国珠海国际航展。2018 年 2 月 9 日，歼 –20 开始列装空军作战部队。

12 月 12 日　国务院国资委印发了《中央企业负责人经营业绩考核办法》，旨在贯彻党中央、国务院关于深化国有企业改革和中央管理企业负责人薪酬制度

改革的重大部署，落实以管资本为主加强国有资产监管要求，加强对中央企业分类指导、分类考核。

2017 年

3 月 28 日　中共中央、国务院发出通知，决定设立河北雄安新区。

4 月 26 日　我国第一艘自主设计建造的航空母舰出坞下水。

5 月 5 日　我国自主研制的首款 C919 大型客机首飞成功。

5 月 18 日　南海神狐海域天然气水合物（又称可燃冰）试采成功。我国成为世界上首个成功试采海域天然气水合物的国家。

6 月 25 日　中国标准动车组被命名为“复兴号”并于 26 日投入运行。中国高速动车组技术实现全面自主化。

7 月 1 日　习近平出席在香港举行的《深化粤港澳合作推进大湾区建设框架协议》签署仪式。建设粤港澳大湾区成为国家战略。

9 月 8 日　中共中央、国务院印发《关于营造企业家健康成长环境弘扬优秀企业家精神更好发挥企业家作用的意见》。

10 月 18 ~24 日　中国共产党第十九次全国代表大会举行。大会通过的报告《决胜全面建成小康社会，夺取新时代中国特色社会主义伟大胜利》，作出了中国特色社会主义进入新时代、我国社会主要矛盾已经转化为人民日益增长的美好生活需要和不平衡不充分的发展之间的矛盾等重大政治论断，确立了习近平新时代中国特色社会主义思想的历史地位，提出了新时代坚持和发展中国特色社会主义的基本方略，确定了决胜全面建成小康社会、开启全面建设社会主义现代化国家新征程的目标。大会认为，综合分析国际国内形势和我国发展条件，从 2020 年到本世纪中叶可以分两个阶段来安排。第一个阶段，从 2020 年到 2035 年，在全面建成小康社会的基础上，再奋斗 15 年，基本实现社会主义现代化。第二个阶段，从 2035 年到 21 世纪中叶，在基本实现现代化的基础上，再奋斗 15 年，把我国建成富强民主文明和谐美丽的社会主义现代化强国。大会通过关于《中国共产党章程（修正案）》的决议，把习近平新时代中国特色社会主义思想同马克思列宁主义、毛泽东思想、邓小平理论、“三个代表”重要思想、科学发展观一道确立为党的行动指南并载入党章。

12 月 30 日　中共中央印发《关于建立国务院向全国人大常委会报告国有资产管理情况制度的意见》。2018 年 10 月，十三届全国人大常委会第六次会议审议了《国务院关于 2017 年度国有资产管理情况的综合报告》和《国务院关于 2017 年度金融企业国有资产的专项报告》。这是国务院首次按照“全口径、全覆盖”标准向全国人大常委会报告国有资产管理情况。

2018 年

6 月 30 日　中共中央、国务院印发《关于完善国有金融资本管理的指导意见》，明确对国有金融资本实行统一授权管理，建立健全国有金融资本管理的“四梁八柱”。

9 月 26 日　习近平在黑龙江考察时讲话指出，现在，国际上单边主义、贸易保护主义上升，我们必须坚持走自力更生的道路。中国要发展，最终要靠自己。

9 月 28 日　习近平在沈阳主持召开深入推进东北振兴座谈会时讲话指出，新时代东北振兴，是全面振兴、全方位振兴，要从统筹推进“五位一体”总体布局、协调推进“四个全面”战略布局的角度去把握，瞄准方向、保持定力，扬长避短、发挥优势，一以贯之、久久为功，撸起袖子加油干，重塑环境、重振雄风，形成对国家重大战略的坚强支撑。

10 月 23 日　港珠澳大桥开通仪式在广东省珠海市举行。习近平出席仪式。港珠澳大桥总长 55 公里，是连接香港、珠海和澳门的超大型跨海通道，也是世界上最长的跨海大桥。

11 月 1 日　习近平在主持召开民营企业座谈会时讲话指出，我们强调把公有制经济巩固好、发展好，同鼓励、支持、引导非公有制经济发展不是对立的，而是有机统一的。公有制经济、非公有制经济应该相辅相成、相得益彰，而不是相互排斥、相互抵消。我国基本经济制度写入了宪法、党章，这是不会变的，也是不能变的。在我国经济发展进程中，要不断为民营经济营造更好发展环境。

11 月 5～10 日　首届中国国际进口博览会在上海举行。5 日，习近平出席开幕式并发表主旨演讲时指出，中国国际进口博览会是迄今为止世界上第一个以进口为主题的国家级展会，是中国推动建设开放型世界经济、支持经济全球化的实际行动；宣布增设中国上海自由贸易试验区的新片区、在上海证券交易所设立科创板并试点注册制、支持长江三角洲区域一体化发展并上升为国家战略。

12 月 27 日　国资委公布《中央企业工资总额管理办法》，旨在建立健全与劳动力市场基本适应、与企业经济效益和劳动生产率挂钩的工资决定和正常增长机制，增强企业活力和竞争力，促进企业实现高质量发展，推动国有资本做强做优做大。该办法是国资委首次以委令形式公开发布的中央企业工资总额管理制度文件，充分体现了国资委对这项工作的高度重视。制定该办法的根本目的，是贯彻落实习近平新时代中国特色社会主义思想，增强中央企业活力和竞争力，促进中央企业实现高质量发展。中央企业工资总额管理，既要与国有企业工资决定机制改革的总体方向保持一致，又要充分体现中央企业自身的经营发展特点。此次出台的《办法》，紧扣《意见》的精神实质，切实做到了将出资人依法调控和企业自主分配有机结合。

2019 年

3 月 1 日　国资委发布《中央企业负责人经营业绩考核办法》，旨在切实履行企业国有资产出资人职责，维护所有者权益，落实国有资产保值增值责任，建立健全有效的激励约束机制，引导中央企业实现高质量发展，加快成为具有全球竞争力的世界一流企业。以此前考核体系为基础，该办法主要具有以下四大特点：一是突出高质量发展考核。多角度构建年度与任期相结合的高质量发展考核指标体系，并结合企业不同考核要求，按照“少而精”原则选取指标，纳入年度和任期考核。二是突出分类考核和差异化考核。根据国有资本的战略定位和发展目标，结合企业实际，对不同功能和类别的企业，突出不同考核重点，合理设置经营业绩考核权重，确定差异化考核标准，实施分类考核。三是突出世界一流对标考核。强化国际对标行业对标在指标设置、目标设定、考核计分和结果评级的应用。四是突出正向激励考核。强化“业绩升、薪酬升，业绩降、薪酬降”，适当提高 A 级企业负责人的绩效年薪挂钩系数。

4 月 19 日　为贯彻落实党的十九大精神，加快推进国有资本授权经营体制改革，进一步完善国有资产管理体制，推动国有经济布局结构调整，打造充满生机活力的现代国有企业，现提出以下方案，国务院印发《改革国有资本授权经营体制方案》。该方案以习近平新时代中国特色社会主义思想为指导，全面贯彻党的十九大和十九届二中、三中全会精神，作出了以管资本为主加强国有资产监管，切实转变出资人代表机构职能和履职方式，实现授权与监管相结合、放活与管好相统一等系列部署安排，对加快国有经济布局结构调整、推动国有资本做强做优做大、培育具有全球竞争力的世界一流企业具有重要意义。

6 月 3 日　国资委印发《国务院国资委授权放权清单（2019 年版）》，旨在加快实现从管企业向管资本转变，更好履行出资人职责，进一步加大授权放权力度，切实增强微观主体活力。国资委坚持“刀刃向内”、自我革命，按照精细严谨、稳妥推进的工作要求，将激发微观主体活力与管住管好国有资本有机结合，最大限度调动和激发企业的积极性，重点选取了 5 大类、35 项授权放权事项列入《清单》，包括规划投资与主业管理（8 项）；产权管理（12 项）；选人用人（2 项）；企业负责人薪酬管理、工资总额管理与中长期激励（10 项）；重大财务事项管理（3 项）；等等。

7 月　国务院国资委召开中央企业负责人研讨班，通报了 2018 年和 2016～2018 年中央企业负责人经营业绩考核结果。2018 年和 2016～2018 年，国资委在以习近平同志为核心的党中央坚强领导下，坚决贯彻落实党中央、国务院决策部署，坚持稳中求进工作总基调，充分发挥业绩考核的重要功能作用，引导中央企业大力推进供给侧结构性改革，加快创新驱动发展，不断提升发展质量，中央企业经济效益、价值创造能力和国有资本保值增值水平大幅提升，较好地实现了年度和任期经营业绩目标。

2018 年和 2016~2018 年，国资委对中央企业考核目标实行分档管理，构建“赛跑机制”，对完成利润总额或经济增加值挑战目标的企业，按照目标先进程度给予加分奖励，有效激发了企业内生动力，中央企业盈利能力、资本回报水平大幅攀升。2018 年，中央企业实现利润总额 1.7 万亿元，比上年增长 16.8%，比 2015 年增长 38.2%；实现经济增加值 3904 亿元，比上年增长 26.9%，比 2015 年增长 1.6 倍。2016~2018 年，中央企业在国有资本不断增加、基数持续扩大的基础上，国有资本保值增值率达到 117.8%。

7 月 27 日　国务院国资委召开的地方国资委负责人座谈会获悉，经国务院国有企业改革领导小组第二次会议审议通过，上海、深圳“区域性国资国企综合改革试验”和沈阳国资国企重点领域和关键环节改革专项工作已正式启动。开展“区域性国资国企综合改革试验”是贯彻落实习近平总书记重要指示精神，进一步深化国资国企改革的新举措，对于鼓励基层创新、全面推动国资国企改革“1+N”政策在试验区落实落地，增强国资国企改革的系统性、整体性、协同性，以点带面推动全国国资国企改革具有积极意义。综改试验区要大胆探索、勇于创新，到 2022 年努力打造成为党的领导坚强有力、国资监管科学高效、国企活力充分激发、创新驱动不断增强、全面落实国家战略的国资国企改革高地。

8 月 29 日　由国资委主办、中国社会责任百人论坛和国投集团承办的《中央企业社会责任蓝皮书（2019）》发布会暨中央企业社会责任报告集中发布。

附录三　国有企业管理层激励重要文件汇编

中共中央、国务院关于深化国有企业改革的指导意见（节选）

一、总体要求

（一）指导思想

高举中国特色社会主义伟大旗帜，认真贯彻落实党的十八大和十八届三中、四中全会精神，深入学习贯彻习近平总书记系列重要讲话精神，坚持和完善基本经济制度，坚持社会主义市场经济改革方向，适应市场化、现代化、国际化新形势，以解放和发展社会生产力为标准，以提高国有资本效率、增强国有企业活力为中心，完善产权清晰、权责明确、政企分开、管理科学的现代企业制度，完善国有资产监管体制，防止国有资产流失，全面推进依法治企，加强和改进党对国有企业的领导，做强做优做大国有企业，不断增强国有经济活力、控制力、影响力、抗风险能力，主动适应和引领经济发展新常态，为促进经济社会持续健康发展、实现中华民族伟大复兴中国梦作出积极贡献。

（二）基本原则

——坚持和完善基本经济制度。这是深化国有企业改革必须把握的根本要求。必须毫不动摇巩固和发展公有制经济，毫不动摇鼓励、支持、引导非公有制经济发展。坚持公有制主体地位，发挥国有经济主导作用，积极促进国有资本、集体资本、非公有资本等交叉持股、相互融合，推动各种所有制资本取长补短、相互促进、共同发展。

——坚持社会主义市场经济改革方向。这是深化国有企业改革必须遵循的基本规律。国有企业改革要遵循市场经济规律和企业发展规律，坚持政企分开、政资分开、所有权与经营权分离，坚持权利、义务、责任相统一，坚持激励机制和约束机制相结合，促使国有企业真正成为依法自主经营、自负盈亏、自担风险、自我约束、自我发展的独立市场主体。社会主义市场经济条件下的国有企业，要成为自觉履行社会责任的表率。

——坚持增强活力和强化监管相结合。这是深化国有企业改革必须把握的重要关系。增强活力是搞好国有企业的本质要求，加强监管是搞好国有企业的重要保障，要切实做到两者的有机统一。继续推进简政放权，依法落实企业法人财产权和经营自主权，进一步激发企业活力、创造力和市场竞争力。进一步完善国有企业监管制度，切实防止国有资产流失，确保国有资产保值增值。

——坚持党对国有企业的领导。这是深化国有企业改革必须坚守的政治方向、政治原则。要贯彻全面从严治党方针，充分发挥企业党组织政治核心作用，加强企业领导班子建设，创新基层党建工作，深入开展党风廉政建设，坚持全心全意依靠工人阶级，维护职工合法权益，为国有企业改革发展提供坚强有力的政治保证、组织保证和人才支撑。

——坚持积极稳妥统筹推进。这是深化国有企业改革必须采用的科学方法。要正确处理推进改革和坚持法治的关系，正确处理改革发展稳定关系，正确处理搞好顶层设计和尊重基层首创精神的关系，突出问题导向，坚持分类推进，把握好改革的次序、节奏、力度，确保改革扎实推进、务求实效。

（三）主要目标

到2020年，在国有企业改革重要领域和关键环节取得决定性成果，形成更加符合我国基本经济制度和社会主义市场经济发展要求的国有资产管理体制、现代企业制度、市场化经营机制，国有资本布局结构更趋合理，造就一大批德才兼备、善于经营、充满活力的优秀企业家，培育一大批具有创新能力和国际竞争力的国有骨干企业，国有经济活力、控制力、影响力、抗风险能力明显增强。

——国有企业公司制改革基本完成，发展混合所有制经济取得积极进展，法人治理结构更加健全，优胜劣汰、经营自主灵活、内部管理人员能上能下、员工能进能出、收入能增能减的市场化机制更加完善。

——国有资产监管制度更加成熟，相关法律法规更加健全，监管手段和方式不断优化，监管的科学性、针对性、有效性进一步提高，经营性国有资产实现集中统一监管，国有资产保值增值责任全面落实。

——国有资本配置效率显著提高，国有经济布局结构不断优化、主导作用有效发挥，国有企业在提升自主创新能力、保护资源环境、加快转型升级、履行社

会责任中的引领和表率作用充分发挥。

——企业党的建设全面加强，反腐倡廉制度体系、工作体系更加完善，国有企业党组织在公司治理中的法定地位更加巩固，政治核心作用充分发挥。

二、分类推进国有企业改革

（四）划分国有企业不同类别。根据国有资本的战略定位和发展目标，结合不同国有企业在经济社会发展中的作用、现状和发展需要，将国有企业分为商业类和公益类。通过界定功能、划分类别，实行分类改革、分类发展、分类监管、分类定责、分类考核，提高改革的针对性、监管的有效性、考核评价的科学性，推动国有企业同市场经济深入融合，促进国有企业经济效益和社会效益有机统一。按照谁出资谁分类的原则，由履行出资人职责的机构负责制定所出资企业的功能界定和分类方案，报本级政府批准。各地区可结合实际，划分并动态调整本地区国有企业功能类别。

（五）推进商业类国有企业改革。商业类国有企业按照市场化要求实行商业化运作，以增强国有经济活力、放大国有资本功能、实现国有资产保值增值为主要目标，依法独立自主开展生产经营活动，实现优胜劣汰、有序进退。

主业处于充分竞争行业和领域的商业类国有企业，原则上都要实行公司制股份制改革，积极引入其他国有资本或各类非国有资本实现股权多元化，国有资本可以绝对控股、相对控股，也可以参股，并着力推进整体上市。对这些国有企业，重点考核经营业绩指标、国有资产保值增值和市场竞争能力。

主业处于关系国家安全、国民经济命脉的重要行业和关键领域、主要承担重大专项任务的商业类国有企业，要保持国有资本控股地位，支持非国有资本参股。对自然垄断行业，实行以政企分开、政资分开、特许经营、政府监管为主要内容的改革，根据不同行业特点实行网运分开、放开竞争性业务，促进公共资源配置市场化；对需要实行国有全资的企业，也要积极引入其他国有资本实行股权多元化；对特殊业务和竞争性业务实行业务板块有效分离，独立运作、独立核算。对这些国有企业，在考核经营业绩指标和国有资产保值增值情况的同时，加强对服务国家战略、保障国家安全和国民经济运行、发展前瞻性战略性产业以及完成特殊任务的考核。

（六）推进公益类国有企业改革。公益类国有企业以保障民生、服务社会、提供公共产品和服务为主要目标，引入市场机制，提高公共服务效率和能力。这类企业可以采取国有独资形式，具备条件的也可以推行投资主体多元化，还可以通过购买服务、特许经营、委托代理等方式，鼓励非国有企业参与经营。对公益类国有企业，重点考核成本控制、产品服务质量、营运效率和保障能力，根据企业不同特点有区别地考核经营业绩指标和国有资产保值增值情况，考核中要引入社会评价。

三、完善现代企业制度

（七）推进公司制股份制改革。加大集团层面公司制改革力度，积极引入各类投资者实现股权多元化，大力推动国有企业改制上市，创造条件实现集团公司整体上市。根据不同企业的功能定位，逐步调整国有股权比例，形成股权结构多元、股东行为规范、内部约束有效、运行高效灵活的经营机制。允许将部分国有资本转化为优先股，在少数特定领域探索建立国家特殊管理股制度。

（八）健全公司法人治理结构。重点是推进董事会建设，建立健全权责对等、运转协调、有效制衡的决策执行监督机制，规范董事长、总经理行权行为，充分发挥董事会的决策作用、监事会的监督作用、经理层的经营管理作用、党组织的政治核心作用，切实解决一些企业董事会形同虚设、“一把手”说了算的问题，实现规范的公司治理。要切实落实和维护董事会依法行使重大决策、选人用人、薪酬分配等权利，保障经理层经营自主权，法无授权任何政府部门和机构不得干预。加强董事会内部的制衡约束，国有独资、全资公司的董事会和监事会均应有职工代表，董事会外部董事应占多数，落实一人一票表决制度，董事对董事会决议承担责任。改进董事会和董事评价办法，强化对董事的考核评价和管理，对重大决策失误负有直接责任的要及时调整或解聘，并依法追究责任。进一步加强外部董事队伍建设，拓宽来源渠道。

（九）建立国有企业领导人员分类分层管理制度。坚持党管干部原则与董事会依法产生、董事会依法选择经营管理者、经营管理者依法行使用人权相结合，不断创新有效实现形式。上级党组织和国有资产监管机构按照管理权限加强对国有企业领导人员的管理，广开推荐渠道，依规考察提名，严格履行选用程序。根据不同企业类别和层级，实行选任制、委任制、聘任制等不同选人用人方式。推行职业经理人制度，实行内部培养和外部引进相结合，畅通现有经营管理者与职业经理人身份转换通道，董事会按市场化方式选聘和管理职业经理人，合理增加市场化选聘比例，加快建立退出机制。推行企业经理层成员任期制和契约化管理，明确责任、权利、义务，严格任期管理和目标考核。

（十）实行与社会主义市场经济相适应的企业薪酬分配制度。企业内部的薪酬分配权是企业的法定权利，由企业依法依规自主决定，完善既有激励又有约束、既讲效率又讲公平、既符合企业一般规律又体现国有企业特点的分配机制。建立健全与劳动力市场基本适应、与企业经济效益和劳动生产率挂钩的工资决定和正常增长机制。推进全员绩效考核，以业绩为导向，科学评价不同岗位员工的

贡献，合理拉开收入分配差距，切实做到收入能增能减和奖惩分明，充分调动广大职工积极性。对国有企业领导人员实行与选任方式相匹配、与企业功能性质相适应、与经营业绩相挂钩的差异化薪酬分配办法。对党中央、国务院和地方党委、政府及其部门任命的国有企业领导人员，合理确定基本年薪、绩效年薪和任期激励收入。对市场化选聘的职业经理人实行市场化薪酬分配机制，可以采取多种方式探索完善中长期激励机制。健全与激励机制相对称的经济责任审计、信息披露、延期支付、追索扣回等约束机制。严格规范履职待遇、业务支出，严禁将公款用于个人支出。

（十一）深化企业内部用人制度改革。建立健全企业各类管理人员公开招聘、竞争上岗等制度，对特殊管理人员可以通过委托人才中介机构推荐等方式，拓宽选人用人视野和渠道。建立分级分类的企业员工市场化公开招聘制度，切实做到信息公开、过程公开、结果公开。构建和谐劳动关系，依法规范企业各类用工管理，建立健全以合同管理为核心、以岗位管理为基础的市场化用工制度，真正形成企业各类管理人员能上能下、员工能进能出的合理流动机制。

四、完善国有资产管理体制

（十二）以管资本为主推进国有资产监管机构职能转变。国有资产监管机构要准确把握依法履行出资人职责的定位，科学界定国有资产出资人监管的边界，建立监管权力清单和责任清单，实现以管企业为主向以管资本为主的转变。该管的要科学管理、决不缺位，重点管好国有资本布局、规范资本运作、提高资本回报、维护资本安全；不该管的要依法放权、决不越位，将依法应由企业自主经营决策的事项归位于企业，将延伸到子企业的管理事项原则上归位于一级企业，将配合承担的公共管理职能归位于相关政府部门和单位。大力推进依法监管，着力创新监管方式和手段，改变行政化管理方式，改进考核体系和办法，提高监管的科学性、有效性。

（十三）以管资本为主改革国有资本授权经营体制。改组组建国有资本投资、运营公司，探索有效的运营模式，通过开展投资融资、产业培育、资本整合，推动产业集聚和转型升级，优化国有资本布局结构；通过股权运作、价值管理、有序进退，促进国有资本合理流动，实现保值增值。科学界定国有资本所有权和经营权的边界，国有资产监管机构依法对国有资本投资、运营公司和其他直接监管的企业履行出资人职责，并授权国有资本投资、运营公司对授权范围内的国有资本履行出资人职责。国有资本投资、运营公司作为国有资本市场化运作的专业平台，依法自主开展国有资本运作，对所出资企业行使股东职责，按照责权对应原则切实承担起国有资产保值增值责任。开展政府直接授权国有资本投资、运营公司履行出资人职责的试点。

（十四）以管资本为主推动国有资本合理流动优化配置。坚持以市场为导向、以企业为主体，有进有退、有所为有所不为，优化国有资本布局结构，增强国有经济整体功能和效率。紧紧围绕服务国家战略，落实国家产业政策和重点产业布局调整总体要求，优化国有资本重点投资方向和领域，推动国有资本向关系国家安全、国民经济命脉和国计民生的重要行业和关键领域、重点基础设施集中，向前瞻性战略性产业集中，向具有核心竞争力的优势企业集中。发挥国有资本投资、运营公司的作用，清理退出一批、重组整合一批、创新发展一批国有企业。建立健全优胜劣汰市场化退出机制，充分发挥失业救济和再就业培训等的作用，解决好职工安置问题，切实保障退出企业依法实现关闭或破产，加快处置低效无效资产，淘汰落后产能。支持企业依法合规通过证券交易、产权交易等资本市场，以市场公允价格处置企业资产，实现国有资本形态转换，变现的国有资本用于更需要的领域和行业。推动国有企业加快管理创新、商业模式创新，合理限定法人层级，有效压缩管理层级。发挥国有企业在实施创新驱动发展战略和制造强国战略中的骨干和表率作用，强化企业在技术创新中的主体地位，重视培养科研人才和高技能人才。支持国有企业开展国际化经营，鼓励国有企业之间以及与其他所有制企业以资本为纽带，强强联合、优势互补，加快培育一批具有世界一流水平的跨国公司。

（十五）以管资本为主推进经营性国有资产集中统一监管。稳步将党政机关、事业单位所属企业的国有资本纳入经营性国有资产集中统一监管体系，具备条件的进入国有资本投资、运营公司。加强国有资产基础管理，按照统一制度规范、统一工作体系的原则，抓紧制定企业国有资产基础管理条例。建立覆盖全部国有企业、分级管理的国有资本经营预算管理制度，提高国有资本收益上缴公共财政比例，2020 年提高到 30%，更多用于保障和改善民生。划转部分国有资本充实社会保障基金。

五、发展混合所有制经济

（十六）推进国有企业混合所有制改革。以促进国有企业转换经营机制，放大国有资本功能，提高国有资本配置和运行效率，实现各种所有制资本取长补短、相互促进、共同发展为目标，稳妥推动国有企业发展混合所有制经济。对通过实行股份制、上市等途径已经实行混合所有制的国有企业，要着力在完善现代企业制度、提高资本运行效率上下功夫；对于适宜继续推进混合所有制改革的国有企业，要充分发挥市场机制作用，坚持因地施策、因业施策、因企施策，宜独则独、宜控则控、宜参则参，不搞拉郎配，不搞全覆盖，不设时间表，成熟一个

推进一个。改革要依法依规、严格程序、公开公正，切实保护混合所有制企业各类出资人的产权权益，杜绝国有资产流失。

（十七）引入非国有资本参与国有企业改革。鼓励非国有资本投资主体通过出资入股、收购股权、认购可转债、股权置换等多种方式，参与国有企业改制重组或国有控股上市公司增资扩股以及企业经营管理。实行同股同权，切实维护各类股东合法权益。在石油、天然气、电力、铁路、电信、资源开发、公用事业等领域，向非国有资本推出符合产业政策、有利于转型升级的项目。依照外商投资产业指导目录和相关安全审查规定，完善外资安全审查工作机制。开展多类型政府和社会资本合作试点，逐步推广政府和社会资本合作模式。

（十八）鼓励国有资本以多种方式入股非国有企业。充分发挥国有资本投资、运营公司的资本运作平台作用，通过市场化方式，以公共服务、高新技术、生态环保、战略性产业为重点领域，对发展潜力大、成长性强的非国有企业进行股权投资。鼓励国有企业通过投资入股、联合投资、重组等多种方式，与非国有企业进行股权融合、战略合作、资源整合。

（十九）探索实行混合所有制企业员工持股。坚持试点先行，在取得经验基础上稳妥有序推进，通过实行员工持股建立激励约束长效机制。优先支持人才资本和技术要素贡献占比较高的转制科研院所、高新技术企业、科技服务型企业开展员工持股试点，支持对企业经营业绩和持续发展有直接或较大影响的科研人员、经营管理人员和业务骨干等持股。员工持股主要采取增资扩股、出资新设等方式。完善相关政策，健全审核程序，规范操作流程，严格资产评估，建立健全股权流转和退出机制，确保员工持股公开透明，严禁暗箱操作，防止利益输送。

六、强化监督防止国有资产流失

（二十）强化企业内部监督。完善企业内部监督体系，明确监事会、审计、纪检监察、巡视以及法律、财务等部门的监督职责，完善监督制度，增强制度执行力。强化对权力集中、资金密集、资源富集、资产聚集的部门和岗位的监督，实行分事行权、分岗设权、分级授权，定期轮岗，强化内部流程控制，防止权力滥用。建立审计部门向董事会负责的工作机制。落实企业内部监事会对董事、经理和其他高级管理人员的监督。进一步发挥企业总法律顾问在经营管理中的法律审核把关作用，推进企业依法经营、合规管理。集团公司要依法依规、尽职尽责加强对子企业的管理和监督。大力推进厂务公开，健全以职工代表大会为基本形式的企业民主管理制度，加强企业职工民主监督。

（二十一）建立健全高效协同的外部监督机制。强化出资人监督，加快国有企业行为规范法律法规制度建设，加强对企业关键业务、改革重点领域、国有资本运营重要环节以及境外国有资产的监督，规范操作流程，强化专业检查，开展总会计师由履行出资人职责机构委派的试点。加强和改进外派监事会制度，明确职责定位，强化与有关专业监督机构的协作，加强当期和事中监督，强化监督成果运用，建立健全核查、移交和整改机制。健全国有资本审计监督体系和制度，实行企业国有资产审计监督全覆盖，建立对企业国有资本的经常性审计制度。加强纪检监察监督和巡视工作，强化对企业领导人员廉洁从业、行使权力等的监督，加大大案要案查处力度，狠抓对存在问题的整改落实。整合出资人监管、外派监事会监督和审计、纪检监察、巡视等监督力量，建立监督工作会商机制，加强统筹，创新方式，共享资源，减少重复检查，提高监督效能。建立健全监督意见反馈整改机制，形成监督工作的闭环。

（二十二）实施信息公开加强社会监督。完善国有资产和国有企业信息公开制度，设立统一的信息公开网络平台，依法依规、及时准确披露国有资本整体运营和监管、国有企业公司治理以及管理架构、经营情况、财务状况、关联交易、企业负责人薪酬等信息，建设阳光国企。认真处理人民群众关于国有资产流失等问题的来信、来访和检举，及时回应社会关切。充分发挥媒体舆论监督作用，有效保障社会公众对企业国有资产运营的知情权和监督权。

（二十三）严格责任追究。建立健全国有企业重大决策失误和失职、渎职责任追究倒查机制，建立和完善重大决策评估、决策事项履职记录、决策过错认定标准等配套制度，严厉查处侵吞、贪污、输送、挥霍国有资产和逃废金融债务的行为。建立健全企业国有资产的监督问责机制，对企业重大违法违纪问题敷衍不追、隐匿不报、查处不力的，严格追究有关人员失职、渎职责任，视不同情形给予纪律处分或行政处分，构成犯罪的，由司法机关依法追究刑事责任。

七、加强和改进党对国有企业的领导

（二十四）充分发挥国有企业党组织政治核心作用。把加强党的领导和完善公司治理统一起来，将党建工作总体要求纳入国有企业章程，明确国有企业党组织在公司法人治理结构中的法定地位，创新国有企业党组织发挥政治核心作用的途径和方式。在国有企业改革中坚持党的建设同步谋划、党的组织及工作机构同步设置、党组织负责人及党务工作人员同步配备、党的工作同步开展，保证党组织工作机构健全、党务工作者队伍稳定、党组织和党员作用得到有效发挥。坚持和完善双向进入、交叉任职的领导体制，符合条件的党组织领导班子成员可以通过法定程序进入董事会、监事会、经理层，董事会、监事会、经理层成员中符合条件的党员可以依照有关规定和程序进入党组织领导班子；经理层成员与党组织

领导班子成员适度交叉任职；董事长、总经理原则上分设，党组织书记、董事长一般由一人担任。

国有企业党组织要切实承担好、落实好从严管党治党责任。坚持从严治党、思想建党、制度治党，增强管党治党意识，建立健全党建工作责任制，聚精会神抓好党建工作，做到守土有责、守土负责、守土尽责。党组织书记要切实履行党建工作第一责任人职责，党组织班子其他成员要切实履行“一岗双责”，结合业务分工抓好党建工作。中央企业党组织书记同时担任企业其他主要领导职务的，应当设立1名专职抓企业党建工作的副书记。加强国有企业基层党组织建设和党员队伍建设，强化国有企业基层党建工作的基础保障，充分发挥基层党组织战斗堡垒作用、共产党员先锋模范作用。加强企业党组织对群众工作的领导，发挥好工会、共青团等群团组织的作用，深入细致做好职工群众的思想政治工作。把建立党的组织、开展党的工作，作为国有企业推进混合所有制改革的必要前提，根据不同类型混合所有制企业特点，科学确定党组织的设置方式、职责定位、管理模式。

（二十五）进一步加强国有企业领导班子建设和人才队伍建设。根据企业改革发展需要，明确选人用人标准和程序，创新选人用人方式。强化党组织在企业领导人员选拔任用、培养教育、管理监督中的责任，支持董事会依法选择经营管理者、经营管理者依法行使用人权，坚决防止和整治选人用人中的不正之风。加强对国有企业领导人员尤其是主要领导人员的日常监督管理和综合考核评价，及时调整不胜任、不称职的领导人员，切实解决企业领导人员能上不能下的问题。以强化忠诚意识、拓展世界眼光、提高战略思维、增强创新精神、锻造优秀品行为重点，加强企业家队伍建设，充分发挥企业家作用。大力实施人才强企战略，加快建立健全国有企业集聚人才的体制机制。

（二十六）切实落实国有企业反腐倡廉“两个责任”。国有企业党组织要切实履行好主体责任，纪检机构要履行好监督责任。加强党性教育、法治教育、警示教育，引导国有企业领导人员坚定理想信念，自觉践行“三严三实”要求，正确履职行权。建立切实可行的责任追究制度，与企业考核等挂钩，实行“一案双查”。推动国有企业纪律检查工作双重领导体制具体化、程序化、制度化，强化上级纪委对下级纪委的领导。加强和改进国有企业巡视工作，强化对权力运行的监督和制约。坚持运用法治思维和法治方式反腐败，完善反腐倡廉制度体系，严格落实反“四风”规定，努力构筑企业领导人员不敢腐、不能腐、不想腐的有效机制。

国务院关于国有企业发展混合所有制经济的意见（节选）

发展混合所有制经济，是深化国有企业改革的重要举措。为贯彻党的十八大和十八届三中、四中全会精神，按照“四个全面”战略布局要求，落实党中央、国务院决策部署，推进国有企业混合所有制改革，促进各种所有制经济共同发展，现提出以下意见。

一、总体要求

（一）改革出发点和落脚点

国有资本、集体资本、非公有资本等交叉持股、相互融合的混合所有制经济，是基本经济制度的重要实现形式。多年来，一批国有企业通过改制发展成为混合所有制企业，但治理机制和监管体制还需要进一步完善；还有许多国有企业为转换经营机制、提高运行效率，正在积极探索混合所有制改革。当前，应对日益激烈的国际竞争和挑战，推动我国经济保持中高速增长、迈向中高端水平，需要通过深化国有企业混合所有制改革，推动完善现代企业制度，健全企业法人治理结构；提高国有资本配置和运行效率，优化国有经济布局，增强国有经济活力、控制力、影响力和抗风险能力，主动适应和引领经济发展新常态；促进国有企业转换经营机制，放大国有资本功能，实现国有资产保值增值，实现各种所有制资本取长补短、相互促进、共同发展，夯实社会主义基本经济制度的微观基础。在国有企业混合所有制改革中，要坚决防止因监管不到位、改革不彻底导致国有资产流失。

（二）基本原则

——政府引导，市场运作。尊重市场经济规律和企业发展规律，以企业为主体，充分发挥市场机制作用，把引资本与转机制结合起来，把产权多元化与完善企业法人治理结构结合起来，探索国有企业混合所有制改革的有效途径。

——完善制度，保护产权。以保护产权、维护契约、统一市场、平等交换、公平竞争、有效监管为基本导向，切实保护混合所有制企业各类出资人的产权权益，调动各类资本参与发展混合所有制经济的积极性。

——严格程序，规范操作。坚持依法依规，进一步健全国有资产交易规则，科学评估国有资产价值，完善市场定价机制，切实做到规则公开、过程公开、结

果公开。强化交易主体和交易过程监管，防止暗箱操作、低价贱卖、利益输送、化公为私、逃废债务，杜绝国有资产流失。

——宜改则改，稳妥推进。对通过实行股份制、上市等途径已经实行混合所有制的国有企业，要着力在完善现代企业制度、提高资本运行效率上下功夫；对适宜继续推进混合所有制改革的国有企业，要充分发挥市场机制作用，坚持因地施策、因业施策、因企施策，宜独则独、宜控则控、宜参则参，不搞拉郎配，不搞全覆盖，不设时间表，一企一策，成熟一个推进一个，确保改革规范有序进行。尊重基层创新实践，形成一批可复制、可推广的成功做法。

二、分类推进国有企业混合所有制改革

（三）稳妥推进主业处于充分竞争行业和领域的商业类国有企业混合所有制改革。按照市场化、国际化要求，以增强国有经济活力、放大国有资本功能、实现国有资产保值增值为主要目标，以提高经济效益和创新商业模式为导向，充分运用整体上市等方式，积极引入其他国有资本或各类非国有资本实现股权多元化。坚持以资本为纽带完善混合所有制企业治理结构和管理方式，国有资本出资人和各类非国有资本出资人以股东身份履行权利和职责，使混合所有制企业成为真正的市场主体。

（四）有效探索主业处于重要行业和关键领域的商业类国有企业混合所有制改革。对主业处于关系国家安全、国民经济命脉的重要行业和关键领域、主要承担重大专项任务的商业类国有企业，要保持国有资本控股地位，支持非国有资本参股。对自然垄断行业，实行以政企分开、政资分开、特许经营、政府监管为主要内容的改革，根据不同行业特点实行网运分开、放开竞争性业务，促进公共资源配置市场化，同时加强分类依法监管，规范营利模式。

——重要通信基础设施、枢纽型交通基础设施、重要江河流域控制性水利水电航电枢纽、跨流域调水工程等领域，实行国有独资或控股，允许符合条件的非国有企业依法通过特许经营、政府购买服务等方式参与建设和运营。

——重要水资源、森林资源、战略性矿产资源等开发利用，实行国有独资或绝对控股，在强化环境、质量、安全监管的基础上，允许非国有资本进入，依法依规有序参与开发经营。

——江河主干渠道、石油天然气主干管网、电网等，根据不同行业领域特点实行网运分开、主辅分离，除对自然垄断环节的管网实行国有独资或绝对控股外，放开竞争性业务，允许非国有资本平等进入。

——核电、重要公共技术平台、气象测绘水文等基础数据采集利用等领域，实行国有独资或绝对控股，支持非国有企业投资参股以及参与特许经营和政府采

购。粮食、石油、天然气等战略物资国家储备领域保持国有独资或控股。

——国防军工等特殊产业，从事战略武器装备科研生产、关系国家战略安全和涉及国家核心机密的核心军工能力领域，实行国有独资或绝对控股。其他军工领域，分类逐步放宽市场准入，建立竞争性采购体制机制，支持非国有企业参与武器装备科研生产、维修服务和竞争性采购。

——对其他服务国家战略目标、重要前瞻性战略性产业、生态环境保护、共用技术平台等重要行业和关键领域，加大国有资本投资力度，发挥国有资本引导和带动作用。

（五）引导公益类国有企业规范开展混合所有制改革。在水电气热、公共交通、公共设施等提供公共产品和服务的行业和领域，根据不同业务特点，加强分类指导，推进具备条件的企业实现投资主体多元化。通过购买服务、特许经营、委托代理等方式，鼓励非国有企业参与经营。政府要加强对价格水平、成本控制、服务质量、安全标准、信息披露、营运效率、保障能力等方面的监管，根据企业不同特点有区别地考核其经营业绩指标和国有资产保值增值情况，考核中要引入社会评价。

三、分层推进国有企业混合所有制改革

（六）引导在子公司层面有序推进混合所有制改革。对国有企业集团公司二级及以下企业，以研发创新、生产服务等实体企业为重点，引入非国有资本，加快技术创新、管理创新、商业模式创新，合理限定法人层级，有效压缩管理层级。明确股东的法律地位和股东在资本收益、企业重大决策、选择管理者等方面的权利，股东依法按出资比例和公司章程规定行权履职。

（七）探索在集团公司层面推进混合所有制改革。在国家有明确规定的特定领域，坚持国有资本控股，形成合理的治理结构和市场化经营机制；在其他领域，鼓励通过整体上市、并购重组、发行可转债等方式，逐步调整国有股权比例，积极引入各类投资者，形成股权结构多元、股东行为规范、内部约束有效、运行高效灵活的经营机制。

（八）鼓励地方从实际出发推进混合所有制改革。各地区要认真贯彻落实中央要求，区分不同情况，制定完善改革方案和相关配套措施，指导国有企业稳妥开展混合所有制改革，确保改革依法合规、有序推进。

四、鼓励各类资本参与国有企业混合所有制改革

（九）鼓励非公有资本参与国有企业混合所有制改革。非公有资本投资主体可通过出资入股、收购股权、认购可转债、股权置换等多种方式，参与国有企业

改制重组或国有控股上市公司增资扩股以及企业经营管理。非公有资本投资主体可以货币出资，或以实物、股权、土地使用权等法律法规允许的方式出资。企业国有产权或国有股权转让时，除国家另有规定外，一般不在意向受让人资质条件中对民间投资主体单独设置附加条件。

（十）支持集体资本参与国有企业混合所有制改革。明晰集体资产产权，发展股权多元化、经营产业化、管理规范化的经济实体。允许经确权认定的集体资本、资产和其他生产要素作价入股，参与国有企业混合所有制改革。研究制定股份合作经济（企业）管理办法。

（十一）有序吸收外资参与国有企业混合所有制改革。引入外资参与国有企业改制重组、合资合作，鼓励通过海外并购、投融资合作、离岸金融等方式，充分利用国际市场、技术、人才等资源和要素，发展混合所有制经济，深度参与国际竞争和全球产业分工，提高资源全球化配置能力。按照扩大开放与加强监管同步的要求，依照外商投资产业指导目录和相关安全审查规定，完善外资安全审查工作机制，切实加强风险防范。

（十二）推广政府和社会资本合作（PPP）模式。优化政府投资方式，通过投资补助、基金注资、担保补贴、贷款贴息等，优先支持引入社会资本的项目。以项目运营绩效评价结果为依据，适时对价格和补贴进行调整。组合引入保险资金、社保基金等长期投资者参与国家重点工程投资。鼓励社会资本投资或参股基础设施、公用事业、公共服务等领域项目，使投资者在平等竞争中获取合理收益。加强信息公开和项目储备，建立综合信息服务平台。

（十三）鼓励国有资本以多种方式入股非国有企业。在公共服务、高新技术、生态环境保护和战略性产业等重点领域，以市场选择为前提，以资本为纽带，充分发挥国有资本投资、运营公司的资本运作平台作用，对发展潜力大、成长性强的非国有企业进行股权投资。鼓励国有企业通过投资入股、联合投资、并购重组等多种方式，与非国有企业进行股权融合、战略合作、资源整合，发展混合所有制经济。支持国有资本与非国有资本共同设立股权投资基金，参与企业改制重组。

（十四）探索完善优先股和国家特殊管理股方式。国有资本参股非国有企业或国有企业引入非国有资本时，允许将部分国有资本转化为优先股。在少数特定领域探索建立国家特殊管理股制度，依照相关法律法规和公司章程规定，行使特定事项否决权，保证国有资本在特定领域的控制力。

（十五）探索实行混合所有制企业员工持股。坚持激励和约束相结合的原则，通过试点稳妥推进员工持股。员工持股主要采取增资扩股、出资新设等方式，优先支持人才资本和技术要素贡献占比较高的转制科研院所、高新技术企业和科技服务型企业开展试点，支持对企业经营业绩和持续发展有直接或较大影响的科研人员、经营管理人员和业务骨干等持股。完善相关政策，健全审核程序，规范操作流程，严格资产评估，建立健全股权流转和退出机制，确保员工持股公开透明，严禁暗箱操作，防止利益输送。混合所有制企业实行员工持股，要按照混合所有制企业实行员工持股试点的有关工作要求组织实施。

五、建立健全混合所有制企业治理机制

（十六）进一步确立和落实企业市场主体地位。政府不得干预企业自主经营，股东不得干预企业日常运营，确保企业治理规范、激励约束机制到位。落实董事会对经理层成员等高级经营管理人员选聘、业绩考核和薪酬管理等职权，维护企业真正的市场主体地位。

（十七）健全混合所有制企业法人治理结构。混合所有制企业要建立健全现代企业制度，明晰产权，同股同权，依法保护各类股东权益。规范企业股东（大）会、董事会、经理层、监事会和党组织的权责关系，按章程行权，对资本监管，靠市场选人，依规则运行，形成定位清晰、权责对等、运转协调、制衡有效的法人治理结构。

（十八）推行混合所有制企业职业经理人制度。按照现代企业制度要求，建立市场导向的选人用人和激励约束机制，通过市场化方式选聘职业经理人依法负责企业经营管理，畅通现有经营管理者与职业经理人的身份转换通道。职业经理人实行任期制和契约化管理，按照市场化原则决定薪酬，可以采取多种方式探索中长期激励机制。严格职业经理人任期管理和绩效考核，加快建立退出机制。

六、建立依法合规的操作规则

（十九）严格规范操作流程和审批程序。在组建和注册混合所有制企业时，要依据相关法律法规，规范国有资产授权经营和产权交易等行为，健全清产核资、评估定价、转让交易、登记确权等国有产权流转程序。国有企业产权和股权转让、增资扩股、上市公司增发等，应在产权、股权、证券市场公开披露信息，公开择优确定投资人，达成交易意向后应及时公示交易对象、交易价格、关联交易等信息，防止利益输送。国有企业实施混合所有制改革前，应依据本意见制定方案，报同级国有资产监管机构批准；重要国有企业改制后国有资本不再控股的，报同级人民政府批准。国有资产监管机构要按照本意见要求，明确国有企业混合所有制改革的操作流程。方案审批时，应加强对社会资本质量、合作方诚信与操守、债权债务关系等内容的审核。要充分保障企业职工对国有企业混合所有制改革的知情权和参与权，涉及职工切身利益的要做好评估工作，职工安置方案

要经过职工代表大会或者职工大会审议通过。

（二十）健全国有资产定价机制。按照公开公平公正原则，完善国有资产交易方式，严格规范国有资产登记、转让、清算、退出等程序和交易行为。通过产权、股权、证券市场发现和合理确定资产价格，发挥专业化中介机构作用，借助多种市场化定价手段，完善资产定价机制，实施信息公开，加强社会监督，防止出现内部人控制、利益输送造成国有资产流失。

（二十一）切实加强监管。政府有关部门要加强对国有企业混合所有制改革的监管，完善国有产权交易规则和监管制度。国有资产监管机构对改革中出现的违法转让和侵吞国有资产、化公为私、利益输送、暗箱操作、逃废债务等行为，要依法严肃处理。审计部门要依法履行审计监督职能，加强对改制企业原国有企业法定代表人的离任审计。充分发挥第三方机构在清产核资、财务审计、资产定价、股权托管等方面的作用。加强企业职工内部监督。进一步做好信息公开，自觉接受社会监督。

七、营造国有企业混合所有制改革的良好环境

（二十二）加强产权保护。健全严格的产权占有、使用、收益、处分等完整保护制度，依法保护混合所有制企业各类出资人的产权和知识产权权益。在立法、司法和行政执法过程中，坚持对各种所有制经济产权和合法利益给予同等法律保护。

（二十三）健全多层次资本市场。加快建立规则统一、交易规范的场外市场，促进非上市股份公司股权交易，完善股权、债权、物权、知识产权及信托、融资租赁、产业投资基金等产品交易机制。建立规范的区域性股权市场，为企业提供融资服务，促进资产证券化和资本流动，健全股权登记、托管、做市商等第三方服务体系。以具备条件的区域性股权、产权市场为载体，探索建立统一结算制度，完善股权公开转让和报价机制。制定场外市场交易规则和规范监管制度，明确监管主体，实行属地化、专业化监管。

（二十四）完善支持国有企业混合所有制改革的政策。进一步简政放权，最大限度取消涉及企业依法自主经营的行政许可审批事项。凡是市场主体基于自愿的投资经营和民事行为，只要不属于法律法规禁止进入的领域，且不危害国家安全、社会公共利益和第三方合法权益，不得限制进入。完善工商登记、财税管理、土地管理、金融服务等政策。依法妥善解决混合所有制改革涉及的国有企业职工劳动关系调整、社会保险关系接续等问题，确保企业职工队伍稳定。加快剥离国有企业办社会职能，妥善解决历史遗留问题。完善统计制度，加强监测分析。

（二十五）加快建立健全法律法规制度。健全混合所有制经济相关法律法规和规章，加大法律法规立、改、废、释工作力度，确保改革于法有据。根据改革需要抓紧对合同法、物权法、公司法、企业国有资产法、企业破产法中有关法律制度进行研究，依照法定程序及时提请修改。推动加快制定有关产权保护、市场准入和退出、交易规则、公平竞争等方面法律法规。

中央企业负责人经营业绩考核办法

第一章　总则

第一条　坚持以习近平新时代中国特色社会主义思想为指导，全面贯彻党的十九大精神和党中央、国务院关于深化国有企业改革、完善国有资产管理体制的一系列重大决策部署，切实履行企业国有资产出资人职责，维护所有者权益，落实国有资产保值增值责任，建立健全有效的激励约束机制，引导中央企业实现高质量发展，加快成为具有全球竞争力的世界一流企业，根据《中华人民共和国公司法》《中华人民共和国企业国有资产法》《企业国有资产监督管理暂行条例》等有关法律法规和《中共中央　国务院关于深化国有企业改革的指导意见》（中发〔2015〕22 号）以及深化中央管理企业负责人薪酬制度改革等有关规定，制定本办法。

第二条　本办法考核的中央企业负责人，是指经国务院授权由国务院国有资产监督管理委员会（以下简称国资委）履行出资人职责的企业（以下简称企业）中由中央或者国资委管理的人员。

第三条　企业负责人经营业绩考核遵循以下原则：

（一）坚持质量第一效益优先。牢固树立新发展理念，以供给侧结构性改革为主线，加快质量变革、效率变革、动力变革，不断做强做优做大国有资本。

（二）坚持市场化方向。遵循市场经济规律和企业发展规律，健全市场化经营机制，充分发挥市场在资源配置中的决定性作用，强化正向激励，激发企业活力。

（三）坚持依法依规。准确把握出资人监管边界，依法合规履行出资人职权，坚持以管资本为主加强国有资产监管，有效落实国有资产保值增值责任。

（四）坚持短期目标与长远发展有机统一。切实发挥企业战略引领作用，构建年度考核与任期考核相结合，立足当前、着眼长远的考核体系。

（五）坚持国际对标行业对标。瞄准国际先进水平，强化行业对标，不断提升企业在全球产业发展中的话语权和影响力，加快成为具有全球竞争力的世界一流企业。

（六）坚持业绩考核与激励约束紧密结合。坚持权责利相统一，建立与企业负责人选任方式相匹配、与企业功能性质相适应、与经营业绩相挂钩的差异化激励约束机制。

第四条　年度经营业绩考核和任期经营业绩考核采取由国资委主任或者其授权代表与企业主要负责人签订经营业绩责任书的方式进行。

第二章　考核导向

第五条　突出效益效率，引导企业加快转变发展方式，优化资源配置，不断提高经济效益、资本回报水平、劳动产出效率和价值创造能力，实现质量更高、效益更好、结构更优的发展。

第六条　突出创新驱动，引导企业坚持自主创新，加大研发投入，加快关键核心技术攻关，强化行业技术引领，不断增强核心竞争能力。

第七条　突出实业主业，引导企业聚焦主业做强实业，加快结构调整，注重环境保护，着力补齐发展短板，积极培育新动能，不断提升协调发展可持续发展能力。

第八条　突出国际化经营，引导企业推进共建“一带一路”走深走实，加强国际合作，推动产品、技术、标准、服务、品牌走出去，规范有序参与国际市场竞争，不断提升国际化经营水平。

第九条　突出服务保障功能，引导企业在保障国家安全和国民经济运行、发展前瞻性战略性产业中发挥重要作用。鼓励企业积极承担社会责任。

第十条　健全问责机制，引导企业科学决策，依法合规经营，防范经营风险，防止国有资产流失，维护国有资本安全。

第三章　分类考核

第十一条　根据国有资本的战略定位和发展目标，结合企业实际，对不同功能和类别的企业，突出不同考核重点，合理设置经营业绩考核指标及权重，确定差异化考核标准，实施分类考核。

第十二条　对主业处于充分竞争行业和领域的商业类企业，以增强国有经济活力、放大国有资本功能、实现国有资本保值增值为导向，重点考核企业经济效益、资本回报水平和市场竞争能力，引导企业优化资本布局，提高资本运营效率，提升价值创造能力。

第十三条　对主业处于关系国家安全、国民经济命脉的重要行业和关键领域、主要承担重大专项任务的商业类企业，以支持企业可持续发展和服务国家战略为导向，在保证合理回报和国有资本保值增值的基础上，加强对服务国家战略、保障国家安全和国民经济运行、发展前瞻性战略性产业情况的考核。适度降低经济效益指标和国有资本保值增值率指标考核权重，合理确定经济增加值指标的资本成本率。承担国家安全、行业共性技术或国家重大专项任务完成情况较差的企业，无特殊客观原因的，在业绩考核中予以扣分或降级处理。

第十四条　对公益类企业，以支持企业更好地保障民生、服务社会、提供公共产品和服务为导向，坚持经济效益和社会效益相结合，把社会效益放在首位，重点考核产品服务质量、成本控制、营运效率和保障能力。根据不同企业特点，有区别地将经济增加值和国有资本保值增值率指标纳入年度和任期考核，适当降低考核权重和回报要求。对社会效益指标引入第三方评价，评价结果较差的企业，根据具体情况，在业绩考核中予以扣分或降级处理。

第十五条　对国有资本投资、运营公司，加强落实国有资本布局和结构优化目标、提升国有资本运营效率以及国有资本保值增值等情况的考核。

第十六条　对科技进步要求高的企业，重点关注自主创新能力的提升，加强研发投入、科技成果产出和转化等指标的考核。在计算经济效益指标时，可将研发投入视同利润加回。

第十七条　对结构调整任务重的企业，重点关注供给侧结构性改革、主业转型升级、新产业新业态新模式发展，加强相关任务阶段性成果的考核。

第十八条　对国际化经营要求高的企业，加强国际资源配置能力、国际化经营水平等指标的考核。

第十九条　对资产负债水平较高的企业，加强资产负债率、经营性现金流、资本成本率等指标的考核。

第二十条　对节能环保重点类和关注类企业，加强反映企业行业特点的综合性能耗、主要污染物排放等指标的考核。

第二十一条　对具备条件的企业，运用国际对标行业对标，确定短板指标纳入年度或任期考核。

第二十二条　建立健全业绩考核特殊事项清单管理制度。将企业承担的保障国家安全、提供公共服务等事项列入管理清单，对当期经营业绩产生重大影响的特殊事项，在考核时予以适当处理。

第四章　目标管理

第二十三条　国资委按照企业发展与国民经济发展速度相适应、与国民经济

重要支柱地位相匹配、与高质量发展要求相符合的原则，主导确定企业经营业绩总体目标（以下简称总体目标）。

第二十四条　企业考核目标值应与总体目标相衔接，根据不同功能企业情况，原则上以基准值为基础予以核定。

第二十五条　考核基准值根据企业功能定位，兼顾企业经营性质和业务特点，依据考核指标近三年完成值、客观调整因素和行业对标情况综合确定。

第二十六条　年度净利润、经济增加值等指标目标值可设置为三档。

第一档：目标值达到历史最好水平，或者明显好于上年完成值且增幅高于总体目标增幅。

第二档：目标值不低于基准值。

第三档：目标值低于基准值。

经行业对标，目标值处于国际优秀水平或国内领先水平的，不进入第三档。

第二十七条　国资委将年度净利润、经济增加值等指标目标值与考核计分、结果评级紧密结合。

第一档目标值，完成后指标得满分，同时根据目标值先进程度给予加分奖励。

第二档目标值，完成后正常计分。

第三档目标值，完成后加分受限，考核结果不得进入 A 级。

第二十八条　净利润等经济效益指标的目标值与工资总额预算挂钩，根据目标值的先进程度确定不同的工资总额预算水平。

第五章　考核实施

第二十九条　企业负责人经营业绩考核工作由国资委考核分配工作领导小组组织实施。

第三十条　年度经营业绩考核以公历年为考核期，任期经营业绩考核以三年为考核期。

第三十一条　经营业绩责任书内容：

（一）双方的单位名称、职务和姓名；

（二）考核内容及指标；

（三）考核与奖惩；

（四）责任书的变更、解除和终止；

（五）其他需要约定的事项。

第三十二条　经营业绩责任书签订程序：

（一）考核期初，企业按照国资委经营业绩考核要求，将考核期内考核目标建议值和必要的说明材料报送国资委。

（二）国资委对考核目标建议值进行审核，并就考核目标值及有关内容同企业沟通后予以确定。

（三）由国资委主任或者其授权代表同企业主要负责人签订经营业绩责任书。

第三十三条　考核期中，国资委对经营业绩责任书执行情况实施预评估，对考核目标完成进度不理想的企业提出预警。

第三十四条　建立重大事项报告制度。企业发生较大及以上生产安全责任事故和网络安全事件、重大及以上突发环境事件、重大及以上质量事故、重大资产损失、重大法律纠纷案件、重大投融资和资产重组等，对经营业绩产生重大影响的，应及时向国资委报告。

第三十五条　经营业绩完成情况按照下列程序进行考核：

（一）考核期末，企业依据经审计的财务决算数据，形成经营业绩总结分析报告报送国资委。

（二）国资委依据经审计并经审核的企业财务决算报告和经审查的统计数据，结合总结分析报告，对企业负责人考核目标的完成情况进行考核，形成考核与奖惩意见。

（三）国资委将考核与奖惩意见反馈给企业。企业负责人对考核与奖惩意见有异议的，可及时向国资委反映。国资委将最终确认的考核结果在一定范围内公开。

第三十六条　落实董事会对经理层的经营业绩考核职权。

（一）授权董事会考核经理层的企业，国资委与董事会授权代表签订年度和任期经营业绩责任书，董事会依据国资委考核要求并结合本企业实际对经理层实施经营业绩考核。

（二）国资委根据签订的经营业绩责任书和企业考核目标完成情况，确定企业主要负责人年度和任期经营业绩考核结果。

（三）董事会根据国资委确定的经营业绩考核结果，结合经理层个人履职绩效，确定经理层业绩考核结果和薪酬分配方案。

第三十七条　董事会应根据国资委经营业绩考核导向和要求，制定、完善企业内部的经营业绩考核办法，报国资委备案。

第六章　奖惩

第三十八条　年度经营业绩考核和任期经营业绩考核等级分为 A、B、C、D 四个级别。A 级企业根据考核得分，结合企业国际对标行业对标情况综合确定，数量从严控制。

第三十九条　国资委依据年度和任期经营业绩考核结果对企业负责人实施奖惩。经营业绩考核结果作为企业负责人薪酬分配的主要依据和职务任免的重要依据。

第四十条　企业负责人的薪酬由基本年薪、绩效年薪、任期激励收入三部分构成。

第四十一条　对企业负责人实行物质激励与精神激励。物质激励主要包括与经营业绩考核结果挂钩的绩效年薪和任期激励收入。精神激励主要包括给予任期通报表扬等方式。

第四十二条　企业负责人的绩效年薪以基本年薪为基数，根据年度经营业绩考核结果并结合绩效年薪调节系数确定。

第四十三条　绩效年薪按照一定比例实施按月预发放。国资委依据年度经营业绩半年预评估结果对企业负责人预发绩效年薪予以调整。

第四十四条　任期激励收入根据任期经营业绩考核结果，在不超过企业负责人任期内年薪总水平的30%以内确定。

第四十五条　对科技创新取得重大成果、承担重大专项任务和社会参与作出突出贡献的企业，在年度经营业绩考核中给予加分奖励。

第四十六条　对经营业绩优秀以及在科技创新、国际化经营、节能环保、品牌建设等方面取得突出成绩的，经国资委评定后对企业予以任期激励。

第四十七条　连续两年年度经营业绩考核结果为D级或任期经营业绩考核结果为D级，且无重大客观原因的，对企业负责人予以调整。

第四十八条　企业发生下列情形之一的，国资委根据具体情节给予降级或者扣分处理；违规经营投资造成国有资产损失或其他严重不良后果，按照有关规定对相关责任人进行责任追究处理；情节严重的，给予纪律处分或者对企业负责人进行调整；涉嫌犯罪的，依法移送国家监察机关或司法机关查处。

（一）违反《中华人民共和国会计法》《企业会计准则》等有关法律法规规章，虚报、瞒报财务状况的；

（二）企业法定代表人及相关负责人违反国家法律法规和规定，导致发生较大及以上生产安全责任事故和网络安全事件、重大及以上突发环境事件、重大质量责任事故、重大违纪和法律纠纷案件、境外恶性竞争、偏离核定主业盲目投资等情形，造成重大不良影响或者国有资产损失的。

第四十九条　鼓励探索创新，激发和保护企业家精神。企业实施重大科技创新、发展前瞻性战略性产业等，对经营业绩产生重大影响的，按照“三个区分开来”原则和有关规定，可在考核上不做负向评价。

第七章 附则

第五十条 企业在考核期内经营环境发生重大变化，或者发生清产核资、改制重组、主要负责人变动等情况，国资委可以根据具体情况变更经营业绩责任书的相关内容。

第五十一条 对混合所有制企业以及处于特殊发展阶段的企业，根据企业功能定位、改革目标和发展战略，考核指标、考核方式可以“一企一策”确定。

第五十二条 中央企业专职党组织负责人、纪委书记（纪检监察组组长）的考核有其他规定的，从其规定。

第五十三条 国有资本参股公司、被托管和兼并企业中由国资委管理的企业负责人，其经营业绩考核参照本办法执行。

第五十四条 各省、自治区、直辖市和新疆生产建设兵团国有资产监督管理机构，设区的市、自治州级国有资产监督管理机构对国家出资企业负责人的经营业绩考核，可参照本办法并结合实际制定具体规定。

第五十五条 本办法由国资委负责解释，具体实施方案另行制定。

第五十六条 本办法自2019年4月1日起施行。《中央企业负责人经营业绩考核办法》（国资委令第33号）同时废止。

国务院国资委授权放权清单（2019年版）

一、对各中央企业的授权放权事项

1. 中央企业审批所属企业的混合所有制改革方案（主业处于关系国家安全、国民经济命脉的重要行业和关键领域，主要承担重大专项任务的子企业除外）。

2. 中央企业决定国有参股非上市企业与非国有控股上市公司的资产重组事项。

3. 授权中央企业决定集团及所属企业以非公开协议方式参与其他子企业的增资行为及相应的资产评估（主业处于关系国家安全、国民经济命脉的重要行业和关键领域，主要承担重大专项任务的子企业除外）。

4. 中央企业审批所持有非上市股份有限公司的国有股权管理方案和股权变动事项（主业处于关系国家安全、国民经济命脉的重要行业和关键领域，主要承担重大专项任务的子企业除外）。

5. 中央企业审批国有股东所持有上市公司股份在集团内部的无偿划转、非公开协议转让事项。

6. 中央企业审批国有参股股东所持有上市公司国有股权公开征集转让、发行可交换公司债券事项。

7. 中央企业审批未导致上市公司控股权转移的国有股东通过证券交易系统增持、协议受让、认购上市公司发行股票等事项。

8. 中央企业审批未触及证监会规定的重大资产重组标准的国有股东与所控股上市公司进行资产重组事项。

9. 中央企业审批国有股东通过证券交易系统转让一定比例或数量范围内所持有上市公司股份事项，同时应符合国有控股股东持股比例不低于合理持股比例的要求。

10. 中央企业审批未导致国有控股股东持股比例低于合理持股比例的公开征集转让、发行可交换公司债券及所控股上市公司发行证券事项。

11. 授权中央企业决定公司发行短期债券、中长期票据和所属企业发行各类债券等部分债券类融资事项。对于中央企业集团公司发行的中长期债券，国资委仅审批发债额度，在额度范围内的发债不再审批。

12. 支持中央企业所属企业按照市场化选聘、契约化管理、差异化薪酬、市场化退出的原则，采取公开遴选、竞聘上岗、公开招聘、委托推荐等市场化方式选聘职业经理人，合理增加市场化选聘比例，加快建立职业经理人制度。

13. 支持中央企业所属企业市场化选聘的职业经理人实行市场化薪酬分配制度，薪酬总水平由相应子企业的董事会根据国家相关政策，参考境内市场同类可比人员薪酬价位，统筹考虑企业发展战略、经营目标及成效、薪酬策略等因素，与职业经理人协商确定，可以采取多种方式探索完善中长期激励机制。

14. 对商业一类和部分符合条件的商业二类中央企业实行工资总额预算备案制管理。

15. 中央企业审批所属科技型子企业股权和分红激励方案，企业实施分红激励所需支出计入工资总额，但不受当年本单位工资总额限制、不纳入本单位工资总额基数，不作为企业职工教育经费、工会经费、社会保险费、补充养老及补充医疗保险费、住房公积金等的计提依据。

16. 中央企业集团年金总体方案报国资委事后备案，中央企业审批所属企业制定的具体年金实施方案。

17. 中央企业控股上市公司股权激励计划报国资委同意后，中央企业审批分期实施方案。

18. 支持中央企业在符合条件的所属企业开展多种形式的股权激励，股权激励的实际收益水平，不与员工个人薪酬总水平挂钩，不纳入本单位工资总额基数。

19. 中央企业决定与借款费用、股份支付、应付债券等会计事项相关的会计政策和会计估计变更。

20. 授权中央企业（负债水平高、财务风险较大的中央企业除外）合理确定公司担保规模，制定担保风险防范措施，决定集团内部担保事项，向集团外中央企业的担保事项不再报国资委备案。但不得向中央企业以外的其他企业进行担保。

21. 授权中央企业（负债水平高、财务风险较大的中央企业除外）根据《中央企业降杠杆减负债专项工作目标责任书》的管控目标，制定债务风险管理制度，合理安排长短期负债比重，强化对所属企业的资产负债约束，建立债务风险动态监测和预警机制。

二、对综合改革试点企业的授权放权事项（包括国有资本投资、运营公司试点企业、创建世界一流示范企业、东北地区中央企业综合改革试点企业、落实董事会职权试点企业等）

1. 授权董事会审批企业五年发展战略和规划，向国资委报告结果。中央企业按照国家规划周期、国民经济和社会发展五年规划建议，以及国有经济布局结构调整方向和中央企业中长期发展规划要求，组织编制本企业五年发展战略和规划，经董事会批准后实施。

2. 授权董事会按照《中央企业投资监督管理办法》（国资委令第 34 号）要求批准年度投资计划，报国资委备案。

3. 授权董事会决定在年度投资计划的投资规模内，将主业范围内的计划外新增投资项目与计划内主业投资项目进行适当调剂。相关投资项目应符合负面清单要求。

4. 授权董事会决定主业范围内的计划外新增股权投资项目，总投资规模变动超过 10% 的，应及时调整年度投资计划并向国资委报告。相关投资项目应符合负面清单要求。

三、对国有资本投资、运营公司试点企业的授权放权事项

1. 授权董事会按照企业发展战略和规划决策适度开展与主业紧密相关的商业模式创新业务，国资委对其视同主业投资管理。

2. 授权董事会在已批准的主业范围以外，根据落实国家战略需要、国有经济布局结构调整方向、中央企业中长期发展规划、企业五年发展战略和规划，研

究提出拟培育发展的 1 ~ 3 个新业务领域，报国资委同意后，视同主业管理。待发展成熟后，可向国资委申请将其调整为主业。

3. 授权董事会在 5% ~ 15% 的比例范围内提出年度非主业投资比例限额，报国资委同意后实施。

4. 授权国有资本投资、运营公司按照国有产权管理规定审批国有资本投资、运营公司之间的非上市企业产权无偿划转、非公开协议转让、非公开协议增资、产权置换等事项。

5. 授权董事会审批所属创业投资企业、创业投资管理企业等新产业、新业态、新商业模式类企业的核心团队持股和跟投事项，有关事项的开展情况按年度报国资委备案。

6. 授权中央企业探索更加灵活高效的工资总额管理方式。

四、对特定企业的授权放权事项

1. 对集团总部在香港地区、澳门地区的中央企业在本地区的投资，可视同境内投资进行管理。

2. 授权落实董事会职权试点中央企业董事会根据中央企业负责人薪酬管理有关制度，制定经理层成员薪酬管理办法，决定经理层成员薪酬分配。企业经理层成员薪酬管理办法和薪酬管理重大事项报国资委备案。

3. 授权落实董事会职权试点中央企业董事会对副职经理人员进行评价，评价结果按一定权重计入国资委对企业高管人员的评价中。

4. 授权行业周期性特征明显、经济效益年度间波动较大或者存在其他特殊情况的中央企业，工资总额预算可以探索按周期进行管理，周期最长不超过三年，周期内的工资总额增长应当符合工资与效益联动的要求。

中央企业工资总额管理办法

第一章　总　则

第一条　为建立健全与劳动力市场基本适应、与企业经济效益和劳动生产率挂钩的工资决定和正常增长机制，增强企业活力和竞争力，促进企业实现高质量发展，推动国有资本做强做优做大，根据《中华人民共和国企业国有资产法》《企业国有资产监督管理暂行条例》《中共中央、国务院关于深化国有企业改革的指导意见》《国务院关于改革国有企业工资决定机制的意见》和国家有关收入分配政策规定，制定本办法。

第二条　本办法所称中央企业是指国务院国有资产监督管理委员会（以下简称国资委）履行出资人职责的企业。

第三条　本办法所称工资总额，是指由企业在一个会计年度内直接支付给与本企业建立劳动关系的全部职工的劳动报酬总额，包括工资、奖金、津贴、补贴、加班加点工资、特殊情况下支付的工资等。

第四条　中央企业工资总额实行预算管理。企业每年度围绕发展战略，按照国家工资收入分配宏观政策要求，依据生产经营目标、经济效益情况和人力资源管理要求，对工资总额的确定、发放和职工工资水平的调整，做出预算安排，并且进行有效控制和监督。

第五条　工资总额管理应当遵循以下原则：

（一）坚持市场化改革方向。实行与社会主义市场经济相适应的企业工资分配制度，发挥市场在资源配置中的决定性作用，逐步实现中央企业职工工资水平与劳动力市场价位相适应。

（二）坚持效益导向原则。按照质量第一、效益优先的要求，职工工资水平的确定以及增长应当与企业经济效益和劳动生产率的提高相联系，切实实现职工工资能增能减，充分调动职工创效主动性和积极性，不断优化人工成本投入产出效率，持续增强企业活力。

（三）坚持分级管理。完善出资人依法调控与企业自主分配相结合的中央企业工资总额分级管理体制，国资委以管资本为主调控中央企业工资分配总体水平，企业依法依规自主决定内部薪酬分配。

（四）坚持分类管理。根据中央企业功能定位、行业特点，分类实行差异化的工资总额管理方式和决定机制，引导中央企业落实国有资产保值增值责任，发挥在国民经济和社会发展中的骨干作用。

第二章　工资总额分级管理

第六条　国资委依据有关法律法规履行出资人职责，制定中央企业工资总额管理制度，根据企业功能定位、公司治理、人力资源管理市场化程度等情况，对企业工资总额预算实行备案制或者核准制管理。

第七条　实行工资总额预算备案制管理的中央企业，根据国资委管理制度和调控要求，结合实际制定本企业工资总额管理办法，报经国资委同意后，依照办法科学编制职工年度工资总额预算方案并组织实施，国资委对其年度工资总额预算进行备案管理。

第八条　实行工资总额预算核准制管理的中央企业，根据国资委有关制度要求，科学编制职工年度工资总额预算方案，报国资委核准后实施。

第九条　工资总额预算经国资委备案或者核准后，由中央企业根据所属企业功能定位、行业特点和经营性质，按照内部绩效考核和薪酬分配制度要求，完善本企业工资总额预算管理体系，并且组织开展预算编制、执行以及内部监督、评价工作。

第十条　中央企业工资总额预算一般按照单一会计年度进行管理。对行业周期性特征明显、经济效益年度间波动较大或者存在其他特殊情况的企业，工资总额预算可以探索按周期进行管理，周期最长不超过三年，周期内的工资总额增长应当符合工资与效益联动的要求。

第三章　工资总额分类管理

第十一条　主业处于充分竞争行业和领域的商业类中央企业原则上实行工资总额预算备案制管理。职工工资总额主要与企业利润总额、净利润、经济增加值、净资产增长率、净资产收益率等反映经济效益、国有资本保值增值和市场竞争能力的指标挂钩。职工工资水平根据企业经济效益和市场竞争力，结合市场或者行业对标科学合理确定。

第十二条　主业处于关系国家安全、国民经济命脉的重要行业和关键领域、主要承担重大专项任务的商业类中央企业原则上实行工资总额预算核准制管理。职工工资总额在主要与反映经济效益和国有资本保值增值指标挂钩的同时，可以根据实际增加营业收入、任务完成率等体现服务国家战略、保障国家安全和国民经济运行、发展前瞻性战略性产业以及完成特殊任务等情况的指标。职工工资水平根据企业在国民经济中的作用、贡献和经济效益，结合所处行业职工平均工资水平等因素合理确定。

上述企业中，法人治理结构健全、三项制度改革到位、收入分配管理规范的，经国资委同意后，工资总额预算可以探索实行备案制管理。

第十三条　公益类中央企业实行工资总额预算核准制管理。职工工资总额主要与反映成本控制、产品服务质量、营运效率和保障能力等情况的指标挂钩，兼顾体现经济效益和国有资本保值增值情况的指标。职工工资水平根据公益性业务的质量和企业经济效益状况，结合收入分配现状、所处行业平均工资等因素合理确定。

第十四条　开展国有资本投资、运营公司或者混合所有制改革等试点的中央企业，按照国家收入分配政策要求，根据改革推进情况，经国资委同意，可以探索实行更加灵活高效的工资总额管理方式。

第四章　工资总额决定机制

第十五条　中央企业以上年度工资总额清算额为基础，根据企业功能定位以及当年经济效益和劳动生产率的预算情况，参考劳动力市场价位，分类确定决定机制，合理编制年度工资总额预算。

第十六条　工资总额预算与利润总额等经济效益指标的业绩考核目标值挂钩，并且根据目标值的先进程度（一般设置为三档）确定不同的预算水平。

（一）企业经济效益增长，目标值为第一档的，工资总额增长可以与经济效益增幅保持同步；目标值为第二档的，工资总额增长应当低于经济效益增幅。

（二）企业经济效益下降，目标值为第二档的，工资总额可以适度少降；目标值为第三档的，工资总额应当下降。

（三）企业受政策调整、不可抗力等非经营性因素影响的，可以合理调整工资总额预算。

（四）企业未实现国有资产保值增值的，工资总额不得增长或者适度下降。

第十七条　工资总额预算在按照经济效益决定的基础上，还应当根据劳动生产率、人工成本投入产出效率的对标情况合理调整。企业当年经济效益增长但劳动生产率未提高的，工资总额应当适当少增。企业劳动生产率以及其他人工成本投入产出指标与同行业水平对标差距较大的，应当合理控制工资总额预算。

第十八条　主业处于关系国家安全、国民经济命脉的重要行业和关键领域、主要承担重大专项任务的商业类中央企业和公益类中央企业可以探索将工资总额划分为保障性和效益性工资总额两部分，国资委根据企业功能定位、行业特点等情况，合理确定其保障性和效益性工资总额比重，比重原则上三年内保持不变。

（一）保障性工资总额的增长主要根据企业所承担的重大专项任务、公益性业务、营业收入等指标完成情况，结合居民消费价格指数以及企业职工工资水平对标情况综合确定，原则上不超过挂钩指标增长幅度。

（二）效益性工资总额增长原则上参照本办法第十六、十七条确定。

第十九条　工资总额在预算范围不发生变化的情况下，原则上增人不增工资总额、减人不减工资总额，但发生兼并重组、新设企业或者机构等情况的，可以合理增加或者减少工资总额。

第二十条　国资委按照国家有关部门发布的工资指导线、非竞争类国有企业职工平均工资调控水平和工资增长调控目标，根据中央企业职工工资分配现状，适度调控部分企业工资总额增幅。

对中央企业承担重大专项任务、重大科技创新项目等特殊事项的，国资委合理认定后，予以适度支持。

第二十一条　中央企业应当制定完善集团总部职工工资总额管理制度，根据人员结构及工资水平的对标情况，总部职工平均工资增幅原则上在低于当年集团职工平均工资增幅的范围内合理确定。

第五章　工资总额管理程序

第二十二条　中央企业应当按照国家收入分配政策规定和国资委有关要求编制工资总额预算。工资总额预算方案履行企业内部决策程序后，于每年一季度报国资委备案或者核准。

第二十三条　国资委建立中央企业工资总额预算动态监控制度，对中央企业工资总额发放情况、人工成本投入产出等主要指标执行情况进行跟踪监测，定期发布监测结果，督促中央企业加强预算执行情况的监督和控制。

第二十四条　中央企业应当严格执行经国资委备案或者核准的工资总额预算方案，在执行过程中出现以下情形之一，导致预算编制基础发生重大变化的，可以申请对工资总额预算进行调整：

（一）国家宏观经济政策发生重大调整。

（二）市场环境发生重大变化。

（三）企业发生分立、合并等重大资产重组行为。

（四）其他特殊情况。

第二十五条　中央企业工资总额预算调整情况经履行企业内部决策程序后，于每年 10 月报国资委复核或者重新备案。

第二十六条　中央企业应当于每年 4 月向国资委提交上年工资总额预算执行情况报告，国资委依据经审计的财务决算数据，参考企业经营业绩考核目标完成情况，对中央企业工资总额预算执行情况、执行国家有关收入分配政策等情况进行清算评价，并且出具清算评价意见。

第六章　企业内部分配管理

第二十七条　中央企业应当按照国家有关政策要求以及本办法规定，持续深化企业内部收入分配制度改革，不断完善职工工资能增能减机制。

第二十八条　中央企业应当建立健全职工薪酬市场对标体系，构建以岗位价值为基础、以绩效贡献为依据的薪酬管理制度，坚持按岗定薪、岗变薪变，强化全员业绩考核，合理确定各类人员薪酬水平，逐步提高关键岗位的薪酬市场竞争力，调整不合理收入分配差距。

第二十九条　坚持短期与中长期激励相结合，按照国家有关政策，对符合条件的核心骨干人才实行股权激励和分红激励等中长期激励措施。

第三十条　严格清理规范工资外收入，企业所有工资性支出应当按照有关财务会计制度规定，全部纳入工资总额核算，不得在工资总额之外列支任何工资性支出。

第三十一条　规范职工福利保障管理，严格执行国家关于社会保险、住房公积金、企业年金、福利费等政策规定，不得超标准、超范围列支。企业效益下降的，应当严格控制职工福利费支出。

第三十二条　加强企业人工成本监测预警，建立全口径人工成本预算管理制度，严格控制人工成本不合理增长，不断提高人工成本投入产出效率。

第三十三条　健全完善企业内部监督机制，企业内部收入分配制度、中长期激励计划以及实施方案等关系职工切身利益的重大分配事项应当履行必要的决策程序和民主程序。中央企业集团总部要将所属企业薪酬福利管理作为财务管理和年度审计的重要内容。

第七章　工资总额监督检查

第三十四条　中央企业不得违反规定超提、超发工资总额。出现超提、超发行为的企业，应当清退并且进行相关账务处理，国资委相应核减企业下一年度工资总额基数，并且根据有关规定对相关责任人进行处理。

第三十五条　国资委对中央企业工资总额管理情况进行监督检查，对于履行主体责任不到位、工资增长与经济效益严重不匹配、内部收入分配管理不规范、收入分配关系明显不合理的企业，国资委将对其工资总额预算从严调控。

第三十六条　实行工资总额预算备案制管理的中央企业，出现违反国家工资总额管理有关规定的，国资委将责成企业进行整改，情节严重的，除按规定进行处理外，将其工资总额预算由备案制管理调整为核准制管理。

第三十七条　国资委将中央企业工资总额管理情况纳入出资人监管以及纪检监察、巡视等监督检查工作范围，必要时委托专门机构进行检查。对工资总额管理过程中弄虚作假以及其他严重违反收入分配政策规定的企业，国资委将视情况对企业采取相应处罚措施，并且根据有关规定对相关责任人进行处理。

第三十八条　中央企业应当依照法定程序决定工资分配事项，加强对工资分配决议执行情况的监督。职工工资收入分配情况应当作为厂务公开的重要内容，定期向职工公开，接受职工监督。

第三十九条　国资委、中央企业每年定期将企业工资总额和职工平均工资水平等相关信息向社会披露，接受社会公众监督。

第八章　附　则

第四十条　本办法由国资委负责解释，具体实施方案另行制定。

第四十一条　本办法自 2019 年 1 月 1 日起施行。《关于印发〈中央企业工资总额预算管理暂行办法〉的通知》（国资发分配〔2010〕72 号）、《关于印发〈中央企业工资总额预算管理暂行办法实施细则〉的通知》（国资发分配〔2012〕146 号）同时废止。

改革国有资本授权经营体制方案

一、总体要求

（一）指导思想

以习近平新时代中国特色社会主义思想为指导，全面贯彻党的十九大和十九届二中、三中全会精神，坚持和加强党的全面领导，坚持和完善社会主义基本经济制度，坚持社会主义市场经济改革方向，以管资本为主加强国有资产监管，切实转变出资人代表机构职能和履职方式，实现授权与监管相结合、放活与管好相统一，切实保障国有资本规范有序运行，促进国有资本做强做优做大，不断增强国有经济活力、控制力、影响力和抗风险能力，培育具有全球竞争力的世界一流企业。

（二）基本原则

——坚持党的领导。将坚持和加强党对国有企业的领导贯穿国有资本授权经营体制改革全过程和各方面，充分发挥党组织的领导作用，确保国有企业更好地贯彻落实党和国家方针政策、重大决策部署。

——坚持政企分开政资分开。坚持政府公共管理职能与国有资本出资人职能分开，依法理顺政府与国有企业的出资关系，依法确立国有企业的市场主体地位，最大限度减少政府对市场活动的直接干预。

——坚持权责明晰分类授权。政府授权出资人代表机构按照出资比例对国家出资企业履行出资人职责，科学界定出资人代表机构权责边界。国有企业享有完整的法人财产权和充分的经营自主权，承担国有资产保值增值责任。按照功能定位、治理能力、管理水平等企业发展实际情况，一企一策地对国有企业分类授权，做到权责对等、动态调整。

——坚持放管结合完善机制。加快调整优化出资人代表机构职能和履职方式，加强清单管理和事中事后监管，该放的放权到位、该管的管住管好。建立统一规范的国有资产监管制度体系，精简监管事项，明确监管重点，创新监管手段，提升监管水平，防止国有资产流失，确保国有资产保值增值。

（三）主要目标

出资人代表机构加快转变职能和履职方式，切实减少对国有企业的行政干预。国有企业依法建立规范的董事会，董事会职权得到有效落实。将更多具备条件的中央企业纳入国有资本投资、运营公司试点范围，赋予企业更多经营自主权。到2022年，基本建成与中国特色现代国有企业制度相适应的国有资本授权经营体制，出资人代表机构与国家出资企业的权责边界界定清晰，授权放权机制运行有效，国有资产监管实现制度完备、标准统一、管理规范、实时在线、精准有力，国有企业的活力、创造力、市场竞争力和风险防控能力明显增强。

二、优化出资人代表机构履职方式

国务院授权国资委、财政部及其他部门、机构作为出资人代表机构，对国家出资企业履行出资人职责。出资人代表机构作为授权主体，要依法科学界定职责定位，加快转变履职方式，依据股权关系对国家出资企业开展授权放权。

（一）实行清单管理。制定出台出资人代表机构监管权力责任清单，清单以外事项由企业依法自主决策，清单以内事项要大幅减少审批或事前备案。将依法应由企业自主经营决策的事项归位于企业，将延伸到子企业的管理事项原则上归位于一级企业，原则上不干预企业经理层和职能部门的管理工作，将配合承担的公共管理职能归位于相关政府部门和单位。

（二）强化章程约束。依法依规、一企一策地制定公司章程，规范出资人代表机构、股东会、党组织、董事会、经理层和职工代表大会的权责，推动各治理主体严格依照公司章程行使权利、履行义务，充分发挥公司章程在公司治理中的基础作用。

（三）发挥董事作用。出资人代表机构主要通过董事体现出资人意志，依据股权关系向国家出资企业委派董事或提名董事人选，规范董事的权利和责任，明确工作目标和重点；建立出资人代表机构与董事的沟通对接平台，建立健全董事人才储备库和董事选聘、考评与培训机制，完善董事履职报告、董事会年度工作报告制度。

（四）创新监管方式。出资人代表机构以企业功能分类为基础，对国家出资企业进行分类管理、分类授权放权，切实转变行政化的履职方式，减少审批事项，强化事中事后监管，充分运用信息化手段，减轻企业工作负担，不断提高监

管效能。

三、分类开展授权放权

出资人代表机构对国有资本投资、运营公司及其他商业类企业（含产业集团，下同）、公益类企业等不同类型企业给予不同范围、不同程度的授权放权，定期评估效果，采取扩大、调整或收回等措施动态调整。

（一）国有资本投资、运营公司。出资人代表机构根据《国务院关于推进国有资本投资、运营公司改革试点的实施意见》（国发〔2018〕23 号）有关要求，结合企业发展阶段、行业特点、治理能力、管理基础等，一企一策有侧重、分先后地向符合条件的企业开展授权放权，维护好股东合法权益。授权放权内容主要包括战略规划和主业管理、选人用人和股权激励、工资总额和重大财务事项管理等，亦可根据企业实际情况增加其他方面授权放权内容。

战略规划和主业管理。授权国有资本投资、运营公司根据出资人代表机构的战略引领，自主决定发展规划和年度投资计划。国有资本投资公司围绕主业开展的商业模式创新业务可视同主业投资。授权国有资本投资、运营公司依法依规审核国有资本投资、运营公司之间的非上市公司产权无偿划转、非公开协议转让、非公开协议增资、产权置换等事项。

选人用人和股权激励。授权国有资本投资、运营公司董事会负责经理层选聘、业绩考核和薪酬管理（不含中管企业），积极探索董事会通过差额方式选聘经理层成员，推行职业经理人制度，对市场化选聘的职业经理人实行市场化薪酬分配制度，完善中长期激励机制。授权国有资本投资、运营公司董事会审批子企业股权激励方案，支持所出资企业依法合规采用股票期权、股票增值权、限制性股票、分红权、员工持股以及其他方式开展股权激励，股权激励预期收益作为投资性收入，不与其薪酬总水平挂钩。支持国有创业投资企业、创业投资管理企业等新产业、新业态、新商业模式类企业的核心团队持股和跟投。

工资总额和重大财务事项管理。国有资本投资、运营公司可以实行工资总额预算备案制，根据企业发展战略和薪酬策略、年度生产经营目标和经济效益，综合考虑劳动生产率提高和人工成本投入产出率、职工工资水平市场对标等情况，结合政府职能部门发布的工资指导线，编制年度工资总额预算。授权国有资本投资、运营公司自主决策重大担保管理、债务风险管控和部分债券类融资事项。

政府直接授权的国有资本投资、运营公司按照有关规定对授权范围内的国有资本履行出资人职责，遵循有关法律和证券市场监管规定开展国有资本运作。

（二）其他商业类企业和公益类企业。对未纳入国有资本投资、运营公司试点的其他商业类企业和公益类企业，要充分落实企业的经营自主权，出资人代表机构主要对集团公司层面实施监管或依据股权关系参与公司治理，不干预集团公司以下各级企业生产经营具体事项。对其中已完成公司制改制、董事会建设较规范的企业，要逐步落实董事会职权，维护董事会依法行使重大决策、选人用人、薪酬分配等权利，明确由董事会自主决定公司内部管理机构设置、基本管理制度制定、风险内控和法律合规管理体系建设以及履行对所出资企业的股东职责等事项。

四、加强企业行权能力建设

指导推动国有企业进一步完善公司治理体系，强化基础管理，优化集团管控，确保各项授权放权接得住、行得稳。

（一）完善公司治理。按照建设中国特色现代国有企业制度的要求，把加强党的领导和完善公司治理统一起来，加快形成有效制衡的公司法人治理结构、灵活高效的市场化经营机制。建设规范高效的董事会，完善董事会运作机制，提升董事会履职能力，激发经理层活力。要在所出资企业积极推行经理层市场化选聘和契约化管理，明确聘期以及企业与经理层成员双方的权利与责任，强化刚性考核，建立退出机制。

（二）夯实管理基础。按照统一制度规范、统一工作体系的原则，加强国有资产基础管理。推进管理创新，优化总部职能和管理架构。深化企业内部三项制度改革，实现管理人员能上能下、员工能进能出、收入能增能减。不断强化风险防控体系和内控机制建设，完善内部监督体系，有效发挥企业职工代表大会和内部审计、巡视、纪检监察等部门的监督作用。

（三）优化集团管控。国有资本投资公司以对战略性核心业务控股为主，建立以战略目标和财务效益为主的管控模式，重点关注所出资企业执行公司战略和资本回报状况。国有资本运营公司以财务性持股为主，建立财务管控模式，重点关注国有资本流动和增值状况。其他商业类企业和公益类企业以对核心业务控股为主，建立战略管控和运营管控相结合的模式，重点关注所承担国家战略使命和保障任务的落实状况。

（四）提升资本运作能力。国有资本投资、运营公司作为国有资本市场化运作的专业平台，以资本为纽带、以产权为基础开展国有资本运作。在所出资企业积极发展混合所有制，鼓励有条件的企业上市，引进战略投资者，提高资本流动性，放大国有资本功能。增强股权运作、价值管理等能力，通过清理退出一批、重组整合一批、创新发展一批，实现国有资本形态转换，变现后投向更需要国有资本集中的行业和领域。

五、完善监督监管体系

通过健全制度、创新手段，整合监督资源，严格责任追究，实现对国有资本的全面有效监管，切实维护国有资产安全，坚决防止国有资产流失。

（一）搭建实时在线的国资监管平台。出资人代表机构要加快优化监管流程、创新监管手段，充分运用信息技术，整合包括产权、投资和财务等在内的信息系统，搭建连通出资人代表机构与企业的网络平台，实现监管信息系统全覆盖和实时在线监管。建立模块化、专业化的信息采集、分析和报告机制，加强信息共享，增强监管的针对性和及时性。

（二）统筹协同各类监督力量。加强国有企业内部监督、出资人监督和审计、纪检监察、巡视监督以及社会监督，结合中央企业纪检监察机构派驻改革的要求，依照有关规定清晰界定各类监督主体的监督职责，有效整合企业内外部监督资源，增强监督工作合力，形成监督工作闭环，加快建立全面覆盖、分工明确、协同配合、制约有力的国有资产监督体系，切实增强监督有效性。

（三）健全国有企业违规经营投资责任追究制度。明确企业作为维护国有资产安全、防止流失的责任主体，健全内部管理制度，严格执行国有企业违规经营投资责任追究制度。建立健全分级分层、有效衔接、上下贯通的责任追究工作体系，严格界定违规经营投资责任，严肃追究问责，实行重大决策终身责任追究制度。

六、坚持和加强党的全面领导

将坚持和加强党的全面领导贯穿改革的全过程和各方面，在思想上政治上行动上同党中央保持高度一致，为改革提供坚强有力的政治保证。

（一）加强对授权放权工作的领导。授权主体的党委（党组）要加强对授权放权工作的领导，深入研究授权放权相关问题，加强行权能力建设，加快完善有效监管体制，抓研究谋划、抓部署推动、抓督促落实，确保中央关于国有资本授权经营体制改革的决策部署落实到位。

（二）改进对企业党建工作的领导、指导和督导。上级党组织加强对国有企业党建工作的领导，出资人代表机构党组织负责国家出资企业党的建设。国家出资企业党组织要认真落实党中央、上级党组织、出资人代表机构党组织在党的领导、党的建设方面提出的工作要求。在改组组建国有资本投资、运营公司过程中，按照“四同步”“四对接”的要求调整和设置党的组织、开展党的工作，确保企业始终在党的领导下开展工作。

（三）充分发挥企业党组织的领导作用。企业党委（党组）要切实发挥领导作用，把方向、管大局、保落实，依照有关规定讨论和决定企业重大事项，并作为董事会、经理层决策重大事项的前置程序。要妥善处理好各治理主体的关系，董事会、经理层等治理主体要自觉维护党组织权威，根据各自职能分工发挥作用，既要保证董事会对重大问题的决策权，又要保证党组织的意图在重大决策中得到体现。董事会、经理层中的党员要坚决贯彻落实党组织决定，向党组织报告落实情况。在推行经理层成员聘任制和契约化管理、探索职业经理人制度等改革过程中，要把坚持党管干部原则和发挥市场机制作用结合起来，保证党对干部人事工作的领导权和对重要干部的管理权，落实董事会、经理层的选人用人权。

七、周密组织科学实施

各地区、各部门、各出资人代表机构和广大国有企业要充分认识推进国有资本授权经营体制改革的重要意义，准确把握改革精神，各司其职、密切配合，按照精细严谨、稳妥推进的工作要求，坚持一企一策、因企施策，不搞批发式、不设时间表，对具备条件的，成熟一个推动一个，运行一个成功一个，不具备条件的不急于推进，确保改革规范有序进行，推动国有企业实现高质量发展。

（一）加强组织领导，明确职责分工。国务院国有企业改革领导小组负责统筹领导和协调推动国有资本授权经营体制改革工作，研究协调相关重大问题。出资人代表机构要落实授权放权的主体责任。国务院国有企业改革领导小组各成员单位及有关部门根据职责分工，加快研究制定配套政策措施，指导推动改革实践，形成合力共同推进改革工作。

（二）健全法律政策，完善保障机制。加快推动国有资本授权经营体制改革涉及的法律法规的立改废释工作，制定出台配套政策法规，确保改革于法有据。建立健全容错纠错机制，全面落实“三个区分开来”，充分调动和激发广大干部职工参与改革的积极性、主动性和创造性。

（三）强化跟踪督导，确保稳步推进。建立健全督查制度，加强跟踪督促，定期总结评估各项改革举措的执行情况和实施效果，及时研究解决改革中遇到的问题，确保改革目标如期实现。

（四）做好宣传引导，营造良好氛围。坚持鼓励探索、实践、创新的工作导向和舆论导向，采取多种方式解读宣传改革国有资本授权经营体制的方针政策，积极宣介推广改革典型案例和成功经验，营造有利于改革的良好环境。

各省（自治区、直辖市）人民政府要按照本方案要求，结合实际推进本地区国有资本授权经营体制改革工作。

金融、文化等国有企业的改革，按照中央有关规定执行。

后 记

改革开放以来，党中央十分重视国有企业的改革发展。党的十八大以来，以习近平同志为核心的党中央举旗定向、谋篇布局，以前所未有的决心和力度推进国有企业改革，作出一系列重大决策部署。乘着国企改革政策的春风，我们自2012年以来开启了国有企业改革及国有企业管理层激励的研究旅程。直到今天，我们将围绕国有企业相关研究成果结集出版，也算是对多年来所坚持的、所关注的做个阶段性总结。尽管象牙塔中的岁月是孤独的，但这更让我们感动于这一路走来良师益友的鼓励与支持。借此机会，遥致谢意。

感谢南京大学经济学院金融与保险学系张涤新教授。作为李忠海的博士生指导老师，张老师因材施教、再三斟酌，结合学生的知识基础和专业背景，指导其选择方向。在面临新的研究方向一筹莫展之时，张老师针对学生所面临的困难，高屋建瓴地指教其做好研究必先修炼三项基本功：选择好的问题，阅读高引用率的经典文献50篇，熟练掌握的微观计量方法和计量工具。事实证明，这一选题非常具有前瞻性，既能跟踪热点、回答机构投资者实务工作中所遇到的问题，还有助于迅速跟上文献研究热点，获得论文投稿方面的选题优势。

感谢南京大学经济学院金融与保险学系杜亚斌教授。杜老师和蔼可亲、为人低调，对学生给予无限的理解和包容。关于研究方向，很多人都会羡慕那些选题早就敲定的同学。但老师告诉我们，选题“要有争议性”，要把寻找选题的过程视为研究不可或缺的部分。在写作过程中，我们曾彷徨过，毕竟耗费这么多时间和心血的研究，究竟能有多大意义。杜老师告诉我们，论文的写作过程，锻炼的是思维的逻辑性和对问题递进地深入思考的能力。正是这些坚定的指导，支撑着我们在选定的研究方向上坚定地一路走来，并依然受益匪浅。

感谢南京大学经济学院副院长葛扬老师。葛扬老师不仅自身在土地金融和资本论解读上颇有建树，而且其和蔼与无私总是像亲人一般温暖着南大莘莘学子。作为我们硕士期间的“带教”老师，葛老师在我们登门求教时，耐心传授《资本论》等重要文献的梳理和解读，还为我们在论文投稿与申请项目等方面提供无私的指点和帮助。本书两位作者有幸在葛教授的指导下开展国有企业治理机制研究、合作撰写及发表学术论文，并在个人职业生涯规划和就业选择面临迷茫之时得到葛老师的指点。

借此机会，向所有曾经给予我们指导、鼓励、支持和关心的老师、同窗和朋友表示最诚挚的感谢，特别感谢硕士指导老师南京大学安同良教授和顾江教授，感谢他们启发我们的心智和对学术的兴趣，并在硕士攻读期间给予指导、关心和帮助。

感谢家人在博士攻读和论文撰写期间所给予的付出。没有他们的理解和宽容，没有他们始终如一的、坚定不移的支持和鼓励，我们很难将自己对学术的研究兴趣和探索坚持到现在。再次感谢你们，你们永远都是我俩最为宝贵的精神家园！我们也希望自己在今后的人生道路上能够为家人做得更多，以尽可能弥补我们在此过程中的诸多“缺席”。

2019 年 10 月于南京秦淮河畔